中等职业教育智能财会融合教材出版工程

总主编：徐 俊

会计信息系统应用

KUAIJI XINXI XITONG YINGYONG

王莉萍◎主 编
魏亚丽 王 玮 吕 凡◎副主编

图书在版编目(CIP)数据

会计信息系统应用 / 王莉萍主编. -- 上海：立信会计出版社, 2025.6. -- ISBN 978-7-5429-7928-5

Ⅰ.F232

中国国家版本馆 CIP 数据核字第 2025JF5087 号

策划编辑	华春荣
责任编辑	王秀宇
美术编辑	北京任燕飞工作室

会计信息系统应用
KUAIJI XINXI XITONG YINGYONG

出版发行	立信会计出版社	
地　　址	上海市中山西路 2230 号	邮政编码　200235
电　　话	（021）64411389	传　真　（021）64411325
网　　址	www.lixinaph.com	电子邮箱　lixinaph2019@126.com
网上书店	http://lixin.jd.com	http://lxkjcbs.tmall.com
经　　销	各地新华书店	
印　　刷	浙江天地海印刷有限公司	
开　　本	787 毫米×1092 毫米　1/16	
印　　张	16	
字　　数	314 千字	
版　　次	2025 年 6 月第 1 版	
印　　次	2025 年 6 月第 1 次	
书　　号	ISBN 978-7-5429-7928-5/F	
定　　价	49.80 元	

如有印订差错，请与本社联系调换

总 序
PREFACE

随着数字经济的飞速发展，新技术层出不穷，新业态日新月异，新岗位和新规程不断涌现，为会计职业教育带来了前所未有的挑战与机遇。人工智能、大数据、云计算等新技术的广泛应用，不仅改变了企业的商业运行模式，也重塑了传统会计工作的组织和流程，逐步形成了基于数据驱动的财务全流程自动化和智能化管理服务模式。数字赋能，极大提高了会计信息质量，提高了会计工作效率，降低了会计管理成本。在这一时代背景下，中职会计事务专业也面临着转型升级的新要求。

为适应新时代中职会计人才培养的新变化，2021年，教育部发布了中职会计事务专业简介，提出了新的专业课程体系。但一直以来，相关专业教材的建设相对滞后。为此，我们组织了一批中职学校专业教师和企业会计实务专家，编写了本套中等职业教育智能财会融合教材出版工程系列教材，以满足学校全面推进专业转型和教学改革需要。

本套教材力求体现以下特点：

一、系统规划统筹安排。本套教材依据新的中职会计事务专业简介和相关专业课程体系，基于新的课程标准，注意界定不同专业课程之间的内容边界，避免大量重复交叉；同时，总体采用项目化教材建设理念，创新人才培养模式和教学方法。

二、对接新岗位和新业态。本套教材从职业能力出发，适应公司独立财务核算、财务共享和财税代理服务不同管理服务模式要求，主动融入新技术、新方法、新规程，服务新型会计职业人才的培养。

三、体现业财融合和管理转型。本套教材将信息化工作环境下的业务处理流程融入会计核算过程，适应会计职能拓展要求，切实改变传统中职会计专业教材重会计核算、轻会计监督的倾向，将会计审核业务化、实操化。

四、建设立体化教材资源。本套教材基于教育信息化改革，同步推进教材在线服务平台、数字教学资源、标准化题库和数字仿真实训等资源的建设。

五、探索会计理论方法创新。本套教材从会计信息化管理手段出发，针对传统教材中基于手工操作的某些基本理论和基本方法，积极探索，试图在若干会计基础理论与方法上有所创新。

六、共建双师型教材编写团队。本套教材参编人员包括中职学校专业教师和企业会计实务专家，双师型教师占比超过 80%。主编老师大多具有中职学校正高级讲师职称，并全程参与国家新一轮中职会计事务专业教学标准和专业简介课题研制，熟悉会计改革方向和学校人才培养要求。

　　实事求是地说，开创一种新型中职会计事务专业教材体系是一项艰巨而复杂的工程，缺乏可资借鉴的现成模式和经验成果。本套教材不可避免地会存在这样或那样的问题和不足。但时代的进步、社会的发展和企业对新型人才培养的需求，促使我们无法回避作为职业教育工作者的责任和使命。我们希望通过本套教材的推出，能够为中职会计事务专业的数字化转型升级探索一条可能路径，贡献我们的一份力量，为新型教材的建设打下一定基础。

徐　俊

前 言
FOREWORD

随着新一轮科技革命和产业变革深入发展，会计工作在职能职责、组织方式、处理流程、工具手段等方面发生着重大而深刻的变化。财政部发布的《会计改革与发展"十四五"规划纲要》指出，我国将做好会计工作数字化转型顶层设计，实现会计信息化对单位会计核算流程和管理的全面覆盖。我国教育部于 2025 年修订发布的《职业教育专业教学标准》，提出了专业升级与数字化改造的要求，明确提出了专业智能化、数字化的课程重构要求。为此，本书编写组根据行业调研报告，基于中职学生认知水平和能力水平，联合企业专家校企合作协同编写了这本《会计信息系统应用》融合教材。

本书包括 6 个项目：初识会计信息系统、会计信息系统初始设置、智能供应链管理系统应用、智能生产管理系统应用、智能成本管理系统应用、智能财税管理系统应用。

本书的特色如下。

1. 对接行业需求，精心组织教材内容，符合课标新要求

新的经济形势对企业管理提出了新的要求，传统的 ERP 信息管理技术在新形势下暴露出数据标准不统一、升级换代成本高、外部协同性差等问题，而新一代 ERP 信息管理系统，已做到以微服务架构开发、用数据湖存储、依云平台部署。鉴于此，本书为满足行业"业财融合、算为管用"的发展趋势，组建校企双元合作教材建设团队，对接 2025 年修订的《职业教育专业教学标准》，充分考虑中高职一体化思路，将新技术、新规范、典型生产案例及时纳入本书。

2. 遵循学生认知规律，悉心设计教材体例，满足职业教育教学新需求

本书根据职业院校学生的认知水平，设计"导学—助学—拓学—比学—固学—评学"六步教学模式贯穿教材，并据此设计教材体例：以"项目导航"与"学习目标"为引导，以二维码链接微课为辅助，以对接 1+X 职业技能等级证书为拓展，以畅捷通 T+与金蝶云·星空对比分析来帮助学生掌握多种会计信息系统的应用，以项目通关测试巩固学习，以学习评价督促检验学生学习效果，查漏补缺，强化学习重点和难点，以此满足财经类职业教育教学新需求。

3. 以工作场景为载体，以工作任务为驱动，凸显"岗课赛证"育人新模式

本书以会计信息系统应用工作场景的典型工作任务为载体，以岗位工作流程为起点，采用任务驱动课程教学，对接技能比赛相关要求进行实训巩固，对标1+X职业技能等级证书归纳小结，落实"以岗定课、以课育人、以赛领课、以证验课"的"岗→课→赛→证"综合育人模式，提升职业教育的财经人才培养质量。

4. 以互联网为载体，以信息技术为手段，构建"一书一课一空间"新生态

针对全国教学资源分布不均、部分学校教学资源匮乏的现状，本书以互联网为载体，以信息技术为手段，构建"活页式教材、数字资源、数字课程、岗位实训"四位一体的资源体系，即通过活页式教材、数字资源、虚拟仿真平台、网络教学平台的有机融合，形成"一书一课一空间"学习新生态，为师生提供随时随地、线上线下的泛在化、智能化教学服务。

5. 以德引技，以技践德，构建知识、能力和价值观培养有机结合新范式

本书遵循"因时而进、因势而新、因事而化"的课程思政教育规律，将专业知识、专业技能和课程思政元素有效地融于一体。"以德引技"即通过明确各项目"学习目标"、阅读"项目导入"，帮助学生树立合法合规、诚信客观的职业道德，保护财产、廉洁自律的职业操守，提高效率、建设强国的职业信念，从而激发学生学习会计信息系统应用新知识、新技术的动力。"以技践德"即通过对会计信息系统应用工作任务的实践，逐步提高学生分析问题、解决问题的能力的同时，稳步培养学生的"工匠精神、环保意识、安全意识"。由此，构建知识、能力和价值观培养有机结合新范式。

本书由全国财政职业教学指导委员会委员、上海商业会计学校正高级讲师王莉萍担任主编，"全国教书育人楷模"、山东省潍坊商业学校魏亚丽，上海商业会计学校高级讲师王玮、吕凡担任副主编。王莉萍负责教材整体设计及统稿工作，魏亚丽、王玮、吕凡负责本书编写的协同管理工作。本书的具体编写分工如下：上海商业会计学校封烨老师编写项目1；王玮老师编写项目2；企业专家杨玲玲老师、王莉萍老师、魏亚丽老师分别编写项目3之模块3.1、模块3.2和模块3.3；吕凡老师编写项目4；顾莹莹老师编写项目5；陈天约老师编写项目6。

本书既可用于中等职业教育"会计信息系统应用"课程教学，又可作为会计相关岗位信息化应用培训用书。

在此感谢全国财政职业教学指导委员会、山东省潍坊商业学校和上海商业会计学校各级领导和同仁、华东理工大学胡仁昱专家、上海畅教信息技术有限公司企业专家殷章辉先生、北京伴学科技有限公司企业专家刘金福先生，以及上海商业会计学校创学团全体同学的支持。

本书若有疏漏之处，恳请广大读者指正，帮助我们不断完善！

编　者

2025年5月

目录 CONTENTS

▶ 项目 1　初识会计信息系统　　1

项目简介 ……………………………………………………… 1
项目导航 ……………………………………………………… 1
学习目标 ……………………………………………………… 1
项目导入 ……………………………………………………… 2
模块 1.1　认识会计信息系统的产生和发展 ………………… 2
模块 1.2　认识会计信息系统的功能和特点 ………………… 5
模块 1.3　维护会计信息数据安全 …………………………… 9
模块 1.4　贯彻会计信息化工作规范 ………………………… 10
项目小结 ……………………………………………………… 12
对比分析 ……………………………………………………… 12
通关测试 ……………………………………………………… 13
学习评价 ……………………………………………………… 15

▶ 项目 2　会计信息系统初始设置　　16

项目简介 ……………………………………………………… 16
项目导航 ……………………………………………………… 16
学习目标 ……………………………………………………… 16
项目导入 ……………………………………………………… 17
模块 2.1　会计信息系统实验环境搭建 ……………………… 17
模块 2.2　企业建账 …………………………………………… 20
模块 2.3　基础设置 …………………………………………… 36
模块 2.4　系统初始化 ………………………………………… 54
项目小结 ……………………………………………………… 59
对比分析 ……………………………………………………… 60

通关测试……………………………………………………………… 62
学习评价……………………………………………………………… 63

▶ 项目 3　智能供应链管理系统应用　　64

项目简介……………………………………………………………… 64
项目导航……………………………………………………………… 64
学习目标……………………………………………………………… 65
项目导入……………………………………………………………… 65
模块 3.1　销售与收款业务处理………………………………………… 66
模块 3.2　采购与付款业务处理……………………………………… 105
模块 3.3　库存核算业务处理………………………………………… 146
项目小结…………………………………………………………… 153
对比分析…………………………………………………………… 154
通关测试…………………………………………………………… 156
学习评价…………………………………………………………… 159

▶ 项目 4　智能生产管理系统应用　　160

项目简介…………………………………………………………… 160
项目导航…………………………………………………………… 160
学习目标…………………………………………………………… 160
项目导入…………………………………………………………… 161
模块 4.1　单阶投产的生产业务处理………………………………… 162
模块 4.2　多阶投产的生产业务处理………………………………… 165
项目小结…………………………………………………………… 170
对比分析…………………………………………………………… 171
通关测试…………………………………………………………… 172
学习评价…………………………………………………………… 174

▶ 项目 5　智能成本管理系统应用　　175

项目简介…………………………………………………………… 175
项目导航…………………………………………………………… 175
学习目标…………………………………………………………… 175

项目导入 ·· 176
模块 5.1　采购入库成本核算 ·· 176
模块 5.2　产品生产成本核算 ·· 179
模块 5.3　销售出库成本核算 ·· 184
项目小结 ·· 187
对比分析 ·· 188
通关测试 ·· 189
学习评价 ·· 191

▶ 项目 6　智能财税管理系统应用　192

项目简介 ·· 192
项目导航 ·· 192
学习目标 ·· 192
项目导入 ·· 193
模块 6.1　往来现金业务处理 ·· 194
模块 6.2　职工薪酬业务处理 ·· 213
模块 6.3　资产业务处理 ··· 214
模块 6.4　期末处理 ··· 224
模块 6.5　财务报表编制 ··· 240
项目小结 ·· 241
对比分析 ·· 242
通关测试 ·· 244
学习评价 ·· 246

项目 1　初识会计信息系统

项目简介

"会计信息系统应用"是一门集专业理论、技术方法为一体的专业实践课程，从一定意义上而言，它也是一门跨学科的课程。该课程的学习既需要具备会计专业基础理论知识和基本技术，又需要对会计信息化背景、会计信息化发展趋势以及企业基本业务流程有一定的了解。本项目作为本书的开篇，通过介绍会计信息系统产生和发展、会计信息系统的功能和特点以及会计信息化工作规范和会计信息数据安全等内容，帮助学生对会计信息系统有一个较为宏观的认识，为后续学习打下坚实的基础。

项目导航

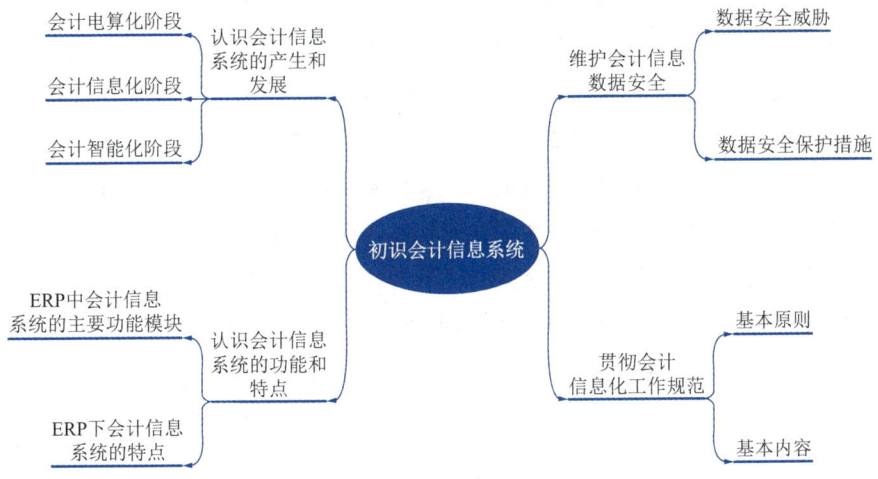

学习目标

○ 知识目标
- 能说出会计信息系统产生和发展的三个阶段。
- 能说出会计信息系统的功能和特点。

1

○ **技能目标**
- 通过功能模块的学习，能够辨析会计信息系统和企业 ERP 系统的关系。

○ **素养目标**
- 通过对会计信息数据安全威胁和保护措施的学习，培养学生重视对会计信息数据安全的保护意识。
- 通过对会计信息化工作规范的学习，培养学生树立正确的信息化工作规范意识。

项目导入

信息化时代会计工作的变革

信息化是人类社会发展到一定程度所产生的一个新阶段。信息化是在计算机技术、数字技术、互联网技术等先进技术基础上产生的。在信息化时代会计经历着哪些变革？信息化对会计工作产生哪些影响？信息化时代会计工作的方向会产生变化吗？这些值得我们在学习中思考。

随着信息化时代的到来，互联网、大数据、财务机器人、财务共享中心对企业的生产经营活动产生了越来越重大的影响。作为经济活动重要组成部分的会计，会计职能在不断变化，会计工作重心也会随之变化。会计工作与计算机、互联网结合，使传统的、重复性的手工操作被计算机应用程序替代，大大节约了人力、物力、财力，提高了工作效率。随着信息技术的迅猛发展，会计所依存的经济环境、社会环境发生了极大的变革，数字化时代背景下的会计工作，必将受到巨大的冲击和影响。

在信息化时代，会计工作正经历着深刻的变革。随着大数据、人工智能等新兴技术的广泛应用，传统会计工作模式正逐步向智能化、自动化、数据驱动的方向转变。这一变革不仅提升了会计工作的效率和准确性，还推动了会计职能从传统的核算型向管理型转变。会计不仅是企业经济活动的记录者和监督者，更是企业战略决策的重要支持者和价值创造者。新时代会计工作者应具备数据分析能力、风险意识、社会责任感和创新精神，为企业的可持续发展和社会进步贡献力量。

模块1.1　认识会计信息系统的产生和发展

会计信息化是会计与信息技术的结合，是社会对企业财务信息管理提出的新要求，是企业会计应对信息技术发展的必然选择。目前，我国会计信息系统的功能不断增强，应用也越来越广泛和普及，尤其是大、中型企业已不同程度地实现了会计信息化。纵观我国会计信息化的进程和发展，会计信息系统的产生和发展大致经历了会计电算化、会计信息化、会计智能化三个阶段。

1.1.1 会计电算化阶段

我国会计信息系统的雏形"会计电算化"始于20世纪70年代末。1979年，我国财政部给长春第一汽车制造厂拨款50万元，进行会计电算化试点工作，主要是运用计算机进行工资、产值的计算，首次由组织主导将计算机技术引入会计工作。1981年8月，在中国人民大学和长春第一汽车制造厂联合召开的"财务、会计、成本应用电子计算机问题研讨会"上，中国人民大学教授王景新提出"会计电算化"一词。这标志着我国会计电算化正式起步。此时市场上没有商品化会计软件专业开发商，人们还没发现会计软件未来的应用前景和市场空间，因此出现了自行开发会计软件的局面，开始步入了定点开发阶段。1988年8月在吉林，我国首届会计电算化学术研讨会召开，提出了实现会计软件通用化的若干措施，会议确定了通用化财务软件的适用范围，设计通用功能模块，开发并设计选用模块，并可根据企业自身特点尝试二次开发。1989年，我国财政部颁布了《会计核算软件管理的几项规定（试行）》，明确了商品化会计软件的基本要求。这些措施有效引导并规范了会计软件的开发工作，同时将市场机制引进我国会计软件市场，极大地促进了我国会计电算化的发展。

学习分享

请利用互联网、图书馆等资源，查询会计电算化阶段的其他政策性文件，并以小组为单位交流分享。

1.1.2 会计信息化阶段

20世纪90年代中期，市场上推出的商品化会计信息系统已不再是探索式开发，而是力求克服开发阶段会计信息系统结构上的缺陷的规范化总体设计。1998年，中国软件行业协会财务及企业管理软件分会召开了"向 ERP[①]进军"发布会，改变了商品化会计软件的功能以会计核算为主的局面，管理型软件开始受到企业的关注。1999年，会计软件市场管理暨会计信息化研讨会召开，探讨了会计软件的市场情况并明确指出了会计信息化将成为21世纪会计电算化的发展方向。

2004年，中国会计学会成功举办第三届会计信息化年会暨杨纪琬教授创建会计电算化高等教育二十周年纪念大会，研究了如何完善会计信息化教学体系，并讨论了开展会计信息化实践应用的具体路径。2005年，财政部先后颁布《会计从业资格

---

① ERP 的全称是 enterprise resource planning，即企业资源计划。ERP 是一种集成的软件系统，旨在帮助企业优化和管理其内部的各种资源，包括生产、供应链、财务、人力资源等，以提高效率、降低成本并增强企业的竞争力。通过整合不同部门的数据和流程，ERP 系统能够实现信息的实时共享和协同工作，从而支持企业的决策制定和运营优化。

管理办法》《初级会计电算化考试大纲》，明确了会计信息化的地位和从业人员所需要达到的具体要求。2009 年，财政部颁布《关于全面推进我国会计信息化工作的指导意见》，从意义、主要任务和措施要求三个方面阐述全面推进会计信息化工作的具体内容。2013 年，财政部出台了《企业会计信息化工作规范》，明确了信息化环境下企业会计工作的规范。

  会计信息化的施行是以计算机软件良好应用为基础的，因此在实践中，会计人员不仅需要精通会计专业知识，具备会计专业胜任能力，也需熟练掌握会计软件系统，以此来保障会计信息化工作的顺利开展，更好发挥会计信息化工作的优越性。此时，会计工作与计算机系统间的联系更为紧密，各行业、各领域都将会计软件作为处理会计工作的主要工具，会计信息系统的应用领域日益宽广。但此阶段的会计信息化更多是进行日常会计核算和财务报表编制等基本会计工作，缺少对"大智移云"等的有效利用及政企之间、企业之间的信息交互。

  2005 年，以中兴通讯为代表的大型集团企业开始建立财务共享服务中心。经济一体化使全球经济规则、技术规则趋同，2008 年 XBRL 中国地区组织成立，我国会计信息化进入了标准化阶段。

  2015 年发布的《会计改革与发展"十三五"规划纲要》主要关注了技术对会计工作的影响，使我国进入了会计信息化标准建设阶段。

学习分享

  请利用互联网、图书馆等资源，查询会计信息化阶段的其他政策性文件，并以小组为单位交流分享。

1.1.3　会计智能化阶段

  2016 年，德勤会计师事务所推出财务机器人，提供了财务自动化流程解决方案，将人工智能引入我国会计、税务、审计等工作中，这标志着会计工作正式由"信息化"向"智能化"转变。

  2020 年，上海国家会计学院举办的"信息技术赋能会计融合创新"高峰论坛暨 2020 影响中国会计人员的十大信息技术评选结果发布会，预期未来三年内会对会计产生很大影响的技术分别是区块链电子发票、数字货币、物联网与自动化物件、第五代移动通信技术以及分布式账本。

  2021 年，财政部制定了《会计改革与发展"十四五"规划纲要》，提出会计信息化的总体目标是：服务我国经济社会发展和财政中心工作，以信息化支撑会计职能拓展为主线，以数字化和标准化为突破口，引导和规范我国会计信息化关键技术、数据标准、管理制度、信息系统、人才建设等持续健康发展，积极推动会计数字化转型，构建符合新时代要求的国家会计信息化发展体系，进一步推动企业会计数字化转型升级。

会计行业的未来发展趋势将会受到云计算、大数据、人工智能、区块链、数据分析和预测等技术的影响。这些技术的应用将会提高会计数据的处理和分析效率，提供更准确的财务信息，帮助企业作出更明智的决策。同时，信息安全和隐私保护也是会计信息技术发展的重要方向，企业需要加强对会计数据的保护，防止数据泄露和篡改。随着科技的不断进步，会计信息技术将会在未来发展出更多创新的应用，为会计行业带来更大的变革和发展机遇。

学习分享

请利用互联网、图书馆等资源，查询会计智能化阶段的其他政策性文件，并以小组为单位交流分享。

模块1.2　认识会计信息系统的功能和特点

当前的会计信息系统无论是从应用普及程度、功能覆盖范围的广度，还是它在企业经营管理工作中起的作用，都已远远超越它诞生之时赋予它的使命，它是多学科综合运用的体现。会计工作是企业衔接各部门的最佳途径，会计信息系统从最初单机的财务软件发展成为企业 ERP 系统的中心，是财务人员接入企业 ERP 系统的入口，实现了企业销售、生产、采购、人力资源、固定资产等所有资源的有效整合。

1.2.1　ERP 中会计信息系统的主要功能

ERP 中会计信息系统基本可分为财务会计系统、管理会计系统两部分。财务会计系统包括基本的会计业务处理模块，如应收管理、应付管理、资产管理、薪资管理、成本核算、总账管理等模块；管理会计系统建立在财务会计系统的基础之上，包括成本管理、预算管理、资金管理、财务分析等模块。同时，会计信息系统和供应链管理系统、生产管理系统、人力资源管理系统等紧密联系。

1.2.1.1　总账管理模块

总账管理模块以凭证为原始数据，通过凭证输入和处理，完成记账、对账、结账、账簿查询及打印输出等工作。随着用户对会计信息系统的需求不断提高和软件开发公司对总账管理模块不断完善，总账管理模块还完善了个人往来款核算和管理、部门核算和管理、项目核算和管理及现金银行管理等功能。

1.2.1.2　薪资管理模块

薪资管理模块是以职工个人的原始工资数据为基础，完成职工工资的计算、工资费用的汇总和分配、个人所得税的计算，以及各种工资表的查询、统计和打印，并自动编制工资费用分配转账凭证，传递给总账管理模块。同时，薪资管理模块实现了企业对人力资源管理的部分功能。

1.2.1.3 资产管理模块

资产管理模块主要包括以下功能：①存储和管理固定资产卡片，对其进行增加、删除、修改、查询、打印、统计与汇总操作。②进行固定资产变动核算，并自动登记固定资产明细账和更新固定资产卡片。③完成折旧计提和分配，生成"折旧计提及分配明细表""固定资产综合指标统计表"等。④自动编制费用分配转账凭证，传递给总账管理模块。⑤查询、统计和打印各种账表。

1.2.1.4 应收管理模块

应收管理模块主要包括以下功能：①登记和核销应收账款。②动态反映应收账款信息。③进行账龄分析和坏账估计。④提供详细的赊销客户和产品统计分析。

1.2.1.5 应付管理模块

应付管理模块主要包括以下功能：①登记和核销应付账款。②分析和预测应付账款。③及时分析各种流动负债的数额及偿还流动负债所需的资金。④提供详细的赊购客户和产品统计分析。

1.2.1.6 成本核算模块

成本核算模块根据成本核算的要求，通过对成本核算对象的定义，选择成本核算方法以及各种费用分配方法，自动汇总计算其他系统传递的数据或用户手工录入的数据，输出用户需要的成本核算结果或其他统计资料。

1.2.1.7 报表管理模块

报表管理模块根据总账管理模块中的总账及明细账等数据完成会计报表的编制与汇总等工作，并生成各种分析图表等。随着网络技术的发展，报表管理模块能够利用现代网络通信技术，为行业型、集团型用户实现远程报表的汇总、数据传输、检索查询和分析处理等功能，既可用于主管单位又可用于基层单位，支持多级单位逐级上报、汇总的应用。

1.2.1.8 资金管理模块

资金管理模块主要包括以下功能：①以银行提供的单据、企业内部单据、凭证等为依据，记录资金业务以及其他涉及资金管理方面的业务。②处理对内、对外的收款、付款、转账等业务。③提供逐笔计息管理功能，实现每笔资金的管理。④提供积数计息管理功能，实现往来存贷资金的管理。⑤提供各单据的动态查询情况以及各类统计分析报表。

1.2.1.9 销售管理模块

销售管理模块主要包括以下功能：①实现对销售收入、销售成本、销售费用、销售税金、销售利润的核算。②生成产成品收发结存汇总表等表格。③生成产品销售明细账等账簿。该模块以销售业务为主线，兼顾辅助业务管理，实现销售业务管理与核算一体化。

1.2.1.10 采购管理模块

采购管理模块主要包括以下功能：①根据企业采购业务管理和采购成本核算的实际需要，制订采购计划。②对采购订单、采购到货以及入库状况进行全程管理。③为采购部门和财务部门提供准确及时的信息，辅助管理决策。

1.2.1.11 库存管理模块

库存管理模块主要包括以下功能：①掌握存货的耗用情况，及时准确地把各类存货成本归集到各成本项目和成本对象上，为企业的成本核算提供基础数据。②动态反映存货资金的增减变动，提供存货资金周转和占用的分析，为降低库存、减少资金积压和加速资金周转提供决策依据。

金蝶云·星空、畅捷通 T+、用友 U8、鼎捷 E10 等主流 ERP 包括以上常用模块，本书以畅捷通 T+ 为例，其会计信息系统功能结构如图 1-1 所示。

图 1-1 会计信息系统功能结构

学习分享

请根据上述描述，尝试利用图表画出 ERP 系统的层级，每组学生选派代表交流分享。

1.2.2　ERP下会计信息系统的特点

会计信息系统除了具有一般信息系统的普遍特点,还和企业ERP系统之间有着高度的联系。ERP下的会计信息系统以其集成性、实时性和数据共享性等特点,成为现代企业财务管理的重要支柱。它不仅实现了企业内部各部门间的信息无缝对接,还通过实时数据更新和共享,大幅提升了会计工作的效率和准确性。

1.2.2.1　数字技术的迭代升级

在现代信息技术的驱动下,ERP系统下会计信息系统技术迭代升级的速度可谓日新月异。大数据技术使得会计信息系统能够处理海量的财务数据,挖掘出更深层次的信息价值;物联网技术使得会计信息系统能够实时获取和监控业务数据;云计算技术为企业提供了高效灵活且低成本的信息化解决方案;区块链技术的去中心化和不可篡改的特性使得会计数据的安全性得到极大的提升;人工智能技术能够自动化处理大量的财务数据,减少了人为错误。新技术的不断进步和创新,不仅提升了会计信息系统的功能和性能,也为企业全角色、全场景、全领域的管理带来了更多的可能性和机遇。

1.2.2.2　经营过程的业财融合

ERP系统下会计信息系统与其他子系统已经实现了深度的业财融合,标志着企业财务管理与业务管理迈向了新的阶段。这种融合使得财务与业务在流程上实现自动协同,数据在系统中实现无缝对接和实时更新,让企业能够实时了解业务运营和财务状况,捕捉市场变化和业务风险,及时调整经营策略,提升运营效率。这种过程性的业财融合不仅提高了企业的管理水平,更在优化资源配置、降低成本、提高盈利能力等方面发挥了积极作用,促进企业的可持续发展。

1.2.2.3　信息处理的智慧多样

在ERP系统的支撑下,会计信息系统已经不再是单纯的数据记录和核算工具,而是演变成为满足企业内外各类信息需求的综合服务平台,是连接企业与政府、投资者、管理者以及员工等多个利益方的桥梁。它可以从各个业务模块中提取数据,经过加工、整理和分析,生成各种类型的报表,如资产负债表、利润表、现金流量表等;它还可以形成各种自定义的分析报告。使用者在掌握了这些综合多样的信息后,可以更加全面、深入地了解企业的运营状况和市场环境,从而制订出更加科学合理的预算和决策方案。

> **学习分享**
>
> 小组交流分享:如果要掌握会计信息系统的操作,使用者需要具备哪些知识和技能?

模块1.3　维护会计信息数据安全

ERP下的会计信息系统是企业重要的财务管理工具，记录、处理和报告了企业全部的财务数据，包括企业的资产、负债、利润、现金流等重要信息。这些数据的泄露、篡改或丢失将直接影响企业的财务状况和所有经营成果，因此维护会计信息数据的安全具有重要意义，是企业核心需求之一。

1.3.1　数据安全威胁

数据安全威胁是指任何可能导致数据泄露、损坏、篡改或非法访问的风险和潜在攻击。这些威胁会对数据的机密性、完整性和可用性造成损害，进而危及企业的信息安全和运营稳定。会计信息系统的数据安全威胁主要来自外部威胁和内部威胁。

1.3.1.1　外部威胁

外部威胁主要包括黑客攻击、病毒木马传染和网络钓鱼等。黑客可以通过攻击会计信息系统的漏洞获取机密信息或破坏系统。病毒木马可以感染系统并窃取数据。网络钓鱼是指利用虚假网站或电子邮件欺骗客户，获取其账号和密码等敏感信息。

1.3.1.2　内部威胁

内部威胁主要是指企业内部员工或合作伙伴的恶意行为。员工可能通过盗窃、篡改数据等方式从内部对会计信息系统进行攻击。

内部威胁除"企业内部员工或合作伙伴的恶意行为"外，通常还有以下类型：

（1）员工疏忽：员工可能因错误操作、忽视安全政策或缺乏安全意识导致数据泄露。

（2）内部访问权限过度：员工可能拥有超过其工作所需的访问权限，这可能导致数据滥用或泄露。

（3）设备丢失或被盗：员工可能丢失或被盗携带敏感数据的设备，如笔记本电脑或移动设备。

（4）安全策略不当：组织内部可能缺乏明确的数据安全政策，或未能及时更新安全措施。

> **学习分享**
>
> 　　小组交流分享：请结合学过的专业知识，举例说明上述两种威胁可能造成的严重后果。

1.3.2　数据安全保护措施

数据安全保护措施是指为确保数据的机密性、完整性和可用性而采取的一系列技术和管理手段。为保护会计信息系统的数据安全，企业通常会采取如下常见的措施。

1.3.2.1 访问控制

企业应采用严格的访问控制措施，限制用户访问会计信息系统和敏感数据。每个用户都应具有唯一的账号和密码，并根据其职务和需要进行权限设置，用户只能访问必要的功能和数据。

1.3.2.2 加密技术

企业应使用加密技术对数据进行加密，防止数据在传输和存储过程中被窃取或篡改。采用合适的加密算法可以确保数据的机密性和完整性。

1.3.2.3 安全审计与监控

企业应建立完善的安全审计和监控机制，对会计信息系统的操作进行记录和监控。及时发现和处理异常事件，并记录相关日志和审计轨迹，以便追溯和分析。

1.3.2.4 防火墙和入侵检测系统

企业应部署防火墙和入侵检测系统，实时监测和分析网络流量，检测和阻止潜在的攻击行为。

1.3.2.5 定期备份与恢复

企业应定期进行数据备份，并将备份数据存储在安全的地方，以防止数据丢失或受到破坏。同时，确保备份数据的可靠性和及时性，以便在需要时进行数据恢复。

1.3.2.6 培训和意识提升

企业应通过培训提升员工的安全意识，加强对数据安全的重视和理解。教育员工遵守数据安全政策和规范操作，减少内部威胁。

1.3.2.7 定期安全评估

企业应定期进行会计信息系统的安全评估，发现潜在的安全风险和漏洞，并及时采取相应的修复和改进措施。

学习分享

如果未来踏上职场，在日常工作中你如何从自身做起，保护数据安全？每组学生选派代表交流分享。

模块1.4　贯彻会计信息化工作规范

企业会计信息化工作是现代企业管理的重要组成部分，是实现企业数字化、智能化转型的基础工作之一。会计信息化工作规范管理，能够提高会计工作效率和准确性，保证企业财务管理的透明度和合规性。

1.4.1 基本原则

会计信息化工作规范是确保企业财务稳健运作的基石，这些原则相互支撑，共同构建了一个既符合法规要求，又保障信息清晰、安全且高效处理的会计信息化工作体系。会计信息化工作基本原则主要包括如下四项。

1.4.1.1 合规性原则

企业应当依法合规开展会计信息化工作，遵守国家财务、税务等法律法规和相关规定，确保每一项会计处理都符合法律法规的要求。

1.4.1.2 透明度原则

企业会计信息化工作应当具有透明度，确保财务信息的真实、准确、完整和及时。企业应当根据实际情况定期公布财务报表和相关财务信息。

1.4.1.3 保密性原则

企业会计信息化工作应当遵循保密性原则，确保财务信息的安全和保密。企业应采取必要措施，防范财务信息泄露和侵权事件。

1.4.1.4 效率性原则

企业会计信息化工作应当高效快捷，充分利用现代化信息技术和自动化处理工具，提高会计工作的效率和准确性。

> **学习分享**
>
> 小组交流分享：结合专业背景，请举例说明你对会计信息化工作基本原则的理解。

1.4.2 基本内容

会计信息化工作是现代企业财务管理的关键环节，它涵盖了会计信息化系统建设、会计工作人员管理、会计核算工作管理以及财务管理决策支持等方面。这些基本内容共同构成了会计信息化工作的完整框架，不仅提升了会计工作的效率和准确性，也为企业的财务健康和战略发展提供了坚实保障。

1.4.2.1 会计信息化系统建设

企业应根据业务需求和财务管理要求，选用合适的会计信息化系统，进行系统建设和部署。系统应能满足准确、规范地处理财务基础数据、会计凭证、科目余额表、表单查询、报表编制等功能要求。

1.4.2.2 会计工作人员管理

企业应当给予会计信息化工作人员学习的机会，使他们掌握信息化的相关技术，提升信息化素养，并按照会计信息化工作规范的要求进行管理和考核。

1.4.2.3　会计核算工作管理

企业应按照会计核算制度和政策规定，对财务会计核算进行规范管理。核算工作应及时、准确地体现各类会计要素，确保财务信息的真实性和准确性。

1.4.2.4　财务管理决策支持

企业应根据业务需求和管理要求，创新财务管理模式，利用会计信息化技术和数据分析手段，在管理决策方面提供可靠、及时的数据支持、分析和决策建议。

学习分享

请通过查询，阅读我国财政部颁发的《会计信息化工作规范》，并制作思维导图，各组学生选派代表交流分享。

项目小结

本项目是"会计信息系统应用"课程的入门项目。学生应通过学习会计信息系统的产生和发展，了解目前信息技术背景下企业会计信息系统的变革及未来趋势；通过学习会计信息系统的模块和特点，了解目前国内企业使用会计信息系统在企业运营中的实际作用以及与ERP系统之间的关系；通过学习数据安全和信息工作规范，为掌握会计信息化实务操作奠定基础。

对比分析

本项目暂不涉及畅捷通T+、金蝶云·星空在会计信息系统初始设置操作对比分析。

通关测试

一、单项选择题

1. 我国会计信息化系统的雏形始于（　　）。
   A. 20 世纪 60 年代末　　　　　　B. 20 世纪 70 年代末
   C. 20 世纪 80 年代末　　　　　　D. 20 世纪 90 年代末

2. 2021 年，我国财政部制定了（　　），提出会计信息化的总体目标是：服务我国经济社会发展和财政中心工作，以信息化支撑会计职能拓展为主线，以数字化和标准化为突破口，引导和规范我国会计信息化关键技术、数据标准、管理制度、信息系统、人才建设等持续健康发展，积极推动会计数字化转型，构建符合新时代要求的国家会计信息化发展体系，进一步推动企业会计数字化转型升级。
   A.《会计从业资格管理办法》
   B.《企业会计信息化工作规范》
   C.《会计改革与发展"十四五"规划纲要》
   D.《关于全面推进我国会计信息化工作的指导意见》

3. 建立完善的安全审计和监控机制，对会计信息系统的操作进行记录和监控，是出于对（　　）的考量。
   A. 安全审计与监控　　　　　　B. 定期备份与恢复
   C. 定期安全评估　　　　　　　D. 培训和意识提升

4. 本项目研究的内容不包括（　　）。
   A. 会计信息系统的产生和发展　　B. 会计信息系统的模块和特点
   C. 企业的营销策略　　　　　　　D. 数据安全和信息工作规范

5. 在信息技术背景下，企业会计信息系统的主要变革不包括（　　）。
   A. 自动化程度的提高　　　　　B. 数据分析能力的提升
   C. 减少与 ERP 系统的集成　　 D. 信息安全性的加强

6. 会计信息系统在企业运营中的主要作用是（　　）。
   A. 提升销售业绩　　　　　　　B. 加强财务管理和决策支持
   C. 增加库存量　　　　　　　　D. 提高生产速度

二、判断题

1. ERP 中会计信息系统基本可分为财务会计系统、管理会计系统两部分。（　　）

2. 2016 年，德勤会计师事务所推出财务机器人，提供了财务自动化流程解决方案，将人工智能引入我国会计、税务、审计等工作中，这标志着会计工作正式由"智能化"向"数智化"转变。（　　）

3. 合规性原则、透明度原则、保密性原则和程序性原则是会计信息工作规范的基本原则。（　　）

4. 会计信息系统和企业 ERP 系统两个系统是完全独立运行的。（   ）

5. 会计信息系统只关注历史数据的记录和分析。（   ）

6. 在当前信息技术背景下，会计信息系统的发展趋势是仅向云计算和大数据方向发展。（   ）

7. 国内企业使用会计信息系统主要是为了满足税务部门的要求。（   ）

三、多项选择题

1. ERP 系统下会计信息系统的特点包括（   ）。
   A. 数字技术的迭代升级　　　　　B. 自动化程度的快速提升
   C. 经营过程的业财融合　　　　　D. 信息呈现的智慧多样

2. 会计信息化数据安全的威胁来自（   ）。
   A. 黑客威胁　　B. 外部威胁　　C. 内部威胁　　D. 网络威胁

3. 会计信息化工作规范建立应遵循的基本原则包括（   ）。
   A. 合规性原则　　B. 透明度原则　　C. 保密性原则　　D. 效率性原则

4. 随着社会需求的发展，会计工作的目标除了要为会计工作本身提供信息，更需要（   ）。
   A. 为政府提供税收等信息　　　　B. 为投资者提供企业发展信息
   C. 为管理者提供决策相关信息　　D. 为员工提供工资、福利待遇信息

四、简答题

1. 阐述我国会计信息系统产生和发展大致经历的三个阶段。

2. 阐述对"会计行业的发展趋势已受到云计算、大数据、人工智能、区块链、物联网等技术的影响"这句话的理解。

五、拓展题

请分组查询我国主流 ERP 产品最新的功能模块，并将查询结果制作成海报，选派代表展示交流。

学习评价

完成项目1的学习后,请填写项目1学习评价表(表1-1),并将发现的知识漏洞填写在查漏补缺项,学而时习之,为后续深入应用知识奠定坚实基础。

表 1-1 项目1学习评价表

项目名称	评价指标	权重	评价方式				得分
			自评	互评	师评	系统评	
会计信息系统认知	阐述会计信息系统的产生和发展过程	30	✓				
	说出会计信息系统主要功能和特点	30			✓		
	举例说明会计数据安全威胁及保护措施	20		✓			
	阐述会计信息化工作的规范和内容	20		✓			
	合计	100					
	查漏补缺						

项目 2　会计信息系统初始设置

项目简介

　　会计信息系统是由多个模块组成的，这些模块功能相互独立，但其内部存在大量的数据传递关系，很多模块使用相同的基础信息。初始设置是会计信息系统的基础，通过各项基础信息设置，为用户提供一个公共信息处理的平台，设置完成后，相关信息可以为多个模块共用。初始设置具体包括建立企业基础数据、建立业务数据、建立期初数据等。通过初始设置，建立企业会计信息化系统的基础数据，不仅可以为后续的业务处理提供支持和依据，还可以避免重复录入数据和数据不一致的问题，提高数据的准确性和可靠性。

项目导航

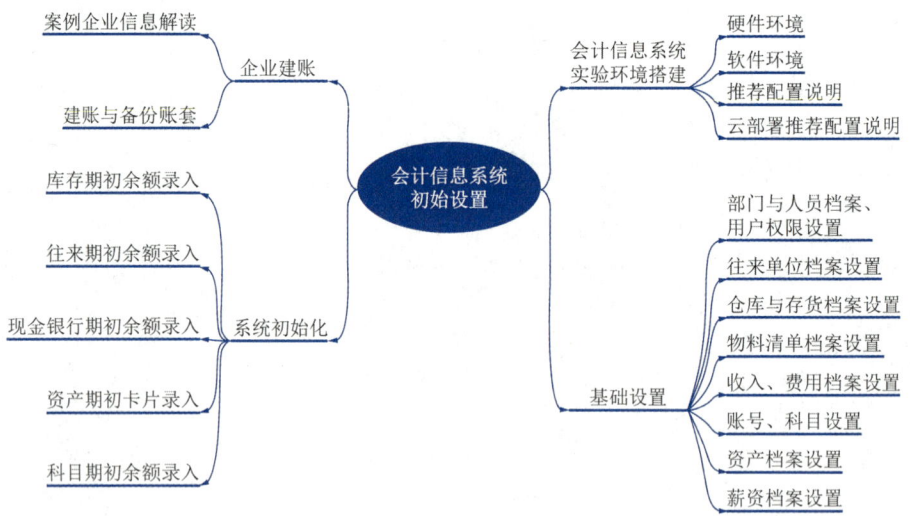

学习目标

○ 知识目标

- 能说出会计信息系统硬件环境的搭建要求。

- 能说出会计信息系统软件环境的搭建要求。

○ **技能目标**
- 能独立完成会计信息系统建账的业务操作。
- 能熟练完成会计信息系统基础设置各模块的业务操作。
- 能熟练完成会计信息系统基础系统初始化各模块的业务操作。

○ **素养目标**
- 通过初始设置的学习,培养学生"千里之行,始于脚下"的认知意识。
- 通过会计信息系统基础系统初始化各模块的业务操作,培养学生相互协作的团队合作意识。

项目导入

工欲善其事,必先利其器

随着信息技术的不断发展,会计信息系统已经成为企业日常运营不可或缺的一部分。而会计信息系统初始设置作为整个系统的基石,其重要性不言而喻。初始设置不仅决定了系统的基础数据是否准确,还关系到系统运行的稳定性和可靠性,更会影响到企业的管理决策。

在实际应用中,初始设置需要确保其可行性、准确性和安全性。首先,初始设置的变更需要经过严格的审批程序,确保变更的合理性和可行性;其次,基础数据的采集和核对需要严谨细致,避免数据错误和漏洞;最后,初始设置的维护和管理需要专业的技术支持,保证系统的稳定性和安全性。

会计信息系统初始设置是企业信息化管理的重要组成部分,对于企业的运营和发展具有重要意义。完善的初始设置还有助于提升企业的形象和信誉,增强市场竞争力。

因此,我们应抱有对数据负责的态度学习初始设置,逐步增强会计相关岗位职业责任感。

模块2.1　会计信息系统实验环境搭建

会计信息系统实验环境搭建包括硬件环境和软件环境的搭建。硬件环境(hardware environment)是由传播活动所需要的物质条件、有形条件之和构筑而成的环境,主要是指计算机及其外围设备等硬件设施组成的计算机物理系统;软件环境(software environment)在计算机领域是指运行于计算机硬件之上的驱动计算机及其外围设备实现某种目的的软件系统，同时还包括软件的运行环境以及软件运行所需的周边软件等。

2.1.1 硬件环境

硬件环境配置包含客户端计算机配置和数据库服务器配置。

2.1.1.1 客户端计算机配置

客户端计算机配置要求如表 2-1 所示。

表 2-1　客户端计算机配置要求

配置项	推荐配置
CPU	至少双路双核，如 Inter(R) Core(TM) 2 Duo CPU T6670@2.20GHz
内存	2G 以上
磁盘	使用普通的 SCSI 或 SATA（5400RPM 及以上）即可

2.1.1.2 数据库服务器配置

影响应用服务器的主要因素是 CPU 计算能力和内存大小，所以建议配置为两路双核 CPU2.0 以上；标配内存 8G，如果支持的使用用户较多，可配置到 16G 以上，提高性能表现；磁盘使用 SSD 硬盘（或 SCSI、SAS 硬盘）即可。

由于一般的企业系统中，数据库承受的压力往往最大，数据库服务器配置建议尽量使用高端配置的机器。除 CPU 主频外，影响数据库的主要因素是内存大小和磁盘 IO（操作系统、数据库、日志文件）速度。对于需要支持 20 个用户以上的企业，建议标配 8G 内存。磁盘应使用高速的 SSD 硬盘（或 SAS 硬盘）。在没有启用 RAID 的情况下，建议至少配置 3 个物理硬盘，以平衡 IO，获得最佳的 IO 性能，并具有很好的容错能力及可靠性。

2.1.2 软件环境

系统软件包括操作系统和数据库。

2.1.2.1 操作系统

（1）服务器端：以畅捷通 T+为例，支持的常见操作系统有 Windows Server 2008 R2、Windows Server 2012、Windows Server 2012 R2 和 Windows 8/8.1。

（2）学生端：操作系统（简体中文版）支持 Windows 7、Windows 10。浏览器支持 IE10 简体中文版，但在 IE10 64 位上不支持打印；Google Chrome 浏览器 39 以上版本，但是 45（含 45）版本以上不支持打印，建议安装畅捷通 T+浏览器。

2.1.2.2 数据库

畅捷通 T+常用的数据库包括 MS SQL Server 2012(Standard，Enterprise)X86，X64；MS SQL Server 2014(Standard，Enterprise)X86，X64；MS SQL Server

2016(Standard，Enterprise)。

2.1.3　推荐配置说明

系统在不同使用情况下，所需设备的配置要求也不同，用户可以根据情况来确定相应配置。部署方式一般有两种模型。

（1）部署模型一：应用服务器、数据服务器合而为一，部署在同一台机器上。

（2）部署模型二：数据服务器独立部署，但必须保证应用服务器与数据服务器在同一个域中，或者应用服务器与数据服务器都不在域中，但应用服务器和数据服务器的 IP 必须在同一个 IP 地址段中。

2.1.4　云部署推荐配置说明

2.1.4.1　云服务器的购买

畅捷通 T+云部署按照 2.1.3 配置说明购买云服务器，如购买阿里云的 ECS。购买云服务器需要注意以下几点：

（1）地域。购买离办公区域最近地域的云服务器。

（2）存储。数据库服务器对磁盘读写速度的要求比较高，若有 5 个以上用户，强烈建议将操作系统及畅捷通 T+系统部署在 SSD 盘。

（3）内存。建议内存大于等于数据库大小。

2.1.4.2　注意事项

1）安装及卸载注意事项

（1）如用户服务器安装了防火墙，会出现连接不到服务器的问题，请关闭防火墙后连接。

（2）精简操作系统，如雨林木风、番茄花园等精简的操作系统，不能安装运行 ERP 产品。

（3）畅捷通 T+云部署不支持 Windows 个人版、家庭版等操作系统作为服务器使用。

（4）畅捷通 T+V16.0 版本安装支持 Windows 2019 操作系统。

（5）不支持 MS SQL 2005 简版数据库系统。

（6）建议机器名以字母开头，中间不要有"−"（减号）。

（7）畅捷通 T+V16.0 与之前版本不能同时存在,请先卸载之前版本再重新安装。

2）客户端使用注意事项

（1）基础档案录入时尽量避免使用特殊符号。

（2）分辨率：支持 1024×768 分辨率及以上分辨率。

（3）IE 浏览器：不支持 IE8.0 及以下浏览器版本、不支持 WIN10 Edge 浏览器。在 IE 64 位浏览器上不支持打印和 T-UFO 报表。IE 浏览器必须启用 Adobe Flash 插件（版本限定 14.0.0.125 以下）。使用 IE 插件时，如百度 IE 工具栏、Google 工具栏、QQ 工具栏等，请注意不要设置阻止打开新窗口，否则将影响产品弹出窗口的使用，请尽量不使用 IE 插件。不要手动禁用 IE 的 Cookie，否则会影响产品正常使用。

（4）Google Chrome：支持 Google Chrome 浏览器，其中打印功能和原 T-UFO 不支持 Google Chrome 45 以上浏览器版本，建议使用新 T-UFO。

（5）Office 版本：用户在使用存货、往来单位档案等的导出、导入功能时，需要安装微软公司的 Office2003（含 Office2003 以上版本中的 Excel）。

模块2.2　企业建账

本书以上海智信微电子制造有限公司为例，对其基本信息进行会计信息化处理。

2.2.1　案例企业信息解读

2.2.1.1　企业简介

上海智信微电子制造有限公司（以下简称"上海智信"）成立于 2016 年 4 月 18 日，公司位于上海，是一家经过认证的高新技术公司，专注于集成电路芯片及有关电子产品的研发、加工、生产、销售业务，主要产品是高精度智能显示器；同时公司还提供有关主要产品的设计技术服务。上海智信的主要股东是智信集团股份有限公司（股权占比 80%），主要的供应商、客户遍及北京、重庆、湖南、山东等国内多个省份。公司共有员工 40 人，设立的主要业务部门包括财务部、行政人事部、生产部、仓储部、研发部、销售部、采购部，具备完善的财务核算与监督资质。上海智信于 2025 年 1 月使用会计信息系统。

1）基本信息

公司名称：上海智信微电子制造有限公司

统一社会信用代码：913101167989785688

开户行：中国农业银行上海市田林支行

银行账号：03386900801005503

经营地址：上海市徐汇区文定路 99 号

电话：021-54076999

法定代表人/负责人姓名：李信

注册资本：1 500 万元人民币

经营范围：集成电路芯片和电子产品研发、加工、生产及销售；自营和代理商品及技术进出口业务等。

2）注册流程

上海智信的公司注册流程如图 2-1 所示。

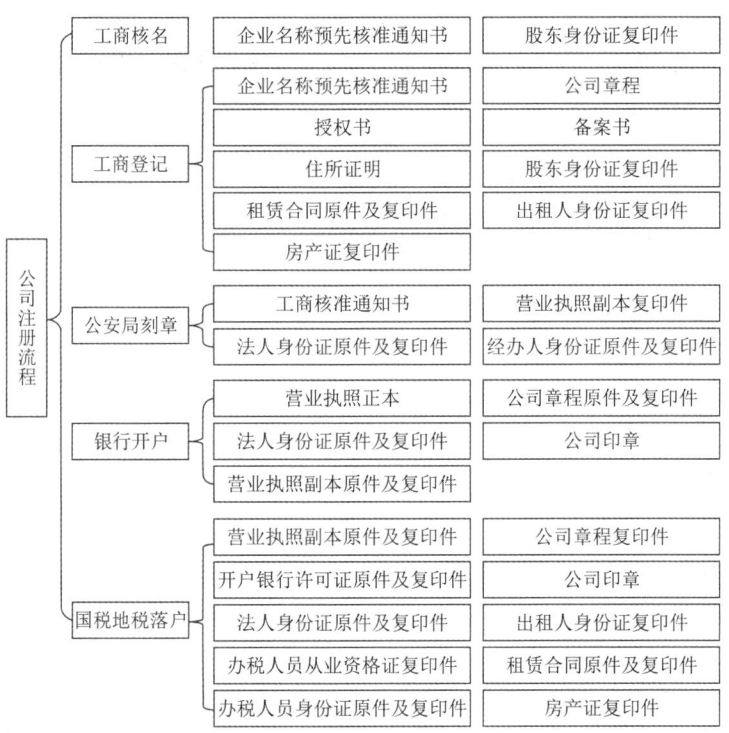

图 2-1 公司注册流程

3）企业会计制度

上海智信的会计核算采用《企业会计准则》。

4）公司章程（简版）

上海智信微电子制造有限公司章程

一、总则

第一条 依据《中华人民共和国公司法》和《中华人民共和国公司登记管理条例》及有关法律、法规的规定，制定本公司章程。本公司章程对公司股东、董事、监事、经理均具有约束力。

第二条 公司经公司登记机关核准登记并领取法人营业执照后即告成立。

二、公司名称和住所

第三条 公司名称：上海智信微电子制造有限公司。

第四条 公司住所：上海市徐汇区文定路99号。

三、公司的经营范围

第五条 公司的经营范围：集成电路芯片和电子产品研发、加工、生产及销售；自营和代理商品及技术进出口业务等。

四、公司注册资本

第六条 公司的注册资本为全体股东实缴的出资总额人民币5 000万元。

第七条 公司注册资本的增加或减少必须经股东会代表 2/3 以上表决权股东一致通过，增加或减少的比例、幅度必须符合国家有关法律、法规的规定，而且不应影响公司的存在。

五、公司股东名称

第八条 凡持有本公司出具的认缴出资证明的为本公司股东，股东是法人的，由该法人的法定代表人或法人的代理人代表法人行使股东权利。

第九条 公司在册股东共5人，全部是自然人股东。股东名录：

1. 自然人名称：王珊珊

住所：北京市朝阳区永顺东里2号院

认缴出资额：2 000万元，占公司注册资本的40%

出资方式：货币

认缴时间：2016年5月30日

2. 自然人名称：杨林

住所：北京市丰台区马家堡1单元

认缴出资额：300万元，占公司注册资本的20%

出资方式：货币

认缴时间：2016年5月30日

3. 自然人名称：张连杰

住所：上海市金山区锦江路152号

认缴出资额：225万元，占公司注册资本的15%

出资方式：货币

认缴时间：2016年5月30日

4. 自然人名称：付明亮

住所：上海市浦东新区上南路251号

认缴出资额：225万元，占公司注册资本的15%

出资方式：货币

认缴时间：2016年5月30日

5. 自然人名称：任凯

住所：北京市丰台区马家堡1单元

认缴出资额：150万元，占公司注册资本的10%

出资方式：货币

认缴时间：2016年5月30日

5）营业执照

上海智信的营业执照如图 2-2 和图 2-3 所示。

项目 2　会计信息系统初始设置

图 2-2　营业执照正本

图 2-3　营业执照副本

6）公司职能部门

上海智信基本公司架构如图 2-4 所示。

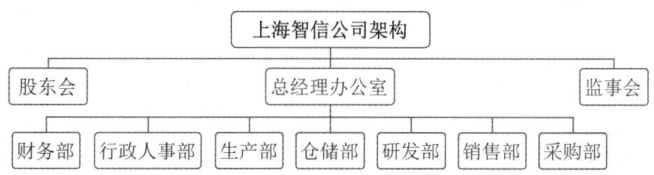

图 2-4　公司架构

7）公司制度

上海智信的公司制度包括：公司章程、企业会计制度、内部控制制度、费用审批制度、差旅费报销制度。

2.2.1.2 生产原材料及主要流程

1）生产流程图

上海智信的芯片生产原材料及主要流程如图 2-5 所示。

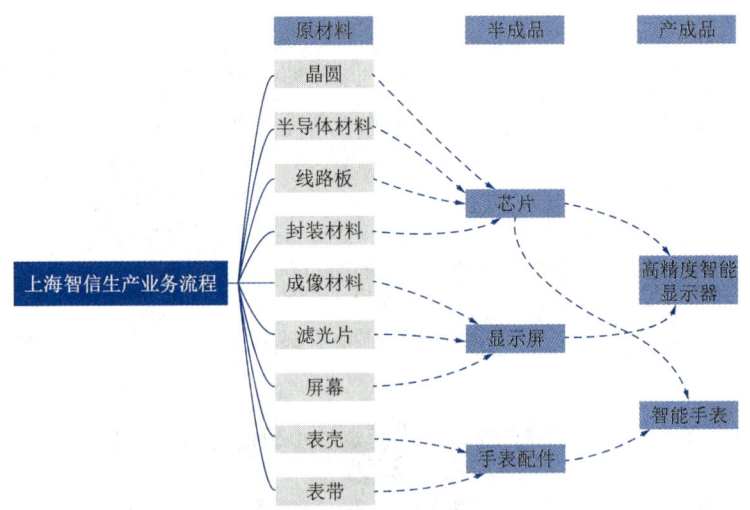

图 2-5 生产原材料及主要流程

2）存货列表

上海智信的主要存货信息表如表 2-2 所示。

表 2-2 主要存货信息表

存货编号	存货名称	类别	计量单位	数量	单价（元）	金额（元）
Ycl0011	xsq 晶圆	原材料	片	200	5 000.00	1 000 000.00
Ycl0012	zn 晶圆	原材料	片	100	500.00	50 000.00
Ycl0021	xsq 半导体材料	原材料	套	200	200.00	40 000.00
Ycl0022	zn 半导体材料	原材料	套	100	100.00	10 000.00
Ycl0031	xsq 线路板	原材料	个	200	100.00	20 000.00
Ycl0032	zn 线路板	原材料	个	100	80.00	8 000.00
Ycl0041	xsq 封装材料	原材料	套	200	100.00	20 000.00
Ycl0042	zn 封装材料	原材料	套	100	50.00	5 000.00
Ycl0005	成像材料	原材料	套	200	500.00	100 000.00
Ycl0001	滤光片	原材料	个	200	500.00	100 000.00
Ycl0007	屏幕	原材料	个	200	1 000.00	200 000.00
Ycl0008	表带	原材料	个	100	50.00	5 000.00

（续表）

存货编号	存货名称	类别	计量单位	数量	单价（元）	金额（元）
Ycl0009	表壳	原材料	个	100	20.00	2 000.00
Bcp0011	xsq 芯片	半成品	件	500	8 000.00	4 000 000.00
Bcp0012	zn 芯片	半成品	件	300	1 000.00	300 000.00
Bcp0002	显示屏	半成品	个	500	3 000.00	1 500 000.00
Bcp0003	手表配件	半成品	套	300	150.00	45 000.00
Ccp0001	高精度智能显示器	产成品	件	200	15 000.00	3 000 000.00
Ccp0002	智能手表	产成品	个	100	2 000.00	200 000.00

3）生产流程中的定额消耗量

（1）每生产 1 件 xsq 芯片需要定额消耗 1 片 xsq 晶圆、1 套 xsq 半导体材料、1 个 xsq 线路板、1 套 xsq 封装材料。

（2）每生产 1 件 zn 芯片需要定额消耗 1 片 zn 晶圆、1 套 zn 半导体材料、1 个 zn 线路板、1 套 zn 封装材料。

（3）每生产 1 个显示屏需要定额消耗 1 套成像材料、1 个滤光片、1 个屏幕。

（4）每生产 1 套手表配件需要定额消耗 1 个表带、1 个表壳。

（5）每生产 1 件高精度智能显示器需要定额消耗 1 件 xsq 芯片、1 个显示屏。

（6）每生产 1 个智能手表需要定额消耗 1 件 zn 芯片、1 套手表配件。

2.2.1.3 企业会计政策与核算规则

1）账务处理程序

上海智信采用科目汇总表账务处理程序如图 2-6 所示。

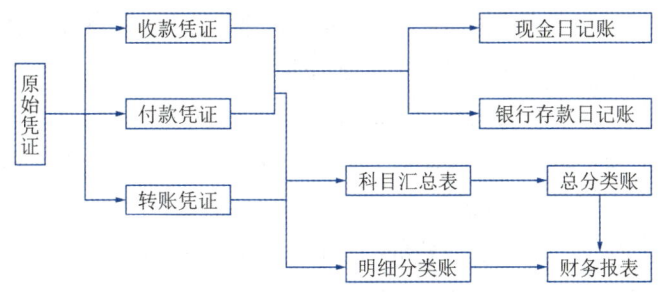

图 2-6 账务处理程序

2）有关财务项目的处理原则

（1）交易性金融资产的确认与计量。

公司对于以赚取差价为目的而持有在活跃市场上有报价的金融资产，确认为交易性金融资产。在初始确认时按照公允价值计量，相关交易费用直接计入当期损益。

持有交易性金融资产的会计期间，其公允价值变动形成的利得与损失，应当计入当期损益。

（2）债权投资的确认与计量。

公司对于到期日固定、回收金额固定或可确定，且有明确意图和能力持有至到期的在活跃市场上有报价的债券投资，确认为以摊余成本计量的金融资产，核算时计入债权投资。在初始确认时按照实际支付价格计量，相关交易费用计入初始确认金额，构成实际利息组成部分。债权投资的持有期间，应当采用实际利率法，按摊余成本进行后续计量。

（3）备用金核算。

采购员及其他职工出差预支差旅费，回公司后一次结清。

（4）材料核算方法。

原材料、周转材料按计划成本进行日常核算，计划成本表详见"建账材料"。"材料采购""材料成本差异"明细分类账与"原材料""周转材料"明细分类账相同，其分类项目为钢板、铝合金、低值易耗品。

将钢板材料发出，委托加工单位加工成库存商品有源消音器。上海智信一般当月接到合同订单，当月向委托加工单位发出材料，当月加工完成。发出材料时，根据委托加工材料出库单，核算钢板材料成本差异。

生产车间领用材料时不核算材料成本差异，在月末根据本月领料单，编制材料收发存汇总表，计算材料成本差异率，核算材料成本差异，计入各产品生产成本。

每年12月对原材料、库存商品等存货进行盘点清查，根据盘点结果编制盘盈盘亏报告单，报相关领导审批后在年末结账前处理完毕。

（5）基于薪酬的社会保险费、住房公积金和有关经费的计提。

公司为员工缴纳的基本养老保险费、失业保险费、基本医疗保险费、地方附加医疗保险费、工伤保险费，其计算依据是上海市企业职工社会保险年度月最低缴费基数（6 520元[①]），计提比例为26.66%。公司每月13日收到当月的上海市社会保险基金专用票据，按实际金额核算相关社会保险费。

住房公积金计提基数为当月工资总额，计提比例为7%。

工会经费由公司承担，计提基数为当月工资总额，计提比例为2%。

（6）水费、电费分配方法。

上海智信的水费、电费按照各部门设置一定比例进行分摊。

水费、电费等分配到生产车间的费用，根据生产各产品实际耗用的工时数，按比例分配到各产品的生产成本。

行政人事部、财务部、采购部、仓储部属于行政管理部门，其发生的水费、电费记入"管理费用——水电费"账户。

---

① 企业职工社会保险年度月最低缴费基数每年7月会调整，可通过各地人力资源和社会保障部官方公告获取，这里的基数是为方便计算假设的数据。

（7）制造费用分配方法。

制造费用根据生产各产品实际耗用的工时数按比例进行分配。

（8）产品生产成本核算方法。

产品生产成本采用品种法进行计算，包含"燃料与动力""直接材料""直接人工""制造费用"。生产耗费在完工产品和在产品之间的分配按照约当产量比例法，原材料在生产开始时一次投入。

在产品约当产量计算公式如下：

$$在产品约当量 = 在产品数量 \times 在产品完工度$$

产品各道工序完工进度如表2-3所示。

表2-3　产品各道工序完工进度

产品	第1道工序	第2道工序
高精度智能显示器	60%	40%
智能手表	50%	50%

（9）长期股权投资的核算。

公司对其他单位的投资属于对被投资单位具有重大影响，采用权益法核算。

（10）固定资产核算。

固定资产是指同时具有下列特征的有形资产：为生产商品、提供劳务、出租或经营管理而持有的，使用寿命超过一个会计年度。

公司对固定资产采用年限平均法计提折旧。公司固定资产按研发设备及生产设备、电子设备、运输设备、办公家具及其他设备分类。固定资产的使用年限及净残值率如表2-4所示。

表2-4　固定资产使用年限及净残值率

固定资产种类	使用年限（年）	净残值率	年折旧率
研发设备及生产设备	3	5%	31.67%
电子设备	3	5%	31.67%
运输设备	10	5%	9.50%
办公家具及其他设备	5	5%	19.00%

（11）无形资产核算。

公司有专利无形资产，按照实际成本进行初始计量，采用直线法计提摊销。无形资产使用寿命等有关标准如表2-5所示。

表2-5　无形资产有关标准

无形资产类别	预计使用寿命（年）	摊销方法	年摊销率
软件	10	直线法	10.00%

（续表）

无形资产类别	预计使用寿命（年）	摊销方法	年摊销率
专利权	10	直线法	10.00%
商标权	10	直线法	10.00%

（12）坏账准备核算。

坏账准备采用备抵法核算。

不同账龄下的应收账款、其他应收款坏账准备计提比例如表2-6所示。

表2-6 应收账款、其他应收款坏账准备计提比例

账龄	应收账款计提比例
1年以内（含1年）	5.00%
1～2年	20.00%
2～3年	50.00%
3年以上	100.00%

（13）所得税费用处理。

企业所得税会计采用资产负债表债务法，即比较有关资产和负债的账面价值与计税基础，确定应纳税暂时性差异和可抵扣暂时性差异；除了企业会计准则规定的特殊情况，确认递延所得税负债和递延所得税资产；根据递延所得税负债和递延所得税资产的本期增减变化，确定递延所得税；根据适用的税收有关法律法规规定，计算当期应纳税所得额和应交所得税，确定当期所得税；根据当期所得税和递延所得税，确定利润表中的所得税费用。

3）应交税费及税率

（1）企业所得税。上海智信属于经过认定的高新技术企业，适用15%的企业所得税税率，按应纳税所得额计缴。

（2）增值税。上海智信按《中华人民共和国增值税法》规定计算的销售货物和应税劳务收入为基础计算销项税额，在扣除当期允许抵扣的进项税额后，差额部分为应交增值税，具体业务及适用增值税税率如表2-7所示。

表2-7 具体业务及适用增值税税率

税种	收入类型	适用税率
增值税	销售高精度智能显示器、智能手表	13%
	销售芯片、各类原材料等	13%
	出售报废机器设备	13%
	出租厂房、生产线等	9%

（3）城市维护建设税税率及教育费附加、地方教育附加征收率如表2-8所示。

表 2-8 城市维护建设税税率及教育费附加、地方教育附加征收率

税种	税基	适用税率/征收率
城市维护建设税	实际缴纳增值税	7%
教育费附加	实际缴纳增值税	3%
地方教育附加	实际缴纳增值税	2%

（4）印花税税率如表 2-9 所示。

表 2-9 印花税税率

分类	税基	计税比例	适用税率
借款合同	合同金额	100%	0.005%
买卖合同	价款	100%	0.03%
运输合同	运输费用	100%	0.03%
租赁合同	租金	100%	0.1%

（5）房产税税率如表 2-10 所示。

表 2-10 房产税税率

税种	税基	计税比例	适用税率
房产税（建筑物自用部分）	建筑物自用部分原值	70%	1.2%
房产税（建筑物出租部分）	租金收入	—	12%

（6）城镇土地使用税税率如表 2-11 所示。

表 2-11 城镇土地使用税税率

税种	土地等级	税基	适用税额
城镇土地使用税	城市土地——一级土地	土地面积	20 元/平方米

（7）个人所得税征收规范。

个人所得税免征额为 5 000 元/月，上海智信作为高新技术企业，除了生产部门的一般员工，管理层、研发部门、行政部门等的员工正常情况下均需代扣代缴个人所得税。

2.2.1.4 芯片制造行业的财务数据

有关芯片制造生产行业的部分有关财务数据如下：

（1）单片晶圆的市场价值为 5 000～6 000 元，但考虑到智能手表的实际市场价格（如 iwatch 的市场价格在 3 000 元左右），上海智信两类产品应用的晶圆产品等级也有较大差异，因此，智能手表所用晶圆的价值定为 500 元/片。

（2）芯片生产制造业，研发部门人员基本年薪（基本工资 + 福利补贴 + 奖金）为 50 万～70 万元。因此，上海智信的研发部、管理层等人员工资需考虑设置个税代扣代缴金额。

2.2.2 建账与备份账套

畅捷通 T+系统提供了完整的账套管理功能，包括新建账套、备份账套、恢复账套，

需要用不同角色登录进行相关业务的操作。新建、备份、恢复账套流程如图 2-7 所示。

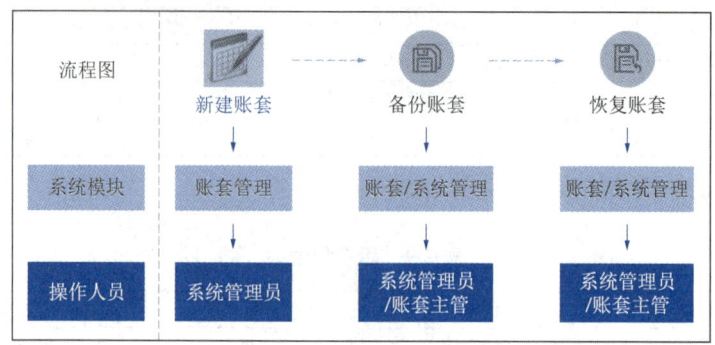

图 2-7　新建、备份、恢复账套流程

2.2.2.1　新建账套

在畅捷通 T+系统初始页面，其右侧有"普通用户"和"系统管理员"两个登录模式。普通用户是指公司用户的登录窗口；系统管理员是指公司软件管理员的登录窗口。结果如图 2-8 所示。

图 2-8　系统初始页面

新建账套需要以系统管理员的身份登录，其具体操作步骤如下所述。

步骤一："系统管理员"处单击，每行信息均已预置，其中"admin"是系统管理员账号，无初始密码，第 3 行是系统管理员名称，第 4 行是电脑操作日期。"登录"处单击，提示显示"当前用户已登录，是否重新登录？"，提示页面单击"确定"。结果如图 2-9 所示。

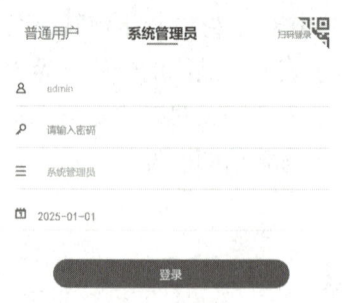

图 2-9　系统管理员登录页面

步骤二：系统管理员页面中，账套管理菜单"新建账套"处单击。结果如图 2-10 所示。

图 2-10　系统管理员操作首页页面

需要说明的是，各操作员操作完成后，需注销操作员的身份，以保证信息安全。

步骤三：基本信息设置。账套名称录入"上海智信微电子制造有限公司"，账套路径默认，单位全称录入"上海智信微电子制造有限公司"，单位简称自动生成为"上海智信微电子"，所属行业选择"制造业""其他制造业"，商品分类选择"其他"，行政区选择"上海市"—"市辖区"—"徐汇区"，报税地区选择"上海市"，单位地址录入"上海市徐汇区文定路 99 号"，纳税性质为"一般纳税人"，税率为"13%"，法人代表录入"李信"，联系电话录入"021-54076999"，开户银行录入"中国农业银行上海田林支行"，税号录入"913101167989785688"，录入完成后单击"确定"按钮。结果如图 2-11 所示。

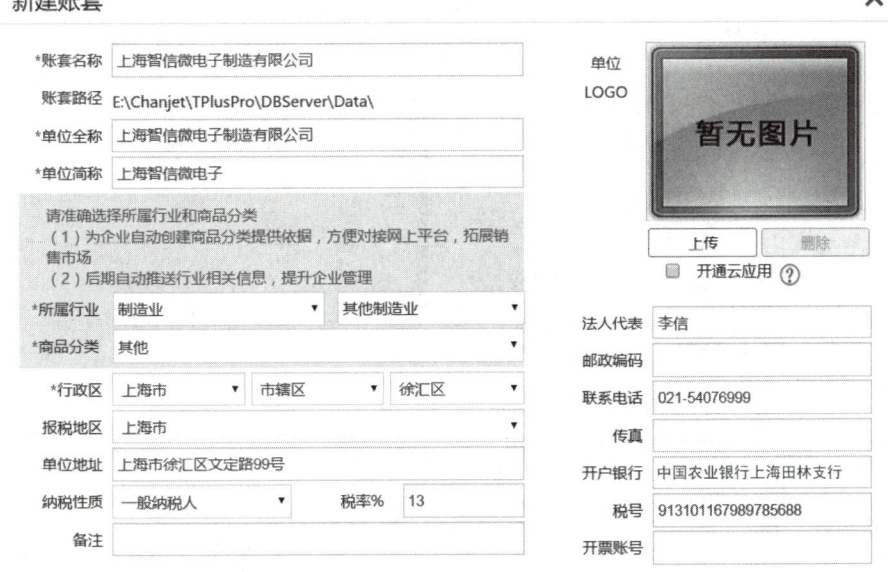

图 2-11　新建账套基本信息

需注意的是：一般不勾选“开通云应用”，如果勾选该选项，该账套用户均必须以畅捷通账号注册，在没有连通网络时，新建账套工作无法完成。

步骤四：会计期间设置。启用年度选择“2025”，启用期间选择“1”，其他默认，单击“下一步”按钮。结果如图 2-12 所示。

会计期间	开始日期	截止日期
1	2025-01-01	2025-01-31
2	2025-02-01	2025-02-28
3	2025-03-01	2025-03-31
4	2025-04-01	2025-04-30
5	2025-05-01	2025-05-31
6	2025-06-01	2025-06-30
7	2025-07-01	2025-07-31
8	2025-08-01	2025-08-31
9	2025-09-01	2025-09-30
10	2025-10-01	2025-10-31

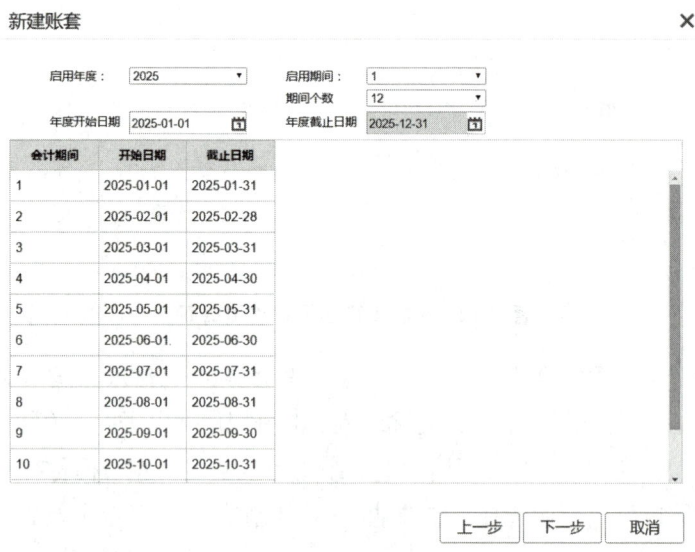

图 2-12　会计期间

步骤五：功能启用设置。“启用”栏分别勾选“1. 库存核算”“3. 购销管理”“15. 自制加工”“19. 总账”“22. T-UFO”“23. 资产管理”“24. 出纳管理”和“26. 薪资管理”。在勾选“1. 库存核算”和“3. 购销管理”后，“7. 往来现金”子系统将会自动勾选，在该页面“下一步”处单击。结果如图 2-13 所示。

序号	功能	启用	会计期间
1	库存核算	☑	2025.1
2	移动仓管	☐	2025.1
3	购销管理	☑	2025.1
4	物流管理	☐	2025.1
5	跑店管理	☐	2025.1
6	营销管理	☐	2025.1
7	往来现金	☑	2025.1
8	费用管理	☐	2025.1
9	委外加工	☐	2025.1
10	零售管理	☐	2025.1
11	促销管理	☐	2025.1
12	分销管理	☐	2025.1
13	会员管理	☐	2025.1

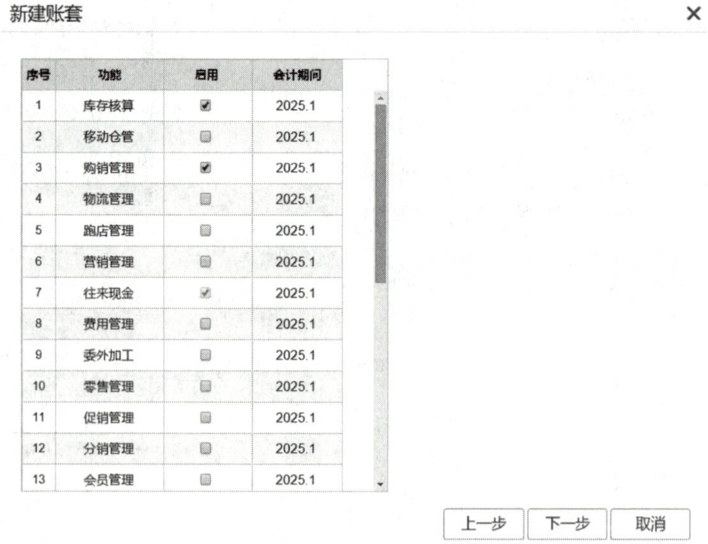

图 2-13　启用子系统

步骤六：公共选项设置。基础数据默认，数据精度中折旧率小数位选择"6"，计价模式选择"按存货（所有仓库相同存货成本相同）"，计价时机选择"实时计价"，在该页面"下一步"处单击。结果如图 2-14 所示。

图 2-14 公共选项

步骤七：财务选项设置。基本参数栏中，勾选"凭证需要审核才可记账""出纳凭证必须由出纳签字"复选框，行业性质选择"2007 年新会计准则（企业）"，勾选"按行业性质预置科目"复选框，科目编码级次设置中的第 4 和第 5 级，级次长度均录入"2"，凭证类别选择"记账凭证"，在该页面"下一步"处单击。结果如图 2-15 所示。

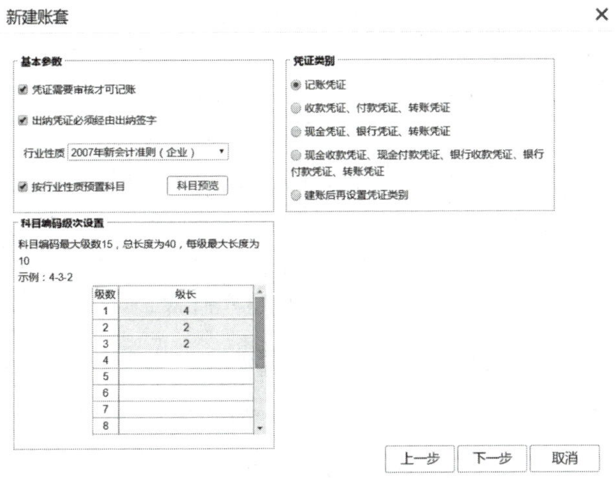

图 2-15 财务选项

步骤八：业务流程设置。畅捷通 T+系统开通购销管理和库存核算功能后才能进行业务流程。本公司销售和采购的立账方式分别选择"销售发票立账"和"采购发票立账"，在该页面"下一步"处单击。结果如图 2-16 所示。

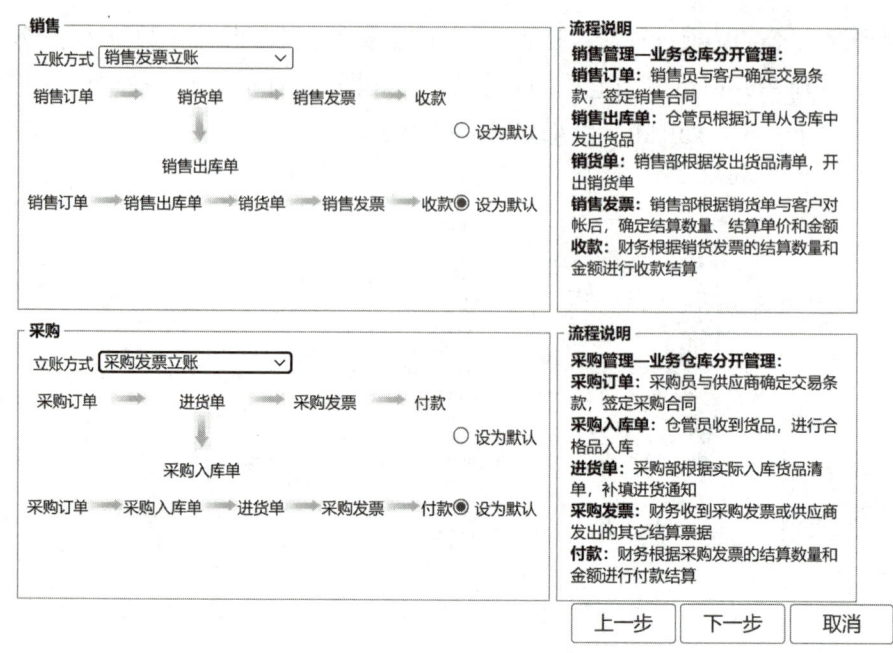

图 2-16 业务流程

需注意的是：业务流程的设置有多种选择，为适应多种不同情况，用户可根据销售和采购业务流程模式选择表选择。

销售和采购业务流程模式选择表，如表 2-12 所示。

表 2-12 销售和采购业务流程模式选择表

方式	销售流程	采购流程	生成凭证依据或说明
发票立账仓库与业务分开	销售订单-销货单，由销货单分别生成销售出库单和销售发票-在发票上收款	采购订单-进货单，由进货单分别生成采购入库单和采购发票-在发票上付款	销售：销售发票等生成收入凭证/销售出库单生成销售成本凭证 采购：采购入库单/采购发票等生成采购凭证 流程比较严格，一般设置后，必须按流程导航步骤处理，采购或销售发票上可同时进行货款结算
	销售订单-销售出库单-销货单，然后由销货单生成销售发票-在发票上收款	采购订单-采购入库单，进货单-采购发票-在发票上付款	
货单立账，仓库与业务分开	销售订单-销货单，由销货单生成销售出库单，在销货单上收款	采购订单-进货单，由进货单分别生成采购入库单，在进货单上付款	销售：销货单（替代销售发票）生成收入凭证/销售出库单生成销售成本凭证 采购：进货单（替代采购发票）/采购入库单等生成采购凭证。流程比较灵活，在销售过程中，销售发票或销售出库单均可生成销货单，在采购过程中，采购发票或采购入库单均可生成进货单。在销/进货单进行货款结算
	销售订单-销售出库单-销货单，在销货单上收款	采购订单-采购入库单，进货单，在进货单上付款	
货单立账，仓库与业务合并	销售订单-销货单-收款	采购订单-进货单-付款	

步骤九：账套主管设置。

（1）账套主管账号录入"10568450455"，账套主管姓名录入"李信"，密码录入"Aa10568450455"，确认密码录入"Aa10568450455"。结果如图 2-17 所示。

项目 2　会计信息系统初始设置

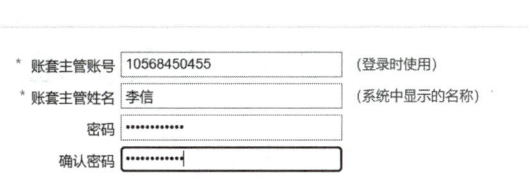

图 2-17　账套主管设置

需注意的是：用户账号根据各操作员 11 位手机号确定；新建账套时增加的账套主管密码不能遗忘，否则，公司用户无法进入畅捷通 T+系统。

（2）新建账套页面单击"完成"，公司账套自动生成，生成时出现提示，若提示页面单单击"是"，系统返回畅捷通 T+系统初始登录页面，在普通用户中，显示已预置账套主管账号；若提示页面单击"否"，则返回系统管理员登录首页。结果如图 2-18 所示。

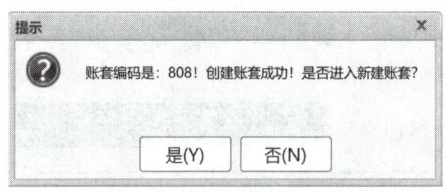

图 2-18　账套创建成功页面

2.2.2.2　备份账套

账套维护功能包括新建、删除、备份、恢复、升级、期间结转等，每个功能均可按其导航流程操作完成。系统管理员可以进行账套维护，系统管理员首页单击"账套维护"，进入账套维护界面。

备份账套需要以系统管理员的身份登录，其具体操作步骤如下所述。

步骤一：选中需要备份的账套，单击工具栏中"备份"按钮，系统打开"备份账套"对话框，单击"备份"按钮。结果如图 2-19 所示。

步骤二：账套下载至本地电脑。账套备份完成后，系统弹出提示框"备份文件已存至服务器：C:\Program Files(x86)\Chanjet\TPlusPro\DBServer\data\下，文件名为：808 上海智信微电子制造有限公司 20250705175927.zip.是否需要下载文件到本地？"，单击"是"按钮，文件下载至本地磁盘。结果如图 2-20 所示。

图 2-19　备份账套　　　　　　图 2-20　下载账套提示

35

模块2.3　基础设置

基础设置在会计信息化中扮演着至关重要的角色,它涉及企业会计信息化的多个方面,包括部门设置、员工设置、往来的单位设置、仓库设置等。这些设置为系统后续运行提供了基本结构,确保数据的准确性和业务流程的规范性。基础设置流程如图2-21所示。

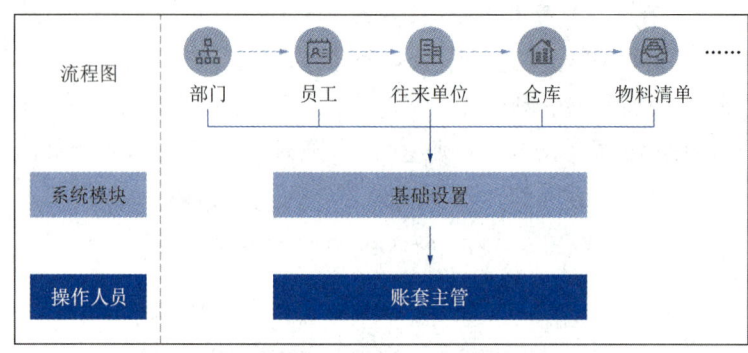

图 2-21　基础设置流程

2.3.1　部门与人员档案、用户权限设置

部门人员权限录屏

任务发放

根据表2-13进行部门档案设置。

表 2-13　部门档案

部门编码	部门名称	部门编码	部门名称
1	总经理办公室	6	研发部
2	监事会	7	销售部
3	财务部	8	采购部
4	行政人事部	9	仓储部
5	生产部		

操作指引

【账套主管李信进行基础档案设置】

步骤一：以账套主管"10568450455"的身份于"2025-01-01"登录,在"基础设置 | 基本信息"处单击"部门"。部门页面单击"新增"进入部门档案页面,部门编码录入"1",部门名称录入"总经理办公室",部门档案页面单击"保存新增"。结果如图2-22所示。

项目 2　会计信息系统初始设置

图 2-22　部门档案

步骤二：根据步骤一的设置方法依次录入其他部门档案。结果如图 2-23 所示。

序号		部门编码	部门名称	负责人	停用
1	☐	1	总经理办…		否
2	☐	2	监事会		否
3	☐	3	财务部		否
4	☐	4	行政人事部		否
5	☐	5	生产部		否
6	☐	6	研发部		否
7	☐	7	销售部		否
8	☐	8	采购部		否
9	☐	9	仓储部		否

图 2-23　部门页面

需注意的是：部门档案的新增、修改和删除等均在部门页面中进行，修改、删除部门应选择具体的部门。删除部门前要求该部门没有使用过，否则无法删除该部门。

任务发放

根据表 2-14 进行员工档案设置。

表 2-14　员工档案

员工编码	员工名称	所属部门	业务员	职务
1	李信	总经理办公室	否	总经理
2	高竹丽	总经理办公室	否	总经理助理
3	涂相	监事会	否	监事
4	锦里	财务部	否	财务经理
5	储娜	财务部	否	出纳
6	程本	财务部	否	成本会计
7	汪莱	财务部	否	往来会计
8	宗章	财务部	否	总账会计

37

（续表）

员工编码	员工名称	所属部门	业务员	职务
9	邢正	行政人事部	否	部门经理
10	任史	行政人事部	否	人事经理
11	顾瑶	行政人事部	否	职员
12	盛婵	生产部	否	产品经理
13	于开明	生产部	否	产品经理
14	甘琪	生产部	否	职员
15	夏雨	生产部	否	职员
16	邱天	生产部	否	职员
17	沈兵	生产部	否	职员
18	尹翔	生产部	否	职员
19	吴浩	生产部	否	职员
20	吴菲菲	生产部	否	职员
21	王霞	生产部	否	职员
22	颜强	研发部	否	部门经理
23	赵信	研发部	否	职员
24	盖伦	研发部	否	职员
25	金晶	研发部	否	职员
26	萧景琰	销售部	否	部门经理
27	于娟	销售部	是	销售助理
28	李媛媛	销售部	是	职员
29	方蔷	销售部	是	职员
30	蔡林峰	销售部	是	职员
31	张阳	销售部	是	职员
32	许心	销售部	是	职员
33	杨丰达	销售部	是	职员
34	蔡明	采购部	否	部门经理
35	张涛	采购部	是	采购助理
36	许琴	采购部	是	职员
37	吴燕	仓储部	否	部门经理
38	林莉	仓储部	否	仓储助理
39	管飞鸿	仓储部	否	职员
40	曲娜娜	仓储部	否	职员

操作指引

步骤一： 以账套主管"10568450455"的身份于"2025-01-01"登录，在"基础设置"|"员工"里：员工页面，所属部门选择"总经理办公室"，单击"新增"；员工档案页面，员工编码录入"01"，员工名称录入"李信"；选择职务左侧下拉键，已有职务可直接选择，职务中没有预置的，下拉菜单单击"增加"。结果如图 2-24 所示。

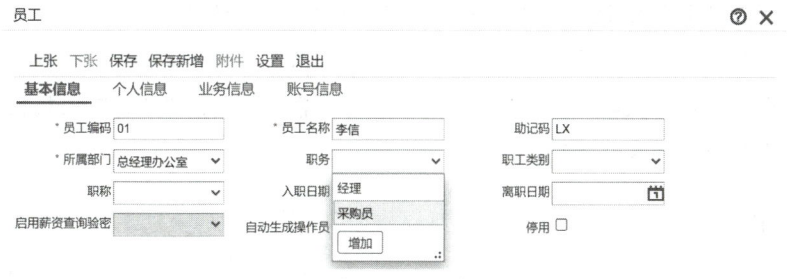

图 2-24　员工档案页面

步骤二： 在职务档案页面，名称处录入"总经理"，职务档案进行保存后退出。结果如图 2-25 所示。

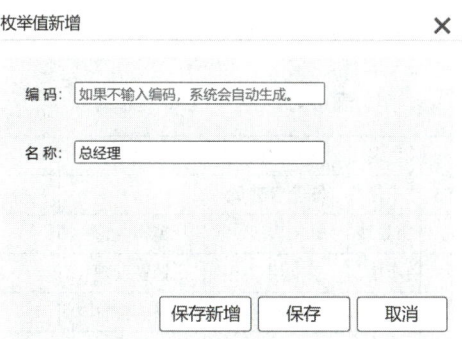

图 2-25　职工档案页面

步骤三： 在员工档案页面，职务选择"总经理"，员工档案页面单击"保存新增"。结果如图 2-26 所示。

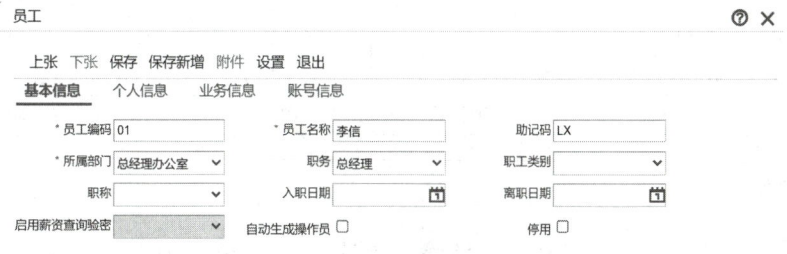

图 2-26　员工档案设置完成

步骤四： 含业务员的员工档案录入。在员工页面中，部门选择"销售部"，在右侧工具栏中单击"新增",员工编码录入"27",员工名称录入"于娟",职务选择"职员",在业务信息页签中将"业务员"勾选其复选框,员工档案页面单击"保存新增"。

步骤五:根据部门顺序,将其他员工档案全部录入系统。

需注意的是:

(1)"业务员"是指购销系统中的经办人员。若购销人员不勾选业务员复选框,在购销存系统单据中的"业务员"无法选择该员工。

(2)员工档案可用于业务财务共享,在财务中科目应设置"个人往来"辅助核算,如"其他应收款——职工往来"科目设置"个人往来"辅助核算。

(3)当员工人数较多时,可在员工窗口单击"导入"下拉框选择下载模板,模板录入完成,再将模板导入至系统。

任务发放

公司用户权限设置包括增加用户组别并授权、修改用户组别权限和增加用户组别中用户等。本公司财务部根据分工负责的原则集中处理各部门的各种业务和财务单据,进行业财融合处理,最终生成财务报表信息。在第一次进行用户权限设置时,各用户的密码均为 a + 11 位登录账号。

根据表 2-15 用户权限一览表进行权限设置。

表 2-15 用户权限一览表

账号	密码	姓名	用户组	职务	权限
10568450455	Aa10568450455	李信	账套管理员		账套主管
10577566680	a10577566680	萧景琰	销售组	销售主管	销售相关单据审核
10581227866	a10581227866	于娟	独立用户组	销售助理	销售相关单据填制
10557300142	a10557300142	蔡明	采购组	采购主管	采购相关单据审核
10538837421	a10538837421	张涛	独立用户组	采购助理	采购相关单据填制
10556330715	a10556330715	吴燕	库存组	库存主管	库存相关单据审核
10532713440	a10532713440	林莉	独立用户组	库存助理	库存相关单据填制
10536251656	a10536251656	储娜	出纳组	出纳	出纳相关单据填制
10555280056	a10555280056	宗章	会计组	会计	填制凭证、记账、资产管理、薪资管理所有权限
10541736578	a10541736578	锦里	财务组	财务主管	凭证审核、报表权限
10528831501	a10528831501	盛婵	生产组	生产主管	生产相关单据审核
10558638317	a10558638317	甘琪	独立用户组	生产助理	生产相关单据填制

操作指引

步骤一:以账套主管"10568450455"的身份于"2025-01-01"登录,在"系统管理"|"基本设置"处单击"用户权限"。其中,"账套主管组(1)"表明账套主管组中已有 1 位用户。

步骤二：用户设置。

（1）在用户权限界面左侧导航栏中选中"销售组"，单击"新增用户"按钮，进入用户管理页面，用户账号录入"10577566680"，用户名录入"萧景琰"，密码录入"a10577566680"，确认密码录入"a10577566680"，在"可改登录日期"处勾选，用户管理页面单击"保存新增"。结果如图2-27所示。

图2-27　新增用户

（2）根据（1）中操作，继续新增表2-15中其他用户。

步骤三：用户组授权。

（1）用户组选择"独立用户组"，人员选择"于娟"，用户权限页面单击"用户授权"。"产品功能"处单击"销售管理"，在右侧"授权详情"中，功能点名称左侧勾选复选框，"审核"和"弃审"字段下不勾选，对其他勾选的功能进行保存。结果如图2-28所示。

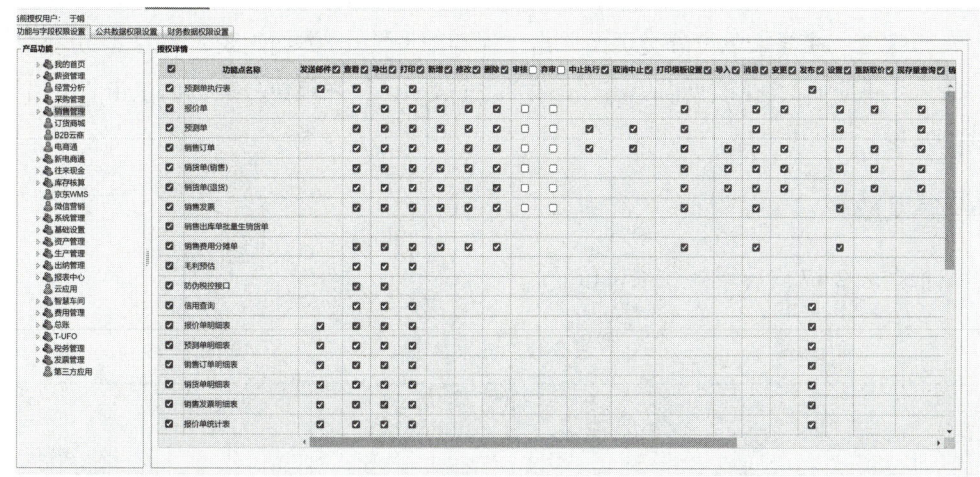

图2-28　用户授权

往来单位录屏

（2）根据（1）中操作，分别授予表 2-15 中其他人员权限。

2.3.2 往来单位档案设置

往来单位设置包括往来单位分类设置及各类别下往来单位档案录入两部分。

任务发放

根据表 2-16 内容设置往来单位分类。

表 2-16 往来单位分类

往来单位分类编号	往来单位分类
01	客户
02	供应商

操作指引

步骤一：以账套主管"10568450455"的身份于"2025-01-01"登录，在"基础信息"|"基本信息"处单击"往来单位"。

步骤二：在往来单位页面左侧单击"增加分类",进入往来单位分类页面，分类编码录入"01",分类名称录入"客户"。结果如图 2-29 所示。

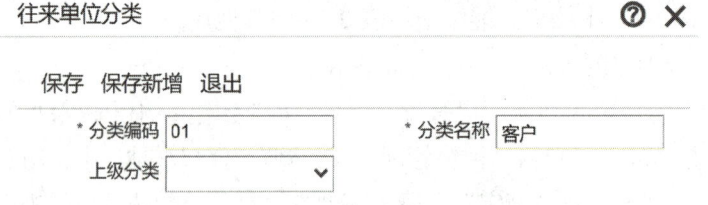

图 2-29 往来单位分类

步骤三：在往来单位分类页面单击"保存新增",分类编码录入"02",分类名称录入"供应商",在该页面单击"保存",完成后，往来单位分类页面单击"退出"或"×"。

任务发放

根据表 2-17 内容设置往来单位。

表 2-17 往来单位

往来单位编号	往来单位名称	纳税人识别号	开户行	银行账号	供应商报价是否含税
Kh001	上海中芯科技有限公司	913101167989787841	中国银行黄浦支行	300834567019	

项目 2　会计信息系统初始设置

（续表）

往来单位编号	往来单位名称	纳税人识别号	开户行	银行账号	供应商报价是否含税
Kh002	昆山合生光学电子有限公司	91320583672507959F	交通银行昆山分行	325391450018800030059	
Kh003	浙江未来光电仪器有限公司	913355027463411432	中国工商银行平湖支行	1204080019814010789	
Kh004	北京电子制品开发有限公司	91110108MA00BAXJXQ	招商银行北京双榆树支行	861580122210008	
Gys001	上海东方晶圆制造有限公司	913101167989785663	中国农业银行上海田林支行	03386900801001099	否
Gys002	上海电子半导体材料加工有限公司	913101167989786488	中国工商银行上海市南京东路第一支行	1001293529100035885	否
Gys003	浙江金鹏电子科技集团公司	913300007463415369	中国建设银行嘉兴分行	33001638047059005008	否
Gys004	山东封装制品加工有限公司	9137070520885F3B2R	浦发银行济南开发区支行	74130154801577439	否
Gys005	湖南光学成像制品有限公司	914300007121944321	中国建设银行新世纪支行	43001705011050005558	否
Gys006	重庆微光电子元件销售有限公司	915001160997379910Q	中国银行李家沱支行	113016847655	否
Gys007	江苏亮彩电器有限公司	91320411688018019E	中国农业银行常州新北支行	10115101050883707	否
Gys008	上海新世纪表业有限公司	9131011013124379 9R	中国工商银行杨浦昆明路支行	10012919090 01701955	否
Gys009	上海京佳物流运输有限公司	913102301643350304	中国工商银行上海彭浦支行	1001250809300882395	否
Gys010	国网上海市电力公司	91310101132224671B	中国工商银行上海市分行	1001254029003452681	否
Gys011	上海市自来水公司	913101011323540032	中国建设银行临平支行	31001532600056572128	否
Gys012	上海时尚家居艺术设计博览有限公司	913101166555087279	上海银行浦东分行	03001459483	否
Gys013	安格斯（上海）设备工程有限公司	91310117607216321E	中国银行上海市松江工业区支行	444259224773	否
Gys014	上海新视界数字科技有限公司	91310101MA7BTB2N9A	上海浦东发展银行卢湾支行	98990078801455551790	否

操作指引

步骤一：以账套主管"10568450455"的身份于"2025-01-01"登录，在"基础信息"|"基本信息"处单击"往来单位"。

步骤二：在往来单位分类处单击"客户"，页面右侧工具栏单击"新增"，进入往来单位档案页面，往来单位编号录入"Kh001"，往来单位名称录入"上海中芯科技有限公司"，简称自动生成，性质选择"客户"，开户银行通过银行档案设置并选择"中国银行黄浦支行"，账号录入"300834567019"，纳税人识别号录入"913101167989787841"，一般带星号的项目是必录项。该页面单击"保存新增"。结果如图 2-30 所示。

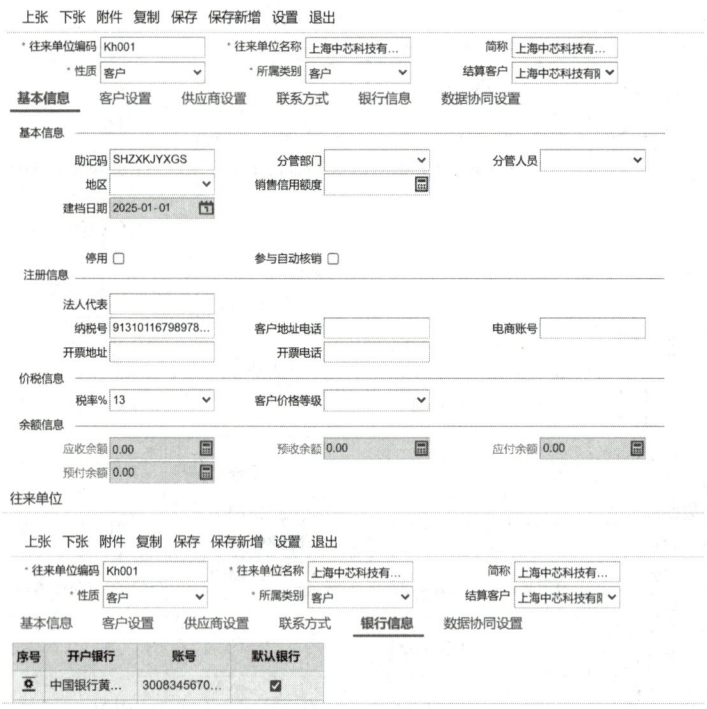

图 2-30 往来单位

步骤三：重复步骤二，录入其他往来单位档案。

2.3.3 仓库与存货档案设置

仓库、存货录屏

任务发放

根据表 2-18 内容设置仓库。

表 2-18 仓库

仓库编码	仓库名称
01	原材料库
02	半成品库
03	产成品库

操作指引

步骤一：以账套主管"10568450455"的身份于"2025-01-01"登录，在"基础信息"|"基本信息"处单击"仓库"。

步骤二：在仓库页面单击"新增"，进入仓库档案页面，仓库编码录入"01"，仓库名称录入"原材料库"，该页面单击"保存新增"。结果如图 2-31 所示。

步骤三：重复步骤二，完成其他仓库档案。

项目 2　会计信息系统初始设置

图 2-31　新增仓库

任务发放

根据表 2-19 内容设置存货分类及存货档案。

表 2-19　存货分类及存货档案

存货分类		存货档案								
存货类别编号	存货分类名称	存货编码	存货名称	计价方式	所属类别编码	税率	计量	外购	销售	自制	生产耗用
1	原材料	Ycl0011	xsq 晶圆	全月平均	1	13%	片	✓			✓
		Ycl0012	zn 晶圆	全月平均	1	13%	片	✓			✓
		Ycl0021	xsq 半导体材料	全月平均	1	13%	套	✓			✓
		Ycl0022	zn 半导体材料	全月平均	1	13%	套	✓			✓
		Ycl0031	xsq 线路板	全月平均	1	13%	个	✓			✓
		Ycl0032	zn 线路板	全月平均	1	13%	个	✓			✓
		Ycl0041	xsq 封装材料	全月平均	1	13%	套	✓			✓
		Ycl0042	zn 封装材料	全月平均	1	13%	套	✓			✓
		Ycl0005	成像材料	全月平均		13%	套	✓			✓
		Ycl0006	滤光片	全月平均	1	13%	个	✓			✓
		Ycl0007	屏幕	全月平均	1	13%	个	✓			✓
		Ycl0008	表带	全月平均	1	13%	个	✓			✓
		Ycl0009	表壳	全月平均	1	13%	个	✓			✓
2	半成品	Bcp0011	xsq 芯片	全月平均	2	13%	件			✓	✓
		Bcp0012	zn 芯片	全月平均	2	13%	件			✓	✓
		Bcp0002	显示屏	全月平均	2	13%	个			✓	✓
		Bcp0003	手表配件	全月平均	2	13%	套			✓	✓
3	产成品	Ccp0001	高精度智能显示器	全月平均	3	13%	件		✓	✓	
		Ccp0002	智能手表	全月平均	3	13%	个		✓	✓	

操作指引

步骤一：以账套主管"10568450455"的身份于"2025-01-01"登录，在"基础信息"|"基本信息"处单击"存货"。

步骤二：存货分类设置。

（1）在存货页面左侧单击"增加分类"，分类编码录入"1"，分类名称录入"原材料"，该页面单击"保存新增"。结果如图 2-32 所示。

图 2-32　新增存货分类

（2）重复（1）操作，继续完成其他存货分类设置。

步骤三：存货档案设置。

（1）在存货页面左侧存货分类选择"原材料"，右侧工具栏单击"新增"，进入存货档案页面，存货编码录入"Ycl0011"，存货名称录入"xsq 晶圆"，计价方式选择"全月平均"，增值税税率为 13%，计量方式选择"单计量"，计量单位录入并选择"片"，存货属性勾选以下选项："外购""生产耗用"，该页面单击"保存新增"。结果如图 2-33 所示。

图 2-33　新增存货

（2）重复（1）操作，继续完成其他存货档案设置。

2.3.4　物料清单档案设置

物料清单录屏

产品结构在畅捷通 T+系统中称为"物料清单"，分为父件和子件两部分。父件为本公司主要生产的高精度智能显示器、智能手表、手表配件、显示屏、xsq 芯片、

zn 芯片；子件为父件产品耗用的材料或零部件。

任务发放

物料清单父件表和物料清单子件结构表分别如表 2-20 和表 2-21 所示。根据表 2-20 和表 2-21 设置物料清单。

表 2-20　物料清单父件表

父件编码	父件名称	版本号	生产数量	生产车间	预入仓库	成品率	默认 BOM
Ccp0001	高精度智能显示器	1.0	1	生产部	产成品库	100%	是
Ccp0002	智能手表	1.0	1	生产部	产成品库	100%	是
Bcp0003	手表配件	1.0	1	生产部	半成品库	100%	是
Bcp0002	显示屏	1.0	1	生产部	半成品库	100%	是
Bcp0011	xsq 芯片	1.0	1	生产部	半成品库	100%	是
Bcp0012	zn 芯片	1.0	1	生产部	半成品库	100%	是

表 2-21　物料清单子件结构表

父件名称	子件名称	需用数量	损耗率	预出仓库
高精度智能显示器	xsq 芯片	1		半成品库
	显示屏	1		半成品库
智能手表	zn 芯片	1		半成品库
	手表配件	1		半成品库
手表配件	表带	1		原材料库
	表壳	1		原材料库
显示屏	成像材料	1	0	原材料库
	滤光片	1		原材料库
	屏幕	1		原材料库
xsq 芯片	xsq 晶圆	1		原材料库
	xsq 半导体材料	1		原材料库
	xsq 线路板	1		原材料库
	xsq 封装材料	1		原材料库
zn 芯片	zn 晶圆	1		原材料库
	zn 半导体材料	1		原材料库
	zn 线路板	1		原材料库
	zn 封装材料	1		原材料库

操作指引

步骤一： 以账套主管"10568450455"的身份于"2025-01-01"登录，在"基础信息"|"基本信息"处单击"物料清单"。

步骤二： 在物料清单页面单击"新增"，进入物料清单维护页面，父件编码选择"Ccp0001"，父件名称、生产数量、默认 BOM、成品率自动生成，版本号录入"1.0"，生产车间选择"生产车间",预入仓库选择"产成品库";在"子件明细"中,子件编码分别选择"Bcp0011"和"Bcp0002",需用数量分别录入"1"和"1",预出仓库均选择"原材料库"。结果如图 2-34 所示。

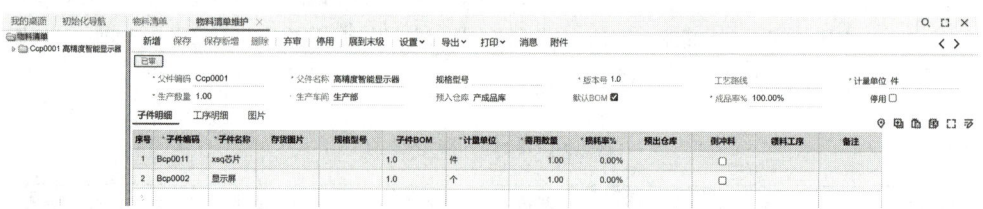

图 2-34　设置物料清单

步骤三：物料清单维护页面完成后进行保存和审核。

步骤四：重复步骤二、步骤三,完成其他父件物料清单设置。

收入、费用
设置录屏

2.3.5　收入、费用档案设置

任务发放

根据表 2-22 进行收入类型设置。

表 2-22　收入

收入编码	收入名称
01	政府补助

操作指引

步骤一：以账套主管"10568450455"的身份于"2025-01-01"登录,在"基础信息"|"收付结算"处单击"收入"。

步骤二：在收入页面单击"新增",收入编码录入"01",收入名称录入"政府补助"。结果如图 2-35 所示。

图 2-35　新增收入

步骤三：在收入页面单击"保存"后退出。

> **任务发放**

根据表 2-23 进行费用设置。

表 2-23 费用

编码	名称	税率	费用类型
02	办公费	13%	其他费用

> **操作指引**

步骤一：以账套主管"10568450455"的身份于"2025-01-01"登录，在"基础信息"|"收付结算"处单击"费用"。

步骤二：在费用页面单击"新增"，费用编码录入"02"，费用名称录入"办公费"，增值税税率选择 13%，费用类型选择"其他费用"。结果如图 2-36 所示。

图 2-36 新增办公费用

步骤三：在费用页面单击"保存"后退出。

2.3.6 账号、科目设置

银行账号是出纳对"银行存款"和"其他货币资金"科目对应的货币资金进行管理的场所。

账号、科目
设置录屏

> **任务发放**

根据表 2-24 内容设置账号。

表 2-24 账号

账号名称	账号类型	开户银行	账号
农行 5503	银行	中国农业银行上海田林支行	03386900801005503

操作指引

步骤一：以账套主管"10568450455"的身份于"2025-01-01"登录，在"基础信息"|"收付结算"处单击"账号"。

步骤二：在账号页面单击"新增"，进入账号档案页面，账号名称录入"农行5503"、账号类型选择"银行"；开户银行录入"中国农业银行上海田林支行"，银行档案自动显示此银行名称，双击该信息，若银行档案显示为空，则在银行档案中增加该银行名称，再予以选择；账号录入"03386900801005503"，"银行对账"勾选其复选框；账号档案页面单击"保存"。结果如图 2-37 所示。

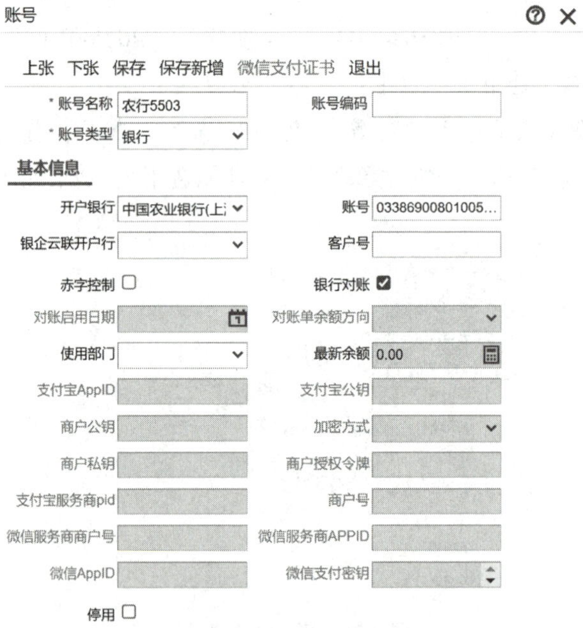

图 2-37　新增账号

任务发放

根据表 2-25 内容新增科目。

表 2-25　科目

科目代码	一级科目	二级科目	辅助核算	余额方向
100201	银行存款	农行 5503		借
1122	应收账款		往来单位	借

操作指引

步骤一：以账套主管"10568450455"的身份于"2025-01-01"登录，在"基础

信息"|"财务信息"处单击"科目"。

步骤二：在科目页面单击"新增"，进入科目编辑页面，科目编码录入"100201"、科目名称录入"农行5503"；已默认为银行科目，填制凭证时录入结算信息勾选其复选框，该页面单击"保存"。结果如图2-38所示。

图 2-38　新增科目

步骤三：选中科目编码为"1122"的复选框，在科目页面单击"修改"，进入科目修改页面，辅助核算下往来单位勾选其复选框，在该页面单击"保存"。结果如图2-39所示。

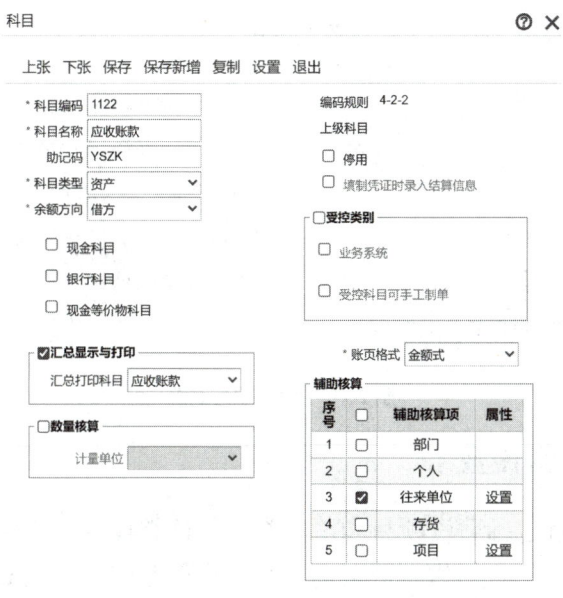

图 2-39　修改科目

2.3.7 资产档案设置

资产分类录屏

资产档案设置包括资产属性设置和资产分类设置两个步骤，其中资产属性是指资产大类，如固定资产和无形资产等。

任务发放

根据表 2-26 内容新增资产分类。

表 2-26 资产分类

资产属性编码	资产属性名称	资产分类编码	资产分类名称	预计使用年限（年）	摊销方法	净残值率	默认税率	卡片样式
03	无形资产	303	商标权	10	平均年限法	0	6%	摊销通用

操作指引

步骤一：以账套主管"10568450455"的身份于"2025-01-01"登录。

步骤二：在"基础信息"|"财务信息"处单击"资产分类"；在资产分类"03"勾选其复选框，资产分类页面单击"新增"，进入资产分类档案页面，资产分类编码录入"303"，资产分类名称录入"商标权"，默认使用年限录入"10"，默认净残值率为"0"，默认折旧/摊销方法选择"年限平均法"，默认进项税率录入"6"，卡片样式选择"摊销通用（无形资产适用）"，该页面进行保存后退出。结果如图 2-40 所示。

图 2-40 新增无形资产

2.3.8 薪资档案设置

薪资档案设置录屏

薪资档案设置包括薪资项目和薪资类别，这类设置经薪资管理模块处理，最终由账套主管审核。操作人员负责执行，确保薪资流程准确高效，操作流程如图 2-41 所示。

项目 2　会计信息系统初始设置

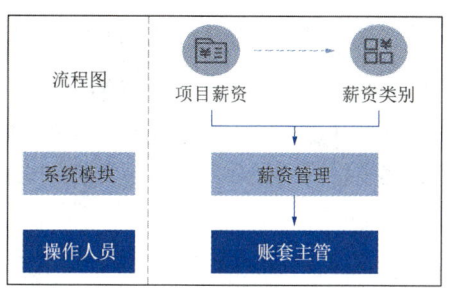

图 2-41　薪资设置流程图

任务发放

根据表 2-27 设置工资项目及计算公式。要求使用 if 嵌套函数，并采用最简化的方式设计表达式。

表 2-27　工资项目及计算公式

工资项目	公式定义条件
福利补贴	其他部门：400；销售部：500；生产部：450 （除了销售部和生产部，剩下的部门均为其他部门）
社会保险费（企）	当上一年平均工资＜6520 时，社保基数=6520；6520≤当上一年平均工资＜34188 时，社保基数=上一年平均工资；当上一年平均工资≥34188 时，社保基数=34188；社保基数*26.66%

需注意的是，社会保险费的缴费基数随全国各地社会保障局年度平均数动态调整。

操作指引

步骤一： 以账套主管"10568450455"的身份于"2025-01-01"登录，在"智能财税"|"薪资管理"处单击"薪资类别"。

步骤二： 在薪资类别页面勾选项目名称为"福利补贴"的项目，单击工具栏中"修改"，对该项目进行修改，在公式编辑栏双击进入公式编辑器窗口，录入公式为"IIF({所属部门}='销售部',500,IIF({所属部门}='生产部',450,400))"，公式编辑完成后进行保存并返回薪资类别页面。结果如图 2-42 所示。

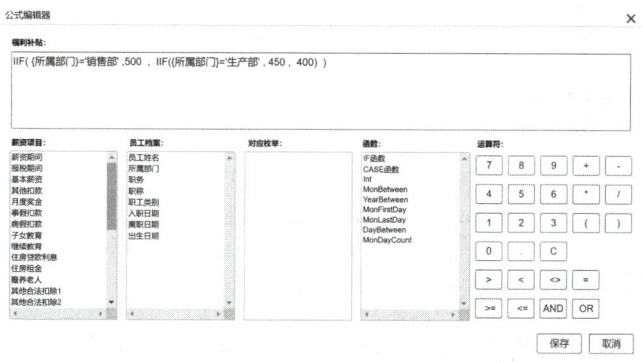

图 2-42　福利补贴公式编辑

53

步骤三：勾选项目名称为"社会保险费（企）"的项目，单击工具栏中"修改"，对该项目进行修改，在公式编辑栏双击进入公式编辑器窗口，录入公式为"IIF([上年度平均工资]>=34188,34188*0.2666,IIF([上年度平均工资]<=6520,6520*0.2666,[上年度平均工资]*0.2666))"，公式编辑完成后进行保存并返回薪资类别页面。结果如图 2-43 所示。

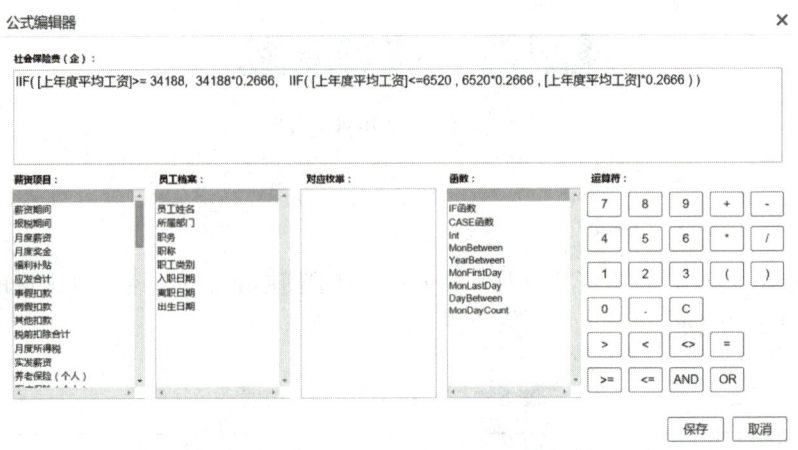

图 2-43　社会保险费（企）公式编辑

步骤四：单击工具栏中"保存"并退出薪资类别页面。

模块2.4　系统初始化

期初数据初始化均通过"初始化"功能模块处理，包括库存期初余额录入、往来单位期初余额录入、现金银行期初余额录入、期初资产卡片录入、薪资期初余额录入和科目期初余额录入等。初始化流程如图 2-44 所示。

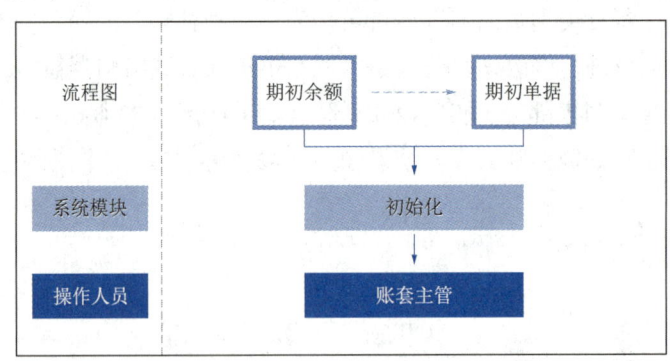

图 2-44　初始化流程

2.4.1　库存期初余额录入

库存期初余额录屏

库存期初余额录入包括存货期初数据、期初暂估入库材料数据和期初在途物资的录入。

任务发放

根据表 2-28 内容录入存货期初余额。

表 2-28　存货期初余额

仓库	存货名称	计量单位	数量	单价（元）	金额（元）
原材料库	xsq 晶圆	片	200.00	5 000.00	1 000 000.00
原材料库	zn 线路板	个	100.00	80.00	8 000.00
原材料库	成像材料	套	200.00	500.00	100 000.00
原材料库	滤光片	个	200.00	500.00	100 000.00
原材料库	表带	个	100.00	50.00	5 000.00

操作指引

步骤一：以账套主管"10568450455"的身份于"2025-01-01"登录，在"初始化"|"期初余额"处单击"库存期初余额"。

步骤二：仓库选择"原材料库"，存货名称选择"xsq 晶圆"，数量录入"200.00"，主单价录入"5 000.00"。结果如图 2-45 所示。

图 2-45　库存期初余额录入

步骤三：根据表 2-28 资料录入原材料库其他存货数据。
步骤四：全选记录，对该页面进行审核。

任务发放

根据表 2-29 期初暂估入库数据内容录入期初暂估入库单。

期初暂估
入库单录屏

表 2-29　期初暂估入库数据

单据日期	仓库	供应商	存货名称	实收数量（件）	单价（元/件）
2024-12-26	原材料库	重庆微光电子元件销售有限公司	滤光片	200.00	500.00

操作指引

步骤一：以账套主管"10568450455"的身份于"2025-01-01"登录，在"初始化"|"期初单据"处单击"期初暂估入库单"。

步骤二：填制期初暂估入库单。

（1）表头填制：单据日期录入"2024-12-26"，供应商选择"重庆微光电子元件销售有限公司"。

（2）明细数据填制：仓库选择"原材料库"，存货名称选择"滤光片"，计量单位默认，实收数量录入"200.00"，单价录入"500.00"，金额自动生成，对该单据进行保存和审核。结果如图2-46所示。

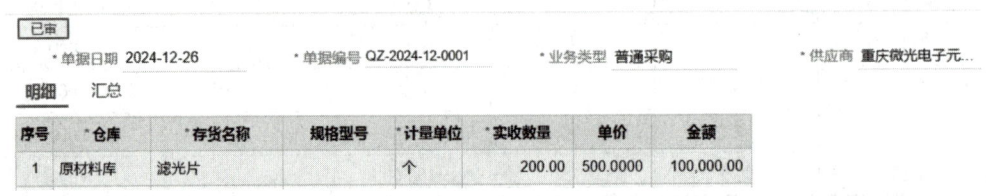

图 2-46　期初暂估入库单

2.4.2　往来期初余额录入

往来期初余额录屏

往来期初余额录入主要是录入客户和供应商的期初数据。

任务发放

根据表2-30内容录入往来期初。

表 2-30　往来期初

日期	往来单位	余额（元）	余额性质
2024-12-24	上海中芯科技有限公司	287 000.00	应收账款
2024-12-28	江苏亮彩电器有限公司	18 560.00	应付账款

操作指引

步骤一：以账套主管"10568450455"的身份于"2025-01-01 登录"，在"初始化"|"期初余额"处单击"往来期初余额"；日期选择"2024-12-24"，客户选择"上海中芯科技有限公司"，应收账款录入"287 000.00"，录入完成后，对该页面进行保存。结果如图2-47所示。

图 2-47　应收账款期初录入

步骤二：在往来期初余额页面单击"应付期初"，日期选择"2024-12-28"，供应商选择"江苏亮彩电器有限公司"，应付账款录入"18 560.00"，录入完成后，对该页面进行保存。结果如图2-48所示。

项目 2　会计信息系统初始设置

图 2-48　应付账款期初录入

2.4.3　现金银行期初余额录入

现金银行期初余额录屏

任务发放

库存现金、银行存款期初余额在系统里对应现金银行期初余额,根据表 2-31 内容录入现金银行期初余额。

表 2-31　现金银行期初余额

账号	账号名称	余额（元）
现金	现金	18 752.00
农行 5503	农行	2 569 048.80

操作指引

步骤一：以账套主管"10568450455"的身份于"2025-01-01"登录,在"初始化"|"期初余额"处单击"现金银行期初余额";现金账号余额录入"18 752.00",农行 5503 账号余额录入"2 569 048.80"。

步骤二：录入完成后该页面进行保存。结果如图 2-49 所示。

图 2-49　现金银行期初余额

2.4.4　资产期初卡片录入

期初资产卡片录屏

资产期初卡片录入是指需计提折旧或摊销的资产相关信息的录入。

任务发放

根据表 2-32 内容录入期初资产卡片。

表 2-32　期初资产卡片

卡片日期	资产名称	资产分类编码	资产分类名称	资产属性	数量	使用状况	使用部门	增加方式	原值（元）
2019-12-23	智芯	03	专利权	无形资产	1	在用	生产部门	研发转入	240 000.00

操作指引

步骤一：以账套主管"10568450455"的身份于"2025-01-01"登录，在"初始化"|"期初余额"处单击"期初资产卡片"。

步骤二：在期初资产卡片页面单击"专利权"。资产卡片编码自动生成，资产卡片名称录入"智芯"，资产分类编码、资产分类名称和资产属性自动生成；数量自动为"1"，使用状况默认"在用"，使用部门选择"生产部门"，增加方式选择"研发转入"，入账日期录入"2019-12-23"，卡片日期自动调整为入账日期，预计使用年限、已计提年限自动生成，录入原值"240 000.00"，该页面进行保存后退出。结果如图 2-50 所示。

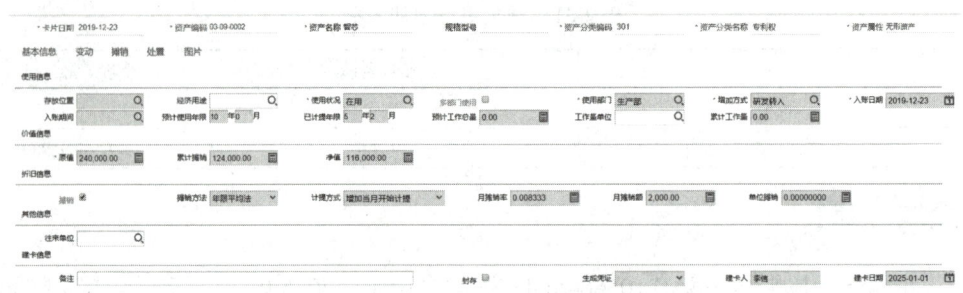

图 2-50　录入期初资产卡片

科目期初余额
录入录屏

2.4.5　科目期初余额录入

任务发放

根据表 2-33 内容录入科目期初余额。

表 2-33　科目期初余额

科目编码	科目名称	辅助核算	期初余额（元）
100201	农行 5503		2 569 048.80
1403	原材料	xsq 晶圆	1 000 000.00
		zn 线路板	8 000.00
		成像材料	100 000.00
		滤光片	100 000.00
		表带	5 000.00

操作指引

步骤一：以账套主管"10568450455"的身份于"2025-01-01"登录，在"初始化"|"期初余额"处单击"科目期初余额"。

步骤二：科目期初余额页面，在"农行 5503"科目的期初余额栏录入"2 569 048.80"完成后该页面进行保存。结果如图 2-51 所示。

期间: 2025.01				
序号	*科目编码	*科目名称	方向	期初余额 金额
1	1001	库存现金	借方	18,752.00
2	1002	银行存款	借方	2,569,048.80
3	100201	农行5503	借方	2,569,048.80

图 2-51　银行科目期初余额

步骤三：选择"原材料"科目，在科目处双击金额栏，出现辅助核算期初页面，该页面单击"明细"，存货选择"xsq 晶圆"，金额录入"1 000 000.00"。继续完成其他存货期初余额录入，完成后保存退出。结果如图 2-52 所示。

辅助核算期初
保存　明细　导出　设置　打印　清零　删除　定位　退出
科目: 1403 原材料方向: 借方

序号	*存货	累计借方 金额	累计贷方 金额	期初余额 金额	年初余额 金额
5	xsq线路板			20,000.00	20,000.00
6	zn线路板			8,000.00	8,000.00
7	xsq封装材料			20,000.00	20,000.00
8	zn封装材料			5,000.00	5,000.00
9	成像材料			100,000.00	100,000.00
10	滤光片			100,000.00	100,000.00
11	屏幕			200,000.00	200,000.00
12	表带			5,000.00	5,000.00

图 2-52　原材料科目期初余额

需注意的是：

部分科目期初余额可通过期初同步实现。期初同步是指用户将初始化往来、库存等期初余额、现金银行期初余额和期初单据数据转入科目期初余额的过程，是期初业财融合的体现，也是业财融合的期初应用。业财融合通过"总账—日常业务—科目设置"建立业财对应关系后，可将现金、银行、往来、库存、资产和业务等期初数据直接传递到总账对应入账科目期初余额中。

期初同步是否成功，取决于"总账—日常业务—科目设置"的处理是否正确。科目设置用于单据生成凭证前确定其入账科目，是业财融合的关键，也是业务数据自动化为财务信息的关键。

▶ 项目小结 ◀

会计信息系统初始设置所涉及的工作任务与"1+X"职业技能证书对应关系如

表 2-34 所示。

表 2-34　会计信息系统初始设置与"1＋X"职业技能证书对应关系表

项目名称	工作任务	"1＋X"职业技能证书对应关系					
		智能财税		财务共享服务		业财一体信息化应用	
		初级	中级	初级	中级	初级	中级
会计信息系统初始设置	企业建账	✓	✓	✓		✓	✓
	部门与人员档案、用户权限设置	✓	✓			✓	
	往来单位档案设置	✓	✓			✓	
	仓库与存货档案设置	✓	✓			✓	
	物料清单档案设置					✓	
	收入、费用档案设置	✓	✓			✓	
	账号、科目档案设置	✓	✓				
	资产档案设置					✓	
	薪资档案设置	✓	✓			✓	
	库存期初余额录入	✓	✓	✓			✓
	往来期初余额录入	✓	✓	✓			✓
	现金银行期初余额录入	✓	✓	✓			✓
	资产期初卡片录入	✓					
	薪资期初余额录入	✓					
	科目期初余额录入	✓	✓	✓		✓	✓

▶ 对比分析 ◀

畅捷通 T+、金蝶云•星空在会计信息系统初始设置操作对比分析如表 2-35 所示。

表 2-35　会计信息系统初始设置操作对比分析表

项目名称	工作任务	会计信息系统操作差异对比	
		畅捷通 T+	金蝶云•星空
会计信息系统初始设置	2.3.1 部门与人员档案、用户权限设置	基础设置-新增部门和员工 系统管理-设置用户权限	用系统管理员身份进行组织创建和操作员权限的设置
	2.3.2 往来单位档案设置	基础设置-往来单位	基础管理-客户/供应商
	2.3.3 仓库与存货档案设置	基础设置-新增仓库 基础设置-新增存货	基础管理-设置仓库档案
	2.3.4 物料清单档案设置	基础设置-物料清单-新增物料清单维护	基础管理-物料

（续表）

项目名称	工作任务	会计信息系统操作差异对比	
		畅捷通 T+	金蝶云·星空
会计信息系统初始设置	2.3.5 收入、费用档案设置	基础设置-收入/费用	基础资料-费用项目-新增
	2.3.6 账号、科目设置	基础设置-账号/科目	财务会计-出纳管理
	2.3.7 资产档案设置	基础设置-资产分类	资产管理
	2.3.8 薪资档案设置	薪资管理-薪资类别	工资项目-设置页面进行工资期初设置
	2.4.1.1 库存期初余额录入	初始化-库存期初余额-新增库存期初信息	供应链-库存管理-初始库存 成本管理-存货核算-初始核算数据录入
	2.4.1.2 期初暂估入库单	初始化-期初暂估应付单	采购入库核算模块
	2.4.2 往来期初余额录入	初始化-往来期初余额	总账-财务会计-总账-初始化-科目初始数据录入-总账结束初始化
	2.4.3 现金银行期初余额录入	初始化-现金银行期初余额	财务会计-出纳管理-初始化-现金期初/银行存款期初-出纳管理结束初始化
	2.4.4 资产期初卡片录入	初始化-期初资产卡片-录入期初卡片	资产管理-固定资产-日常管理-初始化卡片,录入初始卡片
	2.4.5 科目期初余额录入	基础设置-科目期初余额	财务会计-总账-初始化-科目初始数据录入-总账结束初始化

通关测试

一、单项选择题

1. 必须先建立（　　），才能建立职员档案。
   A. 客户分类　　　B. 部门档案　　　C. 会计科目　　　D. 开户银行
2. 在畅捷通T+基础设置中，不可以对（　　）账套信息进行修改。
   A. 会计期间　　　B. 数据精度　　　C. 编码方案　　　D. 系统启用
3. 财务档案不包括（　　）。
   A. 结算方式　　　B. 权限设置　　　C. 凭证类别　　　D. 常用摘要
4. 如果本公司客户较多，"应收账款"科目应选择（　　）辅助核算。
   A. 部门核算　　　B. 个人往来　　　C. 存货　　　　　D. 往来单位
5. 账套主管无权进行（　　）操作。
   A. 建立账套　　　B. 修改账套　　　C. 备份账套　　　D. 恢复账套

二、判断题

1. 只有以账套主管的身份登录系统管理才能进行创建账套的工作。（　　）
2. 从系统安全考虑，操作员应定期通过系统管理员更改自己的密码。（　　）
3. 一个账套可以指定多个账套主管。（　　）
4. 系统管理员和账套主管拥有畅捷通T+中所有子系统的操作权限。（　　）
5. 只有设置了启用的子系统才可以进行登录。（　　）

三、业务实训题

以账套主管"10568450455"的身份于"2025-01-01"登录，完成实训。

1. 新增仓储部人员。编号：41；姓名：余建明；部门：仓储部；职务：职员。
2. 新增往来单位。编号：Kh005；往来单位名称：安徽电子科技有限公司；税号：934102746587735462；开户银行：中国银行蜀山支行；银行账号：8036500384732。
3. 新增存货。存货编码：Ccp0003，存货名称：电话手表，计价方式：全月平均，所属类别：产成品，计量单位：块。
4. 新增费用。费用编码：085；费用名称：广告费；税率：6%；费用类型：销售费用。
5. 新增科目。科目编码：660130；科目名称：展览费；科目类型：损益。
6. 录入库存期初。仓库名称：产成品库，存货名称：电话手表，数量：50块，单价：1 800.00元。
7. 录入往来期初。应收期初：日期：2024-12-27；客户：安徽电子科技有限公司；应收账款：50 000.00元。

学习评价

完成项目 2 的学习后，请填写项目 2 学习评价表（表 2-36），并将发现的知识漏洞填写在查漏补缺项，学而时习之，为后续深入应用知识奠定坚实基础。

表 2-36　项目 2 学习评价表

项目名称	评价指标	权重	评价方式				得分
			自评	互评	师评	系统评	
会计信息系统初始设置	了解系统运行环境	10	√				
	了解基础设置模块功能	15		√			
	了解系统初始化模块功能	15			√		
	能熟练进行基础设置	30				√	
	能熟练进行系统初始化操作	30				√	
	合计	100					
查漏补缺							

项目3 智能供应链管理系统应用

项目简介

供应链是围绕核心企业，通过对信息流、物流、资金流的控制，从采购原材料开始，制成中间产品以及最终产品，最后由销售网络把产品送到消费者手中，将供应商、制造商、分销商、零售商以及最终用户连成一个整体的功能网链结构模式。本项目以上海智信公司1个月的经济业务作为载体，着重介绍了智能供应链所涉及的采购管理、销售管理、库存核算等主要模块的业务处理流程和操作方法，根据其不同功能划分为采购与应付业务处理、销售与收款业务处理、库存核算业务处理三个模块。基于业财融合的发展趋势，财务人员需要熟悉业务、参与到业务活动中，所以本项目将业务端前置，把握业务流程的关键控制点和潜在风险点，在企业进行业务决策时提供财务分析和风险提示，并实施有针对性的改进措施，降低运营风险。

项目导航

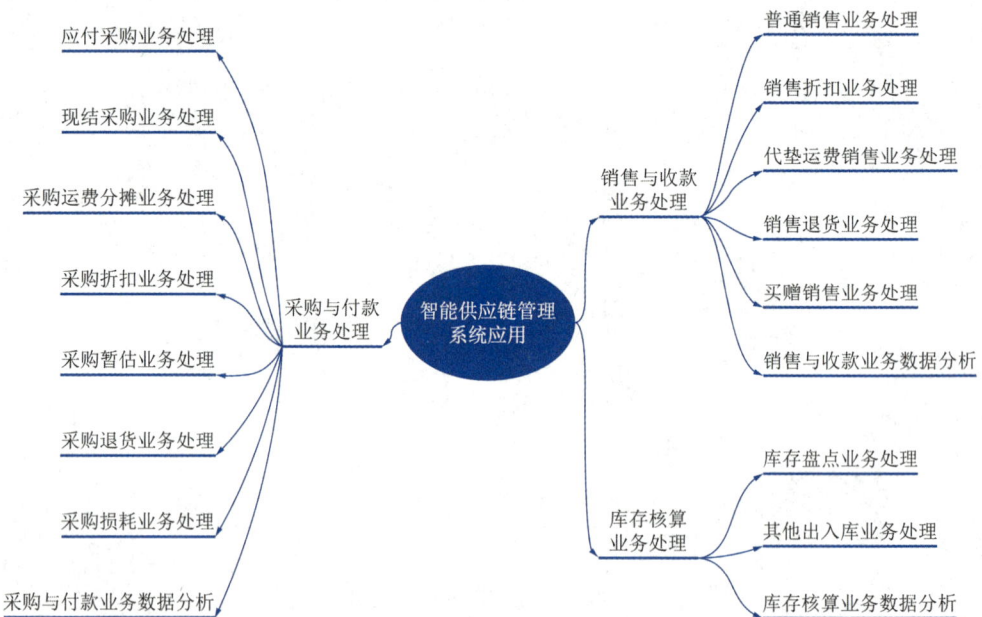

项目 3　智能供应链管理系统应用

学习目标

○ **知识目标**
- 能列举智能供应链管理系统的主要模块。
- 能列举智能供应链管理系统各模块的主要功能。

○ **技能目标**
- 能够绘制智能供应链管理系统的主要经济业务流程图。
- 能识别销售与收款业务、采购与付款业务、库存核算业务的原始单据并判断经济业务类型。
- 能独立完成智能供应链管理系统主要模块的业务操作。

○ **素养目标**
- 通过销售管理模块的学习，培养学生具有加强应收账款管理、减少坏账损失的风险意识。
- 通过采购管理模块的学习，培养学生具有控制采购成本、优化支付方式的管理意识。
- 通过库存核算模块的学习，培养学生具有加快库存周转率、降低库存成本的节约意识。

项目导入

智能供应链系统，让电商数据高效运转

根据 2024 年 eMarketer 的调查数据，中国电商市场继续保持强劲增长态势，巩固了全球最大网络零售市场的地位。2024 年，中国全国网上零售额预计增长 7.2%，达到 15.52 万亿元人民币。其中，实物商品网上零售额达到 13.08 万亿元，同比增长 8.8%，占社会消费品零售总额的 25.3%。

如何保证电商企业的"业财信息"实时同步？如何进行业务数据的实时自动分析？分公司与总部的权限应该怎样分配把控？这对数智门店里的"人""货""场"每一个环节的高效、稳定运行提出更高的要求，即其背后都离不开智能供应链管理系统提供的"数据"的高效运转。而电商企业财务管理的核心是将财务与业务进行有机融合，实现信息共享，真正做到事前、事中、事后的全方位分析，跟踪监督实时动态，最终实现价值的最大化。

电商企业业务端和数据端的融合，打破原有系统边界，统一解析前台数据，

> 提供标准的财务核算明细数据。一经录入，智能供应链管理系统自动同步推送数据，并实时共享，保证数据高效及时，准确一致。通过打通业务、财务之间的数据流，大幅提高各部门沟通效率，让电商企业告别"数据孤岛"，实现多系统、多规则、多场景、多模式业财融合。智能供应链管理系统的应用推动中国在数字化转型中迈出了极为重要的一步。

模块3.1　销售与收款业务处理

销售是企业经营成果的实现过程，是企业经营活动的中心。畅捷通T+专业版的销售管理模块，提供了报价、订货、发货、开票的完整销售流程管理功能；可以进行普通销售、销售折扣、买赠销售等多种类型的销售业务处理；可以进行销售退货等逆向业务处理；可以进行现结、代垫费用等结算业务处理；可以制订销售计划，对价格和信用进行实时监控。

3.1.1　普通销售业务处理

普通销售业务根据开票和发货的先后顺序不同，可以分为两种业务模式：一种是先发货后开票模式，另一种是先开票后发货模式。系统在处理这两种业务模式时的流程不同，但允许两种流程并存，普通销售业务两种模式如表3-1所示。

表 3-1　普通销售业务两种模式

模式		步骤			
		步骤一	步骤二	步骤三	步骤四
普通销售业务	先发货后开票	销售订单	销售出库单	销货单	销售发票
	先开票后发货	销售订单	销货单	销售发票	销售出库单

3.1.1.1　先货后票业务处理

任务发放

先货后票
业务录屏

1. 1月1日，销售部与上海中芯科技有限公司签订销售合同，订购高精度智能显示器45件，单价21 750.00元，收到订金20 000.00元。

2. 于1月1日从产成品库开出销售出库单发出上述商品。

3. 销售部于1月2日在对方确认收货无误后开出此次商品的增值税电子专用发票，发票号码为：48807676。相关原始单据如图3-1至图3-4所示。

购销合同

合同编号：72258385

购货单位（甲方）：上海中芯科技有限公司
供货单位（乙方）：上海智信微电子制造有限公司

根据《中华人民共和国民法典》及国家相关法律、法规之规定，甲乙双方本着平等互利的原则，现甲方购买乙方货物一事达成以下协议。

一、货物的名称、数量及价格：

货物名称	规格型号	单位	数量	单价	金额	税率	价税合计
高精度智能显示器		件	45	21,750.00	978,750.00	13%	1,105,987.50
合计（大写）	壹佰壹拾壹万伍仟玖佰捌拾柒元伍角整						¥1,105,987.50

二、交货方式和费用承担：交货方式：__购货方自行提货__，交货时间：__2025年01月01日__前，
交货地点：__供货方仓库__，运费由__购货方__承担。

三、付款时间与付款方式：__签订合同当日支付订金20000元__

四、质量异议期：订货方对供货方的货物质量有异议时，应在收到货物后__30__内提出，逾期视为货物质量合格。

五、未尽事宜经双方协商可作补充协议，与本合同具有同等效力。

六、本合同自双方签字、盖章之日起生效：本合同壹式贰份，甲乙双方各执壹份。

甲方（签章）	乙方（签章）
授权代表：徐军	授权代表：李信
地　　址：上海市浦东新区芳甸路1802号	地　　址：上海市徐汇区文定路99号
电　　话：021-80321156	电　　话：021-54076999
日　　期：2025年01月01日	日　　期：2025年01月01日

图 3-1　购销合同

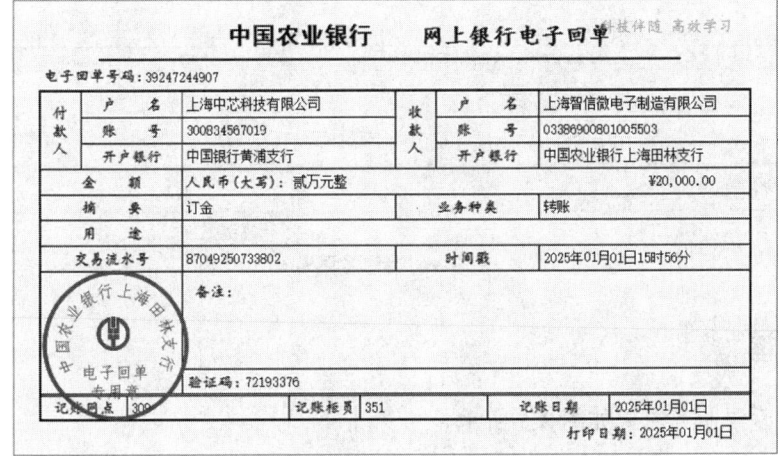

图 3-2　电子回单

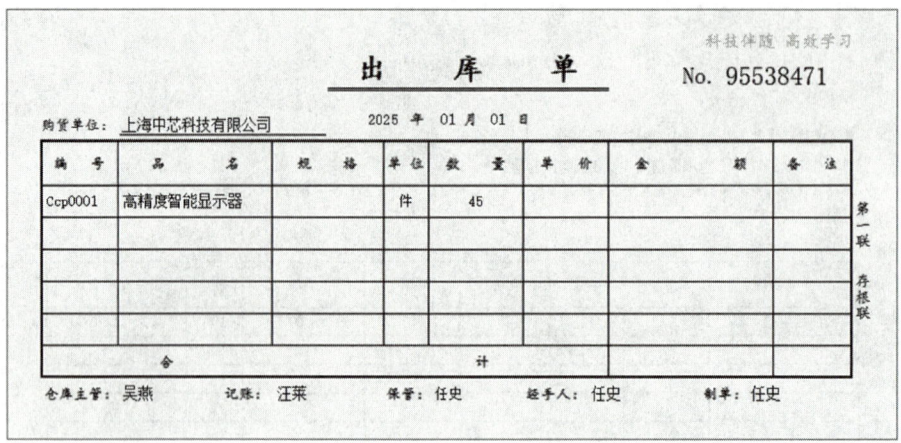

图 3-3 销售出库单

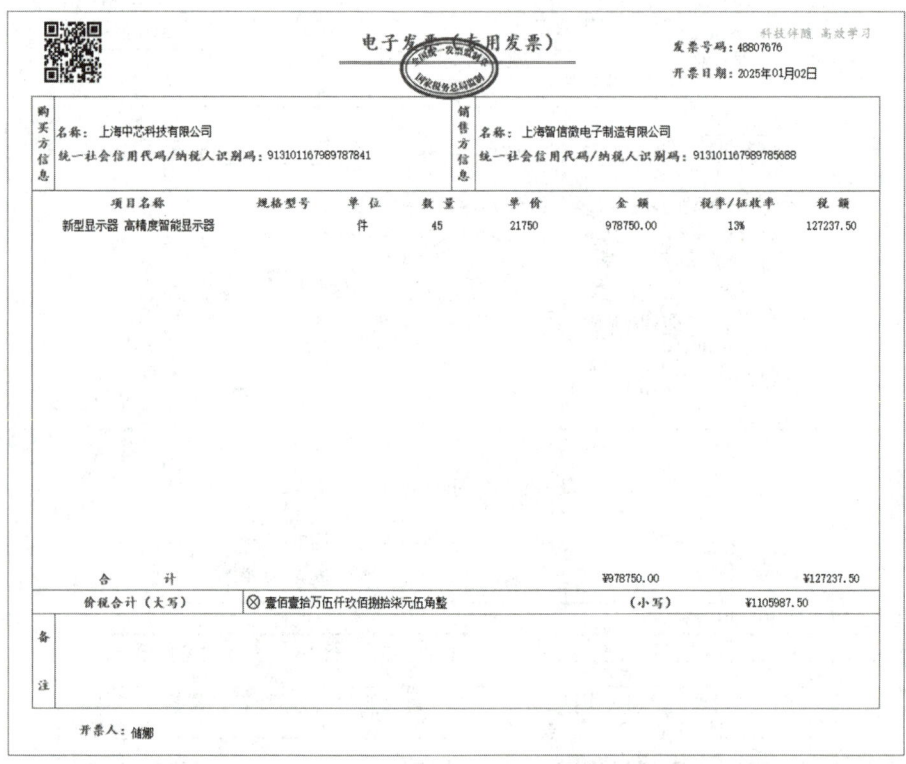

图 3-4 销售发票[①]

业务流程

先货后票业务流程如图 3-5 所示。

---

① 本书的发票均通过票据工厂软件生成，发票号码均为 8 位，实际电子发票的发票号码应为 20 位，如：25127000000116915037。

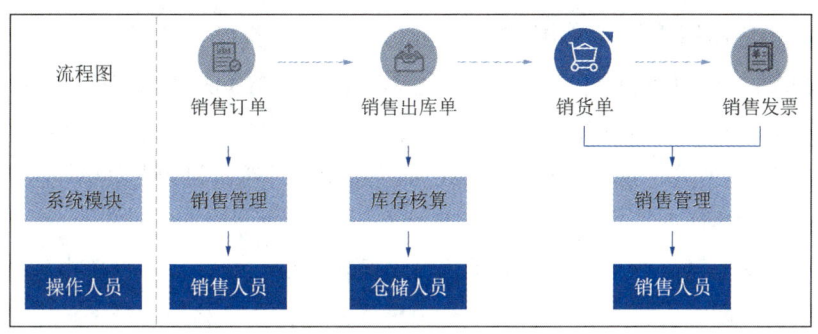

图 3-5　先货后票业务流程

操作指引

【销售部助理于娟填制销售订单】

步骤一：打开"销售订单"窗口。在"销售管理"子系统中，依次单击"销售管理"|"销售订单"菜单项，打开"销售订单"窗口。

步骤二：编辑并保存销售订单。在"销售订单"窗口，做如下编辑：

（1）编辑表头。编辑"客户"为上海中芯科技有限公司，"订金金额"为 20 000.00，其他项默认。

（2）编辑表体信息。"存货名称"为高精度智能显示器，"数量"为 45，"单价"为 21 750.00，选项均默认。

（3）保存。单击工具栏的"保存"按钮，保存该销售订单。结果如图 3-6 所示。

需注意的是：订金处理需与出纳模块现金银行期初余额核对一致。

图 3-6　销售订单

步骤三：退出。单击"销售订单"窗口右上角的"关闭"按钮，关闭该窗口。

【销售部主管萧景琰审核销售订单】

步骤一：打开"销售订单"窗口。

步骤二：查阅并审核销售订单。单击工具栏上的"＜"图标（上一张），查阅到相应的销售订单，然后单击工具栏的"审核"按钮，完成审核工作。

步骤三：退出。单击"销售订单"窗口右上角的"关闭"按钮，关闭该窗口。

【仓储部助理林莉参照销售订单生成销售出库单】

步骤一：打开"销售出库单"窗口。在"库存核算"子系统，依次单击"库存

核算"|"销售出库单"菜单项,打开"销售出库单"窗口。

步骤二: 参照销售订单生成销售出库单。首先单击工具栏的"增加"按钮,新增一张销售出库单,然后做如下操作:

(1)打开"选单"窗口。单击工具栏的"选单"|"销售订单"菜单项,打开"选销售订单"对话框,单击"查询"按钮。

(2)复制信息。选中要选择的销售订单所对应的"选择"栏,选中后单击"确定"按钮,返回"销售出库单"窗口,销售订单资料会自动传递过来。

步骤三: 编辑并保存销售出库单。在"销售出库单"窗口,做如下编辑:

(1)修改表头。编辑"业务类型"为普通销售,"客户"为上海中芯科技有限公司,"仓储部"为产成品库,其他项默认。

(2)编辑表体信息。选项均默认。

(3)保存。单击工具栏的"保存"按钮,保存该销售出库单。结果如图3-7所示。

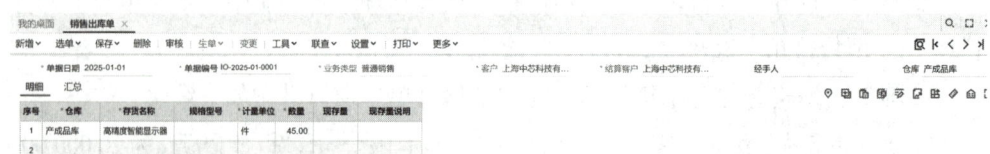

图 3-7 销售出库单

【仓储部主管吴燕审核销售出库单】

步骤一: 打开"销售出库单"窗口。

步骤二: 查阅并审核销售出库单。单击工具栏上的"＜"图标,查阅到相应的销售出库单,然后单击工具栏的"审核"按钮,完成审核工作。

步骤三: 退出。单击"销售出库单"窗口右上角的"关闭"按钮,关闭该窗口。

【销售部助理于娟参照销售出库单生成销货单】

步骤一: 打开"销货单"窗口。在"销售管理"子系统,依次单击"销售管理"|"销货单"菜单项,打开"销货单"窗口。

步骤二: 参照销售出库单生成销货单。首先单击工具栏的"增加"按钮,新增一张销货单,然后做如下操作:

(1)打开"选单"窗口。单击工具栏的"选单"|"销售出库单"菜单项,打开"选销售出库单"对话框,单击"查询"按钮。

(2)复制信息。选中要选择的销售出库单所对应的"选择"栏,选中后单击"确定"按钮,返回"销货单"窗口,销售出库单资料会自动传递过来。

步骤三: 编辑并保存销货单。在"销货单"窗口,做如下编辑:

(1)修改表头。编辑"销售类型"为普通销售,其他项默认。

(2)编辑表体信息。选项均默认。

(3)保存。单击工具栏的"保存"按钮,保存该销货单。结果如图3-8所示。

项目 3 智能供应链管理系统应用

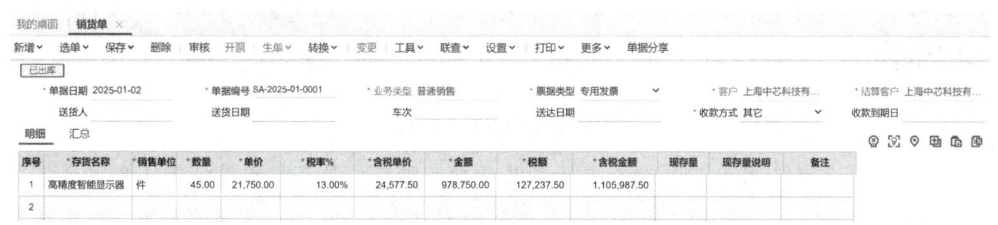

图 3-8 销货单

【销售部主管萧景琰审核销货单】

步骤一：打开"销货单"窗口。

步骤二：查阅并审核销货单。单击工具栏上的"＜"图标，查阅到相应的销货单，然后单击工具栏的"审核"按钮，完成审核工作。

步骤三：退出。单击"销货单"窗口右上角的"关闭"按钮，关闭该窗口。

【销售部助理于娟参照销货单生成销售发票】

步骤一：打开"销售发票"窗口。在"销售管理"子系统，依次单击"销售管理"|"销售发票"菜单项，打开"销售发票"窗口。

步骤二：参照销货单生成销售发票。首先单击工具栏的"增加"按钮，新增一张销售发票，然后做如下操作：

（1）打开"选单"窗口。单击工具栏的"选单"|"销货单"菜单项，打开"选销货单"对话框，单击"查询"按钮。

（2）复制信息。选中要选择的销货单所对应的"选择"栏，选中后单击"确定"按钮，返回"销售发票"窗口，销货单资料会自动传递过来。

步骤三：编辑并保存销售发票。在"销售发票"窗口，做如下编辑：

（1）修改表头。编辑"发票号码"为48807676，其他项默认。

（2）编辑表体信息。选项均默认。

（3）保存。单击工具栏的"保存"按钮，保存该销售发票。结果如图 3-9 所示。

图 3-9 销售发票

【销售部主管萧景琰审核销售发票】

步骤一：打开"销售发票"窗口。

步骤二：查阅并审核销售发票。单击工具栏上的"＜"图标，查阅到相应的销售发票，然后单击工具栏的"审核"按钮，完成审核工作。

步骤三：退出。单击"销售发票"窗口右上角的"关闭"按钮，关闭该窗口。

巩固提升

先货后票业务处理

1. 2025 年 1 月 2 日，北京电子制品开发有限公司与销售部签订销售合同，订购 zn 芯片 50 个，单价为 3 050.00 元，银行收到订金 5 000.00 元。仓储部于 1 月 2 日从半成品库开出销售出库单发出上述订购商品。销售部于 1 月 3 日在对方确认收货无误后开出此次订购商品的增值税专用发票，发票号码为：56270210。

2. 2025 年 1 月 4 日，浙江未来光电仪器有限公司向销售部订购高精度智能显示器 20 件，单价为 12 800.00 元，智能手表 30 块，单价 2 975.00 元，约定合同签订当日浙江未来光电仪器有限公司通过网银转账支付 10 000.00 元订金，仓储部从产成品库发出其订购货物，取得增值税专用发票。5 日在对方确认收货无误后业务部开具了此笔交易的专用销售发票一张，发票号码为 56270211，尚未收到剩余货款。

3.1.1.2 先票后货业务处理

先票后货业务录屏

任务发放

1. 1 月 5 日，销售部与昆山合生光学电子有限公司签订销售合同，订购显示屏 80 个，单价为 3 900.00 元。

2. 销售部于 1 月 6 日在对方确认收货无误后开出此次商品的增值税电子专用发票，发票号码为：48807677，当日收到全部货款。

3. 仓储部于 1 月 7 日从半成品库发出上述商品。相关原始单据如图 3-10 至图 3-13 所示。

图 3-10　购销合同

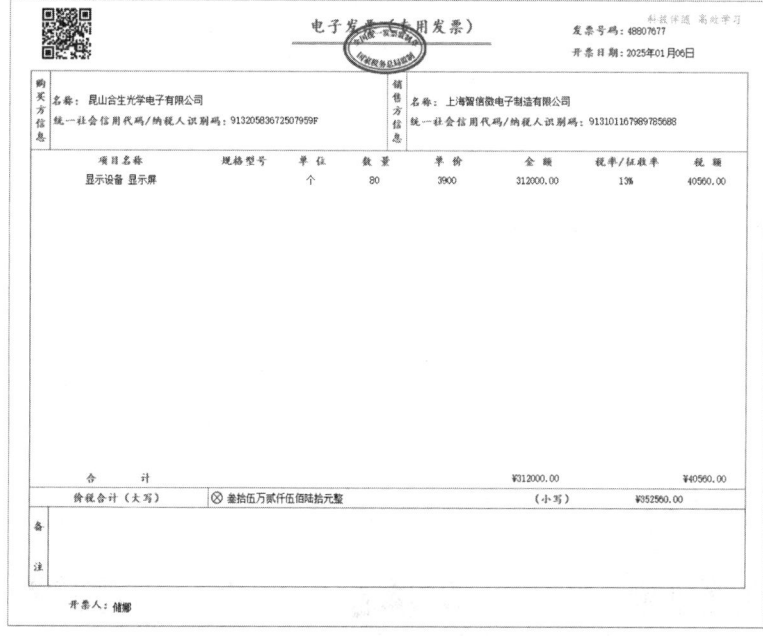

图 3-11　销售发票

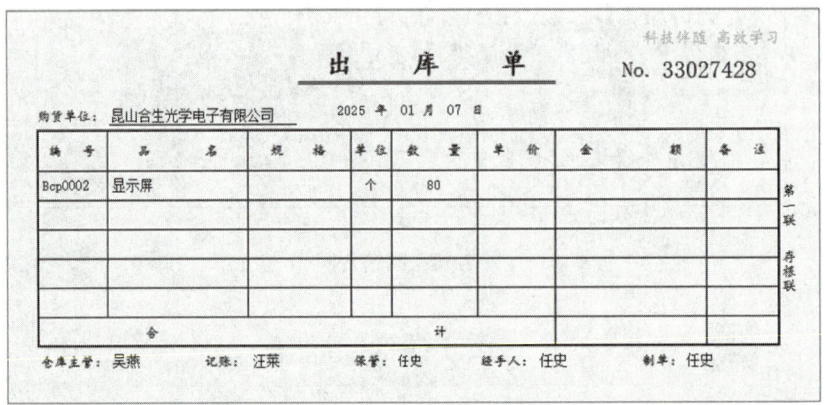

图 3-12 网银回单

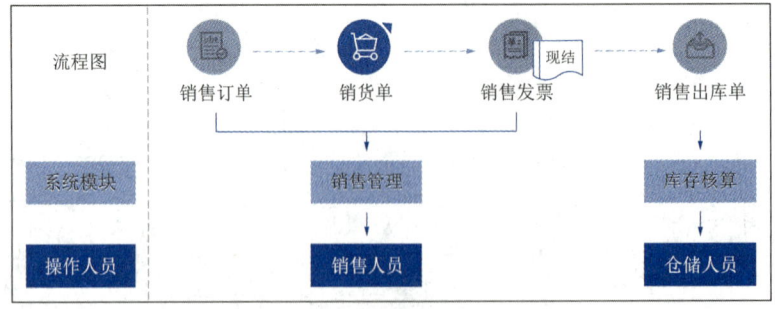

图 3-13 销售出库单

业务流程

先票后货业务流程如图 3-14 所示。

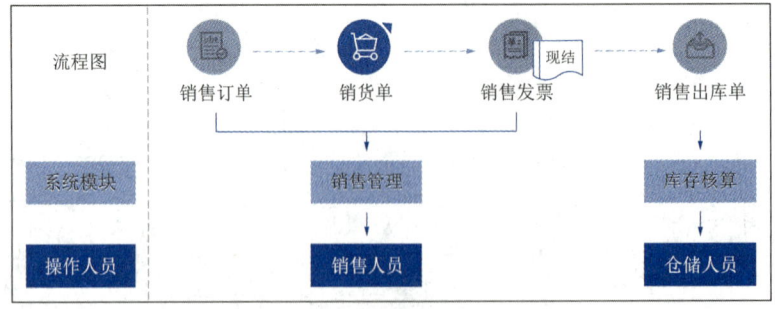

图 3-14 先票后货业务流程图

操作指引

【销售部助理于娟填制销售订单】

步骤一：打开"销售订单"窗口。在"销售管理"子系统中，依次单击"销售管理"|"销售订单"菜单项，打开"销售订单"窗口。

步骤二：编辑并保存销售订单。在"销售订单"窗口，做如下编辑：

（1）编辑表头。编辑"客户"为昆山合生光学电子有限公司，"收款方式"为全额现结，"预计交货日期"为 2025-01-07，其他项默认。

（2）编辑表体信息。"存货名称"为显示屏，"数量"为 80，"单价"为 3 900.00，选项均默认。

（3）保存。单击工具栏的"保存"按钮，保存该销售订单。结果如图 3-15 所示。

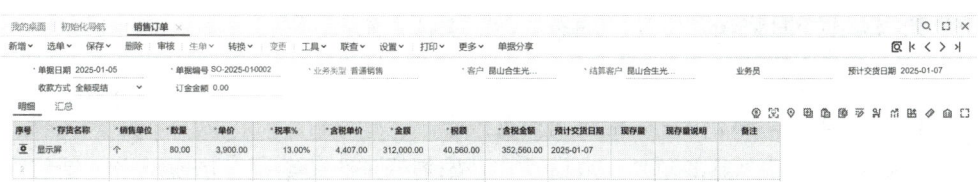

图 3-15　销售订单

步骤三：退出。单击"销售订单"窗口右上角的"关闭"按钮，关闭该窗口。

【销售部主管萧景琰审核销售订单】

步骤一：打开"销售订单"窗口。

步骤二：查阅并审核销售订单。单击工具栏上的"＜"图标，查阅到相应的销售订单，然后单击工具栏的"审核"按钮，完成审核工作。

步骤三：退出。单击"销售订单"窗口右上角的"关闭"按钮，关闭该窗口。

【销售部助理于娟参照销售订单生成销货单】

步骤一：打开"销货单"窗口。在"销售管理"子系统，依次单击"销售管理"|"销货单"菜单项，打开"销货单"窗口。

步骤二：参照销售出库单生成销货单。首先单击工具栏的"增加"按钮，新增一张销货单，然后做如下操作：

（1）打开"选单"窗口。单击工具栏的"选单"|"销售订单"菜单项，打开"选销售订单"对话框，单击"查询"按钮。

（2）复制信息。选中要选择的销售出库单所对应的"选择"栏，选中后单击"确定"按钮，返回"销货单"窗口，销售订单资料会自动传递过来。

步骤三：编辑并保存销货单。在"销货单"窗口，做如下编辑：

（1）修改表头。编辑"单据日期"为 2025-01-06，"销售类型"为普通销售，"票据类型"为专用发票，其他项默认。

（2）编辑表体信息。选项均默认。

（3）保存。单击工具栏的"保存"按钮，保存该销货单。结果如图3-16所示。

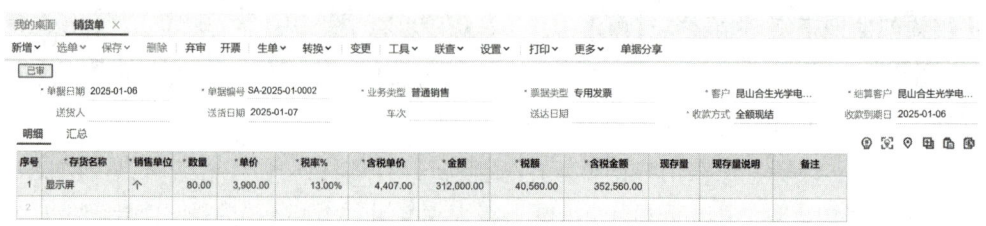

图3-16 销货单

【销售部主管萧景琰审核销货单】

步骤一：打开"销货单"窗口。

步骤二：查阅并审核销货单。单击工具栏上的"＜"图标，查阅到相应的销货单，然后单击工具栏的"审核"按钮，完成审核工作。

步骤三：退出。单击"销货单"窗口右上角的"关闭"按钮，关闭该窗口。

【销售部助理于娟参照销货单生成销售发票】

步骤一：打开"销售发票"窗口。在"销售管理"子系统，依次单击"销售管理"|"销售发票"菜单项，打开"销售发票"窗口。

步骤二：参照销货单生成销售发票。首先单击工具栏的"增加"按钮，新增一张销售发票，然后做如下操作：

（1）打开"选单"窗口。单击工具栏的"选单"|"销货单"菜单项，打开"选销货单"对话框，单击"查询"按钮。

（2）复制信息。选中要选择的销货单所对应的"选择"栏，选中后单击"确定"按钮，返回"销售发票"窗口，销货单资料会自动传递过来。

步骤三：编辑并保存销售发票。在"销售发票"窗口，做如下编辑：

（1）修改表头。编辑"单据日期"为2025-01-06，"发票号码"为48807677，"现结金额"为352 560.00，其他项默认。

（2）编辑表体信息。选项均默认。

（3）保存。单击工具栏的"保存"按钮，保存该销售发票。结果如图3-17所示。

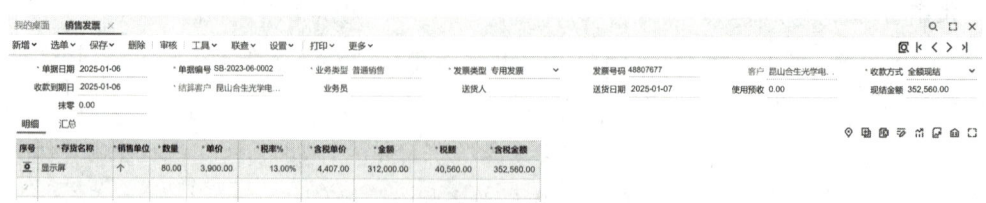

图3-17 销售发票

【销售部主管萧景琰审核销售发票】

步骤一：打开"销售发票"窗口。

步骤二：查阅并审核销售发票。单击工具栏上的"<"图标，查阅到相应的销售发票，然后单击工具栏的"审核"按钮，完成审核工作。

步骤三：退出。单击"销售发票"窗口右上角的"关闭"按钮，关闭该窗口。

【仓储部助理林莉参照销售订单生成销售出库单】

步骤一：打开"销售出库单"窗口。在"库存核算"子系统，依次单击"库存核算"|"销售出库单"菜单项，打开"销售出库单"窗口。

步骤二：参照销货单生成销售出库单。首先单击工具栏的"增加"按钮，新增一张销售出库单，然后做如下操作：

（1）打开"选单"窗口。单击工具栏的"选单"|"销货单"菜单项，打开"选销货单"对话框，单击"查询"按钮。

（2）复制信息。选中要选择的销货单所对应的"选择"栏，选中后单击"确定"按钮，返回"销售出库单"窗口，销售订单资料会自动传递过来。

步骤三：编辑并保存销售出库单。在"销售出库单"窗口，做如下编辑：

（1）修改表头。编辑"单据日期"为 2025-01-07，"仓储部"为半成品库，其他项默认。

（2）编辑表体信息。选项均默认。

（3）保存。单击工具栏的"保存"按钮，保存该销售出库单。结果如图 3-18 所示。

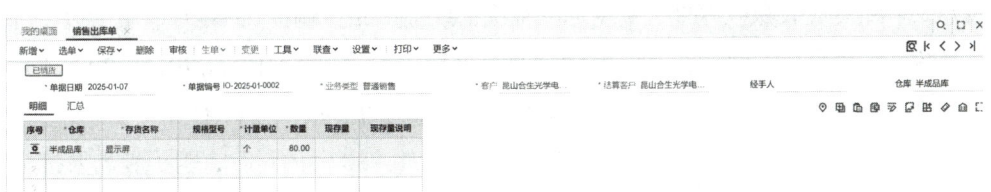

图 3-18　销售出库单

【仓储部主管吴燕审核销售出库单】

步骤一：打开"销售出库单"窗口。

步骤二：查阅并审核销售出库单。单击工具栏上的"<"图标，查阅到相应的销售出库单，然后单击工具栏的"审核"按钮，完成审核工作。

步骤三：退出。单击"销售出库单"窗口右上角的"关闭"按钮，关闭该窗口。

> 巩固提升

先票后货业务处理

1. 2025 年 1 月 2 日，浙江未来光电仪器有限公司与销售部签订销售合同，订购 zn 芯片 100 件，单价 1 480.00 元。销售部于当日开具的增值税专用发票，发票号码为：23560001，同时收到客户用网银方式支付的所有货款。仓储部从半成品库发出其所购货物。

2. 2025年1月4日，北京电子制品开发有限公司向销售部订购智能手表15块，单价2 900.00元，xsq芯片20件，单价11 800.00元。销售部于5日开具的增值税专用发票，发票号码为：23560002，当日同时收到客户用网银方式支付的所有货款。仓储部于6日从产成品库发出其所购货物。

3.1.2 销售折扣业务处理

销售报价是企业向客户提供货品、规格、价格、结算方式等信息的要约行为，双方签订合同后销售报价单转为有法律效力的销售订单。销售报价过程中关于价格的约定，可能会涉及折扣，折扣分为商业折扣和现金折扣。

商业折扣是指企业为促进商品销售或提供劳务时，在标价上给予的价格扣除。商业折扣一般在交易发生时交易金额即已确定，买方和卖方都是根据实际发生的交易金额入账，对会计核算不产生任何影响。商业折扣通常在发票中明列出来，以百分数如5%、10%的形式表示，购买方只需按照标明价格的百分比付款即可。商业折扣需在发票中单独列示，直接影响销售收入确认金额。

现金折扣是指为了鼓励购货方在一定时期内早日付款而给予的价格扣除。现金折扣通过财务费用核算，采用总价法入账。对于销售企业，现金折扣有两方面的积极意义：缩短应收账款账期，减少坏账损失。现金折扣在畅捷通T+专业版中以"付款条件"字段显示，假设在合同中约定的现金折扣条件为"2/10，1/20，N/30"，即：如果在10天内付款，购买者能够享受发票金额2%的折扣；在第11天~20天内付款，购买者能够享受发票金额1%的折扣；在第21~30天内付款，购买者需要按全额支付发票金额。现金折扣直接影响企业的现金流量，核算的方法有3种：总价法、净价法和备抵法。我国现行企业会计准则要求采用总价法入账。

3.1.2.1 商业折扣业务处理

商业折扣业务录屏

任务发放

1. 1月10日，浙江未来光电仪器有限公司向销售部进行询价，采购xsq芯片，数量为36个，销售部发出报价单，商品为xsq芯片36个，报价单价为10 800.00元，经协商可享受5%的商业折扣。

2. 1月10日，销售部根据报价单信息向浙江未来光电仪器有限公司开出销售订单。

3. 1月10日，向浙江未来光电仪器有限公司发出其订购货物，从半成品库办理出库手续。

4. 1月10日，销售部开具销货单，向浙江未来光电仪器有限公司开具销售专用发票，发票号码为48807678。相关原始单据如图3-19至图3-22所示。

报价单

报价单位：	上海智信微电子制造有限公司						
客户名称：	浙江未来光电仪器有限公司			报价日期：		2025/01/10	
序号	产品名称	规格	数量	单价	金额	备注	
1	xsq芯片		36	10,800.00	388,800.00		
2							
3							
4							
5							
6							
合计小写：			合计人民币金额大写：				
备注	1、本报价单有效期：				5天		
	2、交货地址：				销售方仓库		
	3、交货方式：				购货方自行提货		
	4、付款方式：						
报价人：		于娟		审批：		萧景琰	

图 3-19 报价单

购销合同

合同编号：80725750

购货单位（甲方）：浙江未来光电仪器有限公司
供货单位（乙方）：上海智信微电子制造有限公司

根据《中华人民共和国民法典》及国家相关法律、法规之规定，甲乙双方本着平等互利的原则，就甲方购买乙方货物一事达成以下协议。

一、货物的名称、数量及价格：

货物名称	规格型号	单位	数量	单价	金额	税率	价税合计
xsq芯片		个	36	10,800.00	388,800.00	13%	439,344.00
合计（大写）	肆拾叁万玖仟叁佰肆拾肆元整						¥439,344.00

二、交货方式和费用承担：交货方式：购货方自行提货，交货时间：2025年01月10日 前。
交货地点：销售方仓库，运费由 购货方 承担。

三、付款时间与付款方式：经协商可享受5%的商业折扣

四、质量异议期：订货方对供货方的货物质量有异议时，应在收到货物后 30日 内提出，逾期视为货物质量合格。

五、未尽事宜经双方协商可作补充协议，与本合同具有同等效力。

六、本合同自双方签字盖章之日起生效：本合同壹式贰份，甲乙双方各执壹份。

甲方（签章）： 乙方（签章）：
授权代表： 沈楠 授权代表： 李倩
地 址： 浙江省宁波市玢湖南路620号 地 址： 上海市徐汇区文定路99号
电 话： 0571-6805366 电 话： 021-51076999
日 期： 2025 年 01 月 10 日 日 期： 2025 年 01 月 10 日

图 3-20 购销合同

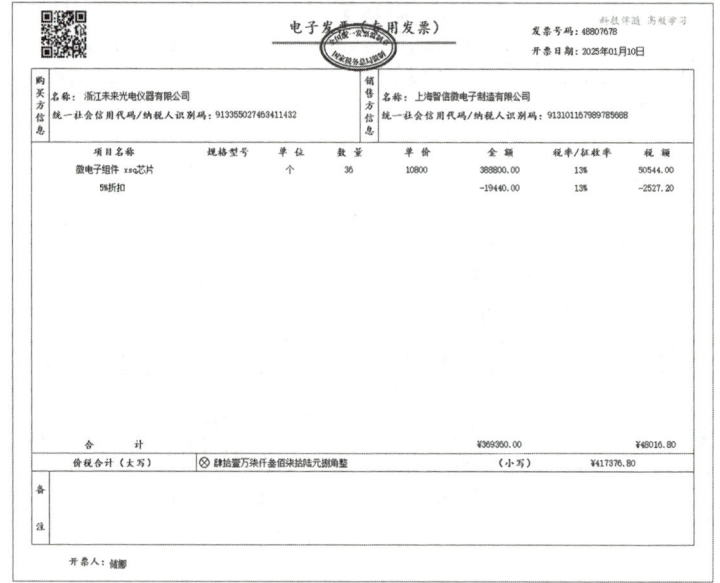

图 3-21　销售发票

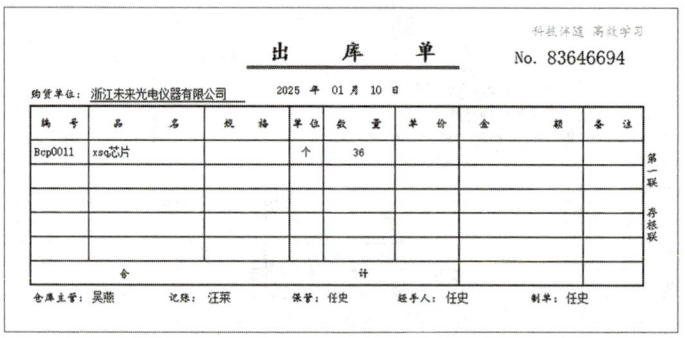

图 3-22　出库单

业务流程

商业折扣业务流程如图 3-23 所示。

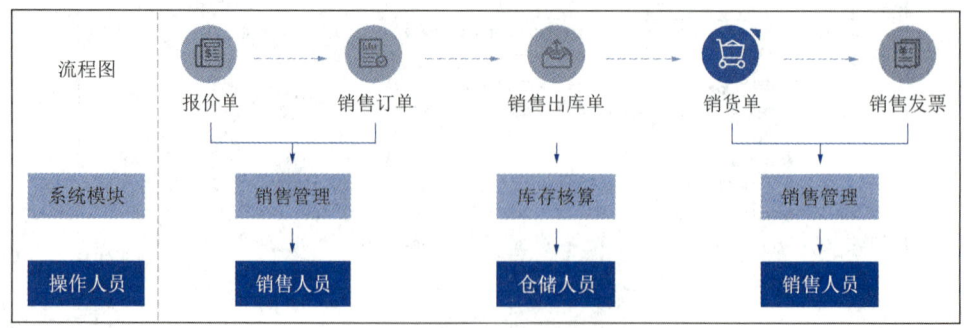

图 3-23　商业折扣业务流程图

操作指引

【销售部助理于娟填制报价单】

步骤一： 打开"报价单"窗口。在"销售管理"子系统中，依次单击"销售管理"|"报价单"菜单项，打开"报价单"窗口。

步骤二： 编辑报价单。单击工具栏中的"增加"按钮，新增一张报价单，然后做如下编辑：

（1）编辑表头。编辑"客户名称"为浙江未来光电仪器有限公司，"整单折扣"为95%，其他项为默认。

（2）编辑表体。"存货名称"为xsq芯片，"数量"为36，"报价"为10 800.00，其他项为默认。

步骤三： 保存。单击工具栏的"保存"按钮，保存该单据。结果如图3-24所示。

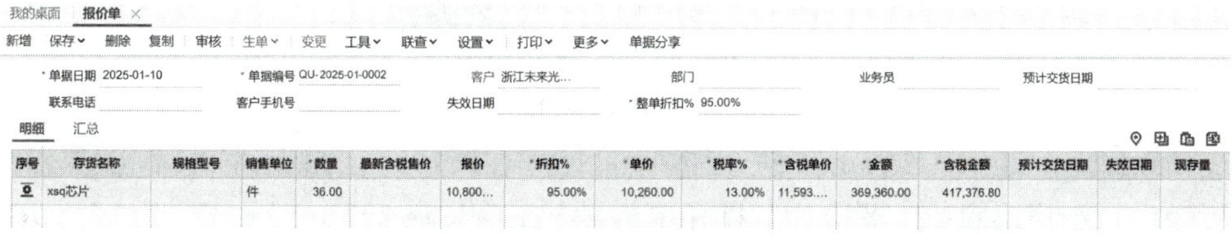

图3-24 报价单

步骤四： 退出。单击"报价"窗口右上角的"关闭"按钮，关闭该窗口。

【销售部主管萧景琰审核报价单】

步骤一： 打开"报价单"窗口。

步骤二： 查阅并审核报价单。单击工具栏上的"＜"图标，查阅到相应的报价单，然后单击工具栏的"审核"按钮，完成审核工作。

步骤三： 退出。单击"报价单"窗口右上角的"关闭"按钮，关闭该窗口。

【销售部助理于娟参照报价单生成销售订单】

步骤一： 打开"销售订单"窗口。在"销售管理"子系统中，依次单击"销售管理"|"销售订单"菜单项，打开"销售订单"窗口。

步骤二： 参照报价单选单生成销售订单。单击工具栏中的"增加"按钮，新增一张销售订单，然后做如下编辑：

（1）打开"选单"窗口。单击工具栏的"选单"|"报价单"菜单项，打开"选报价单"对话框，单击"查询"按钮。

（2）复制信息。选中要选择的报价单所对应的"选择"栏，选中后单击"确定"按钮，返回"销售订单"窗口，销售订单资料会自动传递过来。

步骤三： 编辑并保存销售订单。在"销售订单"窗口，做如下编辑：

（1）编辑表头。选项均默认。

（2）编辑表体信息。选项均默认。

（3）保存。单击工具栏的"保存"按钮，保存该销售订单。结果如图3-25所示。

图3-25 销售订单

步骤四：退出。单击"销售订单"窗口右上角的"关闭"按钮，关闭该窗口。

【销售部主管萧景琰审核销售订单】

步骤一：打开"销售订单"窗口。

步骤二：查阅并审核销售订单。单击工具栏上的"＜"图标，查阅到相应的销售订单，然后单击工具栏的"审核"按钮，完成审核工作。

步骤三：退出。单击"销售订单"窗口右上角的"关闭"按钮，关闭该窗口。

【仓储部助理林莉参照销售订单生成销售出库单】

步骤一：打开"销售出库单"窗口。在"库存核算"子系统，依次单击"库存核算"|"销售出库单"菜单项，打开"销售出库单"窗口。

步骤二：参照销售订单生成销售出库单。单击工具栏的"增加"按钮，新增一张销售出库单，然后做如下操作：

（1）打开"选单"窗口。单击工具栏的"选单"|"销售订单"菜单项，打开"选销售订单"对话框，单击"查询"按钮。

（2）复制信息。选中要选择的销货单所对应的"选择"栏，选中后单击"确定"按钮，返回"销售出库单"窗口，销售订单资料会自动传递过来。

步骤三：编辑并保存销售出库单。在"销售出库单"窗口，做如下编辑：

（1）修改表头。编辑"单据日期"为2025-01-10，"业务类型"为普通销售，"仓储部"为半成品库，其他项默认。

（2）编辑表体信息。选项均默认。

（3）保存。单击工具栏的"保存"按钮，保存该销售出库单。结果如图3-26所示。

图3-26 销售出库单

【仓储部主管吴燕审核销售出库单】

步骤一：打开"销售出库单"窗口。

步骤二：查阅并审核销售出库单。单击工具栏上的"＜"图标，查阅到相应的销售出库单，然后单击工具栏的"审核"按钮，完成审核工作。

步骤三：退出。单击"销售出库单"窗口右上角的"关闭"按钮，关闭该窗口。

【销售部助理于娟参照销售出库单生成销货单】

步骤一：打开"销货单"窗口。在"销售管理"子系统，依次单击"销售管理"|"销货单"菜单项，打开"销货单"窗口。

步骤二：参照销售出库单生成销货单。单击工具栏的"增加"按钮，新增一张销货单，然后做如下操作：

（1）打开"选单"窗口。单击工具栏的"选单"|"销售出库单"菜单项，打开"选销售订单"对话框，单击"查询"按钮。

（2）复制信息。选中要选择的销售出库单所对应的"选择"栏，选中后单击"确定"按钮，返回"销货单"窗口，销售订单资料会自动传递过来。

步骤三：编辑并保存销货单。在"销货单"窗口，做如下编辑：

（1）修改表头。编辑"销售类型"为普通销售，其他项默认。

（2）编辑表体信息。选项均默认。

（3）保存。单击工具栏的"保存"按钮，保存该销货单。结果如图 3-27 所示。

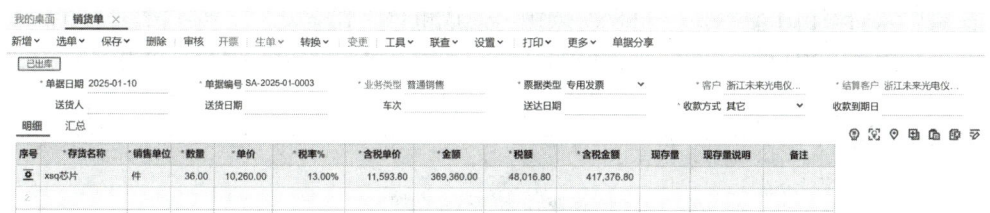

图 3-27 销货单

【销售部主管萧景琰审核销货单】

步骤一：打开"销货单"窗口。

步骤二：查阅并审核销货单。单击工具栏上的上张"＜"按钮图标，查阅到相应的销货单，然后单击工具栏的"审核"按钮，完成审核工作。

步骤三：退出。单击"销货单"窗口右上角的"关闭"按钮，关闭该窗口。

【销售部助理于娟参照销货单生成销售发票】

步骤一：打开"销售发票"窗口。在"销售管理"子系统，依次单击"销售管理"|"销售发票"菜单项，打开"销售发票"窗口。

步骤二：参照销货单生成销售发票。单击工具栏的"增加"按钮，新增一张销售发票，然后做如下操作：

（1）打开"选单"窗口。单击工具栏的"选单"|"销货单"菜单项，打开"选销货单"对话框，单击"查询"按钮。

（2）复制信息。选中要选择的销货单所对应的"选择"栏，选中后单击"确定"按钮，返回"销售发票"窗口，销货单资料会自动传递过来。

步骤三：编辑并保存销售发票。在"销售发票"窗口，做如下编辑：

（1）修改表头。编辑"单据日期"为 2025-01-10，"发票号码"为 48807678，其他项默认。

（2）表体信息。选项均默认。

（3）保存。单击工具栏的"保存"按钮，保存该销售发票。结果如图 3-28 所示。

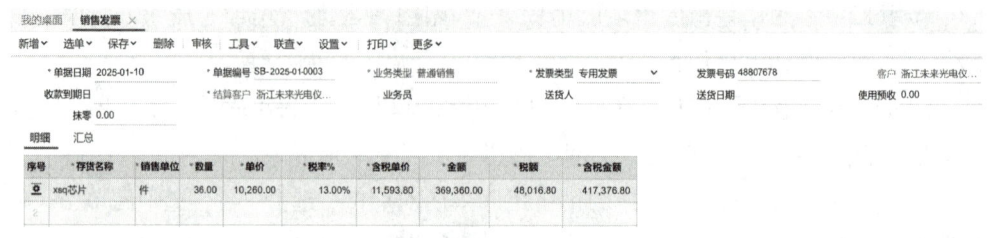

图 3-28 销售发票

【销售部主管萧景琰审核销售发票】

步骤一：打开"销售发票"窗口。

步骤二：查阅并审核销售发票。单击工具栏上的"＜"图标，查阅到相应的销售发票，然后单击工具栏的"审核"按钮，完成审核工作。

步骤三：退出。单击"销售发票"窗口右上角的"关闭"按钮，关闭该窗口。

巩固提升

商业折扣业务处理

1. 2025 年 1 月 15 日，销售部向昆山合生光学电子有限公司进行报价，销售智能手表 50 块，报价为 3 000.00 元，经协商有 2%的商业折扣可享受，当日签订销售合同，销售部开具销货单，向昆山合生光学电子有限公司开具销售专用发票，发票号码为 66270224。2025 年 1 月 15 日，向昆山合生光学电子有限公司发出货物，从产成品库办理出库手续。

2. 2025 年 1 月 16 日，销售部向北京电子制品开发有限公司进行报价，销售 zn 芯片 200 个，报价为 1 500.00 元，经协商给予价税合计 1%的商业折扣。销售部于当日开出增值税专用发票，发票号码为 66270225，当日财务部收到全部货款，2025 年 1 月 18 日，仓储部从半成品库发出货物。

3.1.2.2 现金折扣业务处理

任务发放

1. 1 月 12 日，销售部与北京电子制品开发有限公司签订销售合同，订购智能手表 120 块，单价为 3 000.00 元，合同约定付款条件为"2/10，1/20，N/30"。

现金折扣业务录屏（2）

2. 1月12日，仓储部从产成品库发出上述商品。

3. 1月13日，销售部在对方确认收货无误后开出此次商品的增值税电子专用发票，发票号码为48807679。

4. 1月16日，收到货款。相关原始票据如图3-29至图3-32所示。

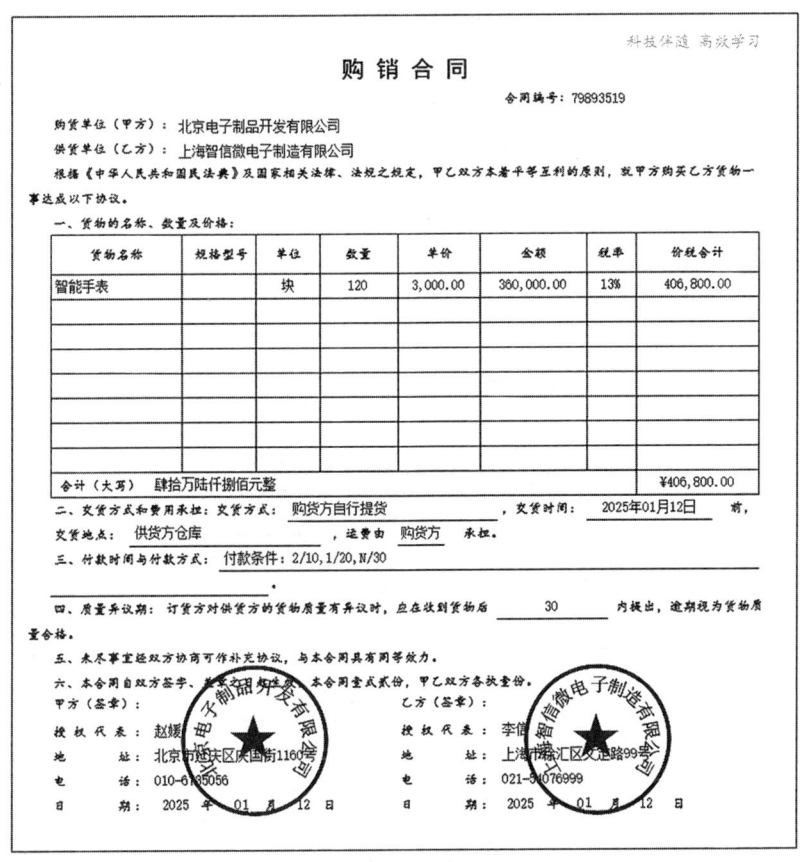

图3-29　购销合同

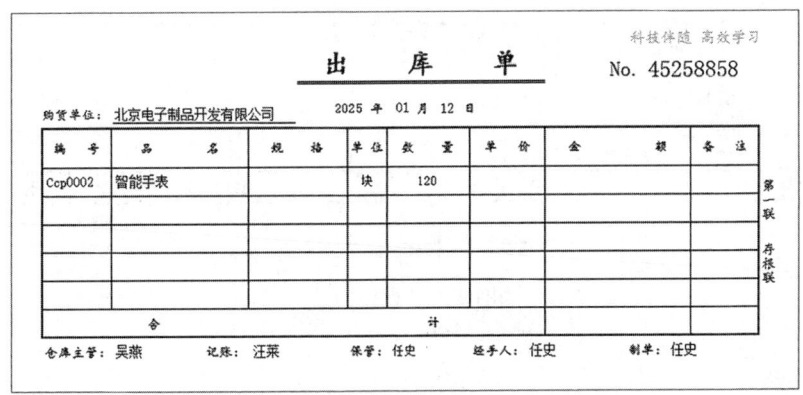

图3-30　销售出库单

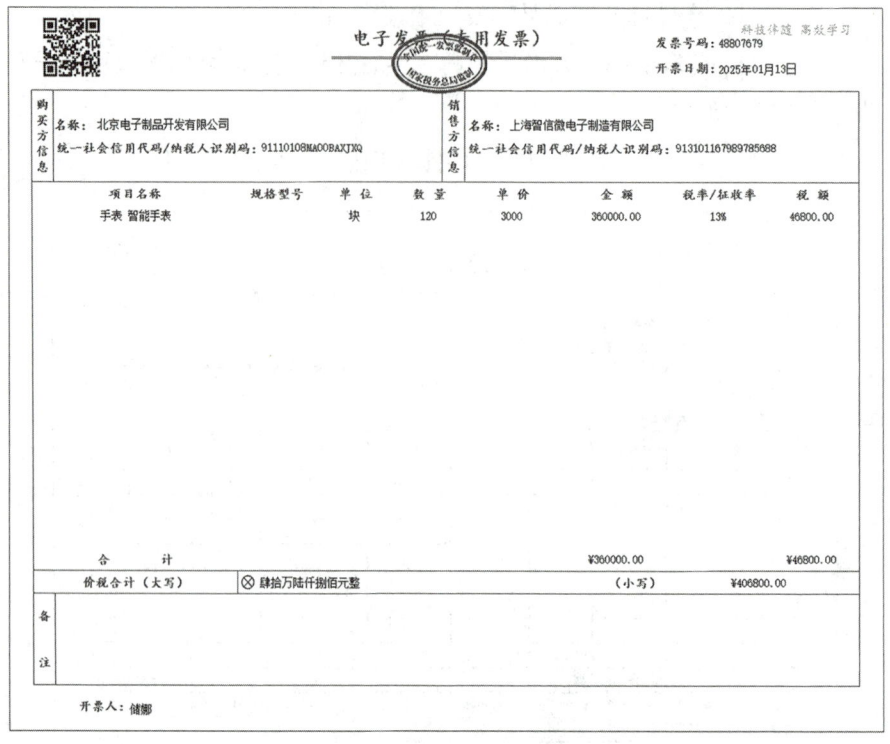

图 3-31　销售发票

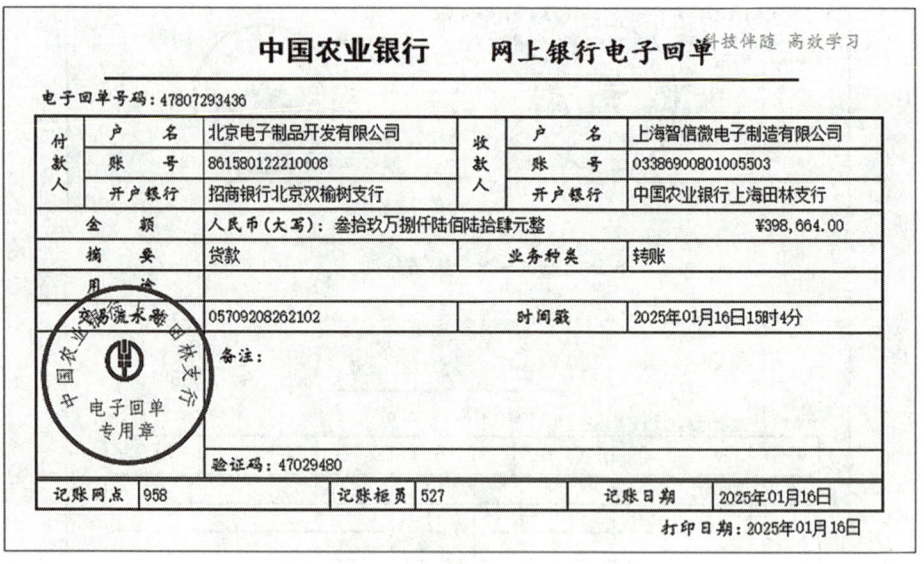

图 3-32　网银回单

> 业务流程

现金折扣业务流程如图 3-33 所示。

项目3　智能供应链管理系统应用

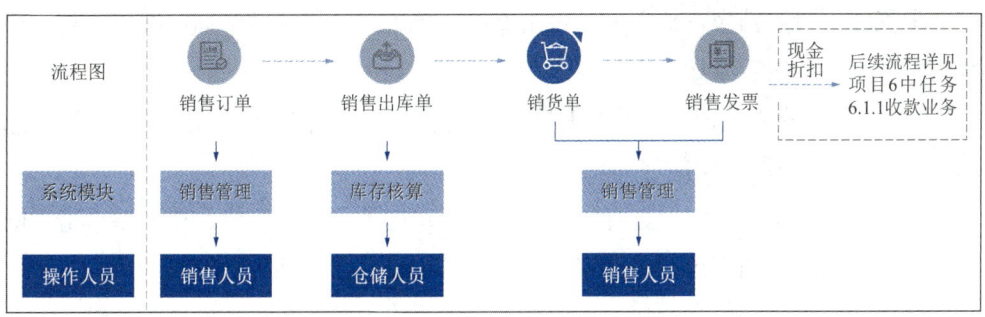

图 3-33　现金折扣业务流程图

操作指引

【销售部助理于娟填制销售订单】

步骤一：打开"销售订单"窗口。在"销售管理"子系统中，依次单击"销售管理"|"销售订单"菜单项，打开"销售订单"窗口。

步骤二：编辑并保存销售订单。在"销售订单"窗口，做如下编辑：

（1）编辑表头。编辑"单据日期"为 2025-01-12，"客户"为北京电子制品开发有限公司，"付款条件"为"2/10，1/20，N/30"，其他项默认。

（2）编辑表体信息。"存货名称"为智能手表，"数量"为 120，"单价"为 3 000.00，选项均默认。

（3）保存。单击工具栏的"保存"按钮，保存该销售订单。结果如图 3-34 所示。

图 3-34　销售订单

步骤三：退出。单击"销售订单"窗口右上角的"关闭"按钮，关闭该窗口。

【销售部主管萧景琰审核销售订单】

步骤一：打开"销售订单"窗口。

步骤二：查阅并审核销售订单。单击工具栏上的"<"图标，查阅到相应的销售订单，然后单击工具栏的"审核"按钮，完成审核工作。

步骤三：退出。单击"销售订单"窗口右上角的"关闭"按钮，关闭该窗口。

【仓储部助理林莉参照销售订单生成销售出库单】

步骤一：打开"销售出库单"窗口。在"库存核算"子系统，依次单击"库存核算"|"销售出库单"菜单项，打开"销售出库单"窗口。

步骤二：参照销售订单生成销售出库单。单击工具栏的"增加"按钮，新增一张销售出库单，然后做如下操作：

（1）打开"选单"窗口。单击工具栏的"选单"|"销售订单"菜单项，打开"选销售订单"对话框，单击"查询"按钮。

（2）复制信息。选中要选择的销售订单所对应的"选择"栏，选中后单击"确定"按钮，返回"销售出库单"窗口，销售订单资料会自动传递过来。

步骤三：编辑并保存销售出库单。在"销售出库单"窗口，做如下编辑：

（1）修改表头。编辑"仓储部"为产成品库，其他项默认。

（2）编辑表体信息。选项均默认。

（3）保存。单击工具栏的"保存"按钮，保存该销售出库单。结果如图3-35所示。

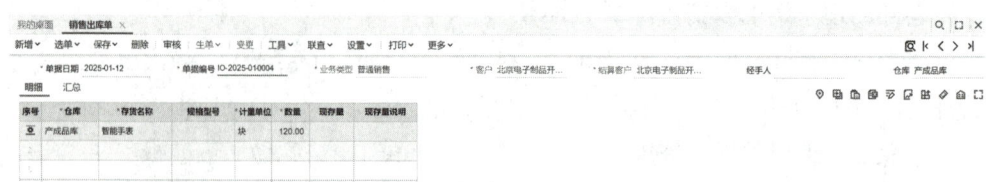

图 3-35　销售出库单

【仓储部主管吴燕审核销售出库单】

步骤一：打开"销售出库单"窗口。

步骤二：查阅并审核销售出库单。单击工具栏上的"＜"图标，查阅到相应的销售出库单，然后单击工具栏的"审核"按钮，完成审核工作。

步骤三：退出。单击"销售出库单"窗口右上角的"关闭"按钮，关闭该窗口。

【销售部助理于娟参照销售出库单生成销货单】

步骤一：打开"销货单"窗口。在"销售管理"子系统，依次单击"销售管理"|"销货单"菜单项，打开"销货单"窗口。

步骤二：参照销售出库单生成销货单。单击工具栏的"增加"按钮，新增一张销货单，然后做如下操作：

（1）打开"选单"窗口。单击工具栏的"选单"|"销售出库单"菜单项，打开"选销售出库单"对话框，单击"查询"按钮。

（2）复制信息。选中要选择的销售出库单所对应的"选择"栏，选中后单击"确定"按钮，返回"销货单"窗口，销售出库单资料会自动传递过来。

步骤三：编辑并保存销货单。在"销货单"窗口，做如下编辑：

（1）修改表头。编辑"销售类型"为普通销售，其他项默认。

（2）编辑表体信息。选项均默认。

（3）保存。单击工具栏的"保存"按钮，保存该销货单。结果如图3-36所示。

项目3　智能供应链管理系统应用

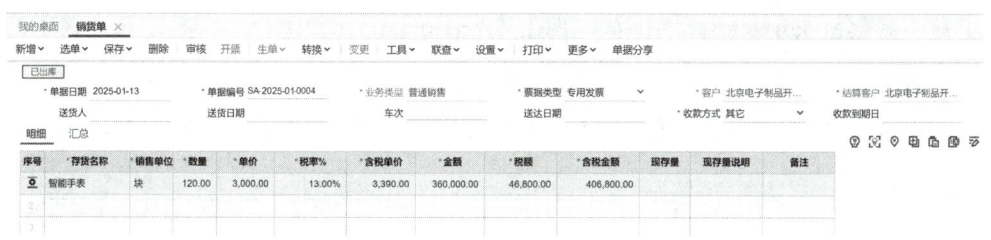

图 3-36　销货单

【销售部主管萧景琰审核销货单】

步骤一：打开"销货单"窗口。

步骤二：查阅并审核销货单。单击工具栏上的"＜"图标，查阅到相应的销货单，然后单击工具栏的"审核"按钮，完成审核工作。

步骤三：退出。单击"销货单"窗口右上角的"关闭"按钮，关闭该窗口。

【销售部助理于娟参照销货单生成销售发票】

步骤一：打开"销售发票"窗口。在"销售管理"子系统，依次单击"销售管理"|"销售发票"菜单项，打开"销售发票"窗口。

步骤二：参照销货单生成销售发票。单击工具栏的"增加"按钮，新增一张销售发票，然后做如下操作：

（1）打开"选单"窗口。单击工具栏的"选单"|"销货单"菜单项，打开"选销货单"对话框，单击"查询"按钮。

（2）复制信息。选中要选择的销货单所对应的"选择"栏，选中后单击"确定"按钮，返回"销售发票"窗口，销货单资料会自动传递过来。

步骤三：编辑并保存销售发票。在"销售发票"窗口，做如下编辑：

（1）修改表头。编辑"单据日期"为 2025-01-13，"发票号码"为 48807679，其他项默认。

（2）编辑表体信息。选项均默认。

（3）保存。单击工具栏的"保存"按钮，保存该销售发票。结果如图 3-37 所示。

图 3-37　销售发票

【销售部主管萧景琰审核销售发票】

步骤一：打开"销售发票"窗口。

步骤二：查阅并审核销售发票。单击工具栏上的"＜"图标，查阅到相应的销售

89

发票，然后单击工具栏的"审核"按钮，完成审核工作。

步骤三：退出。单击"销售发票"窗口右上角的"关闭"按钮，关闭该窗口。

备注：相关现金折扣操作步骤见项目6的"模块6.1 往来现金业务处理"。

巩固提升

现金折扣业务处理

1. 2025年1月2日，上海中芯科技有限公司与销售部签订销售合同，订购显示屏50个，单价为4 280.00元，合同约定付款条件为"2/10，1/20，N/30"。仓储部于1月2日开出销售出库单，从半成品库发出上述订购商品。销售部于1月3日在对方确认收货无误后开出此次订购商品的增值税专用发票，发票号码为66270219，1月11日，财务部收到网银转入236 983.60元货款。

2. 2025年1月4日，昆山合生光学电子有限公司向销售部订购智能手表15块，单价为3 000.00元，zn芯片40个，单价为1 800.00元，合同约定付款条件为"1/5，0.5/10，N/20"，仓储部已从产成品库发出其订购货物。1月5日，在对方确认收货无误后销售部开具了此笔交易的专用销售发票一张，发票号码为66270220；1月8日，收到对方货款。

3.1.3 代垫运费销售业务处理

代垫运费
业务录屏

销售业务中，代垫费用是指随货物销售所发生的，暂时代垫将来需向客户收取的费用，如运杂费、保险费等。代垫费用实际上形成了对客户的应收款项，不需要进行发票处理。

任务发放

1. 1月26日，浙江未来光电仪器有限公司向销售部订购xsq芯片50个，单价为11 000.00元；zn芯片50个，单价为1 800.00元。

2. 1月26日，销售部向仓储部发出发货通知，仓储部从半成品库发出商品。

3. 以现金方式代垫运费1 090.00元。相关原始票据如图3-38至图3-40所示。

项目3 智能供应链管理系统应用

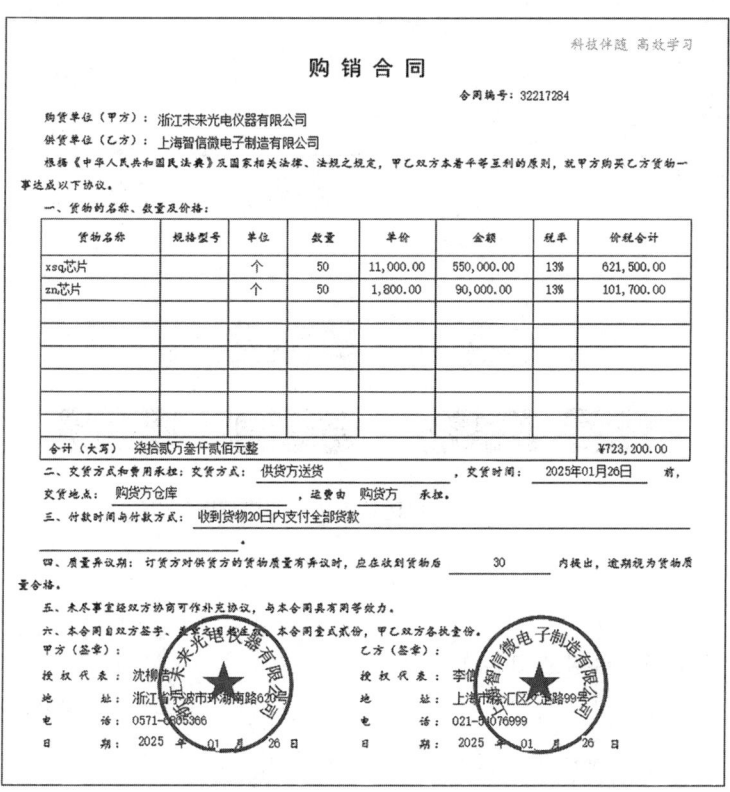

图 3-38 购销合同

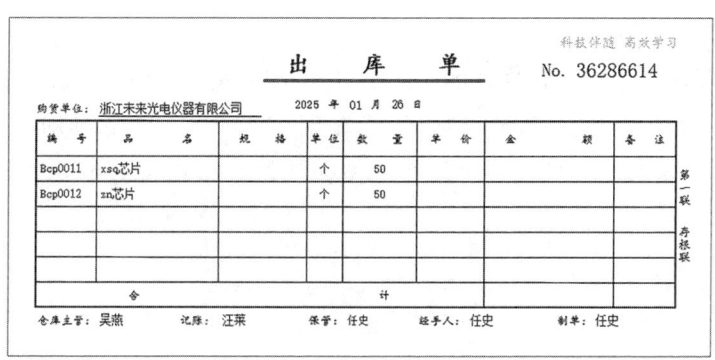

图 3-39 销售出库单

图 3-40 收款收据

业务流程

代垫运费销售业务流程如图 3-41 所示。

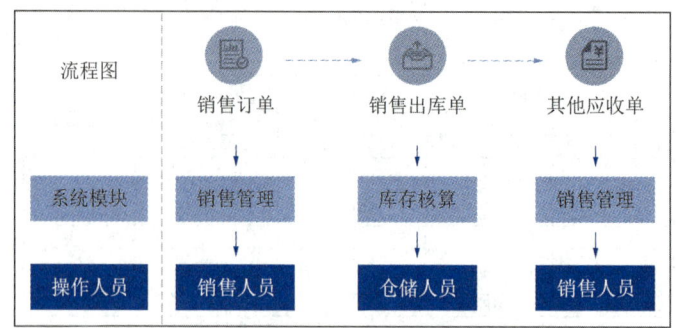

图 3-41　代垫运费销售业务流程图

操作指引

【销售部助理于娟填制销售订单】

步骤一：打开"销售订单"窗口。在"销售管理"子系统中，依次单击"销售管理"|"销售订单"菜单项，打开"销售订单"窗口。

步骤二：编辑并保存销售订单。在"销售订单"窗口，做如下编辑：

（1）编辑表头。编辑"单据日期"为 2025-01-26，"客户"为浙江未来光电仪器有限公司，其他项默认。

（2）编辑表体信息。"存货名称"为 xsq 芯片，"数量"为 50，"单价"为 11 000.00，"存货名称"为 zn 芯片，"数量"为 50，"单价"为 1 800.00，选项均默认。

（3）保存。单击工具栏的"保存"按钮，保存该销售订单。结果如图 3-42 所示。

序号	存货名称	销售单位	数量	单价	税率%	含税单价	金额	税额	含税金额	预计交货日期	现存量	现存量说明	备注
1	xsq芯片	件	50.00	11,000.00	13.00%	12,430.00	550,000.00	71,500.00	621,500.00				
2	zn芯片	件	50.00	1,800.00	13.00%	2,034.00	90,000.00	11,700.00	101,700.00				

图 3-42　销售订单

步骤三：退出。单击"销售订单"窗口右上角的"关闭"按钮，关闭该窗口。

【销售部主管萧景琰审核销售订单】

步骤一：打开"销售订单"窗口。

步骤二：查阅并审核销售订单。单击工具栏上的"<"图标，查阅到相应的销售

订单，然后单击工具栏的"审核"按钮，完成审核工作。

步骤三：退出。单击"销售订单"窗口右上角的"关闭"按钮，关闭该窗口。

【仓储部助理林莉参照销售订单生成销售出库单】

步骤一：打开"销售出库单"窗口。在"库存核算"子系统，依次单击"库存核算"|"销售出库单"菜单项，打开"销售出库单"窗口。

步骤二：参照销售订单生成销售出库单。单击工具栏的"增加"按钮，新增一张销售出库单，然后做如下操作：

（1）打开"选单"窗口。单击工具栏的"选单"|"销售订单"菜单项，打开"选销售订单"对话框，单击"查询"按钮。

（2）复制信息。选中要选择的销售订单所对应的"选择"栏，选中后单击"确定"按钮，返回"销售出库单"窗口，销售订单资料会自动传递过来。

步骤三：编辑并保存销售出库单。在"销售出库单"窗口，做如下编辑：

（1）修改表头。编辑"仓储部"为半成品库，其他项默认。

（2）编辑表体信息。选项均默认。

（3）保存。单击工具栏的"保存"按钮，保存该销售出库单。结果如图3-43所示。

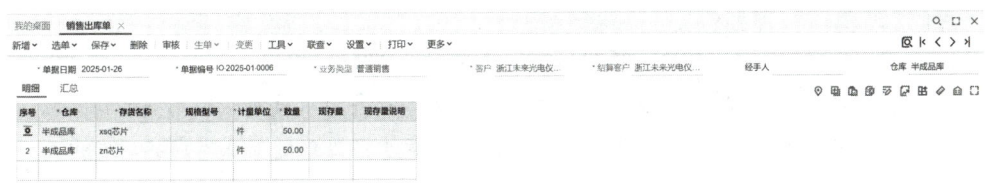

图 3-43　销售出库单

【仓储部主管吴燕审核销售出库单】

步骤一：打开"销售出库单"窗口。

步骤二：查阅并审核销售出库单。单击工具栏上的"＜"图标，查阅到相应的销售出库单，然后单击工具栏的"审核"按钮，完成审核工作。

步骤三：退出。单击"销售出库单"窗口右上角的"关闭"按钮，关闭该窗口。

【销售部助理于娟填制其他应收单】

步骤一：打开"其他应收单"窗口。在"往来现金"子系统，依次单击"往来现金"|"其他应收单"菜单项，打开"其他应收单"窗口。

步骤二：编辑并保存其他应收单。在"其他应收单"窗口，做如下编辑：

（1）修改表头。编辑"单据日期"为2025-01-26，"业务类型"为其他应收，"往来单位"为浙江未来光电仪器有限公司，其他项默认。

（2）编辑表体信息。"摘要"为代垫运费，"金额"为1 090.00，选项均默认。

（3）保存。单击工具栏的"保存"按钮，保存该其他应收单。结果如图3-44所示。

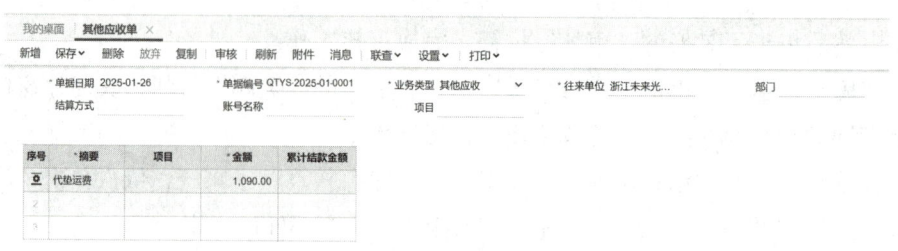

图 3-44 其他应收单

【销售部主管萧景琰审核其他应收单】

步骤一：打开"其他应收单"窗口。

步骤二：查阅并审核其他应收单。单击工具栏上的"<"图标，查阅到相应的其他应收单，然后单击工具栏的"审核"按钮，完成审核工作。

步骤三：退出。单击"其他应收单"窗口右上角的"关闭"按钮，关闭该窗口。

需注意的是：原始单据中款项是支付给上海九州物流有限公司，但目的是代浙江未来光电仪器有限公司支付代垫运费，款项最后应由浙江未来光电仪器有限公司支付。因此，为保证代垫业务流程的正确进行，付款单上的供应商选择"浙江未来光电仪器有限公司"。

巩固提升

代垫运费销售业务处理

1. 2025 年 1 月 25 日，昆山合生光学电子有限公司向销售部订购显示屏 60 个，单价为 10 800.00 元，销售部接收订单后同意发货，当日仓储部从半成品库发出商品，用银行存款为其代垫运费 560 元。

2. 2025 年 1 月 27 日，上海中芯科技有限公司与销售部订购智能手表 20 块，单价为 3 000.00 元，zn 芯片 80 个，单价为 1 880.00 元。商品于 1 月 28 日从产成品库和半成品库发出，当日开出增值税专用发票，发票号码为 00270110，以微信付款方式支付代垫运费 1 280.00 元。

3.1.4 销售退货业务处理

销售退货录屏

销售退货业务是指企业售出的货物由于质量、品种不符合要求或者其他原因退回的业务。若销售退货时未开票、未出库，则可直接修改或作废销货单；若销售退货时已开发票，则需要填写退货单，审核销货单流转生成销售出库单（销售退货），到仓储部办理入库手续，再根据销货单开具红字销售发票。

任务发放

1 月 18 日，收到昆山合生光学电子有限公司因质量问题退回的 3 个显示屏。相关原始票据如图 3-45 至图 3-47 所示。

项目 3　智能供应链管理系统应用

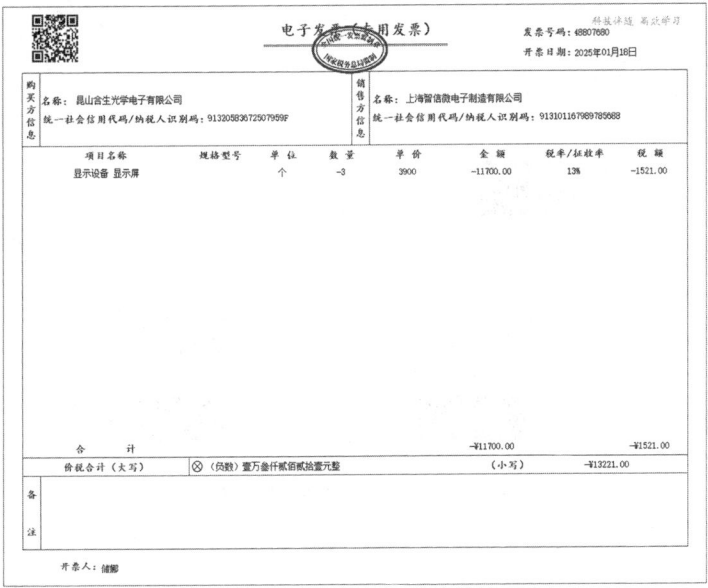

图 3-45　销售发票

图 3-46　出库单

图 3-47　付款单

业务流程

销售退货业务流程如图 3-48 所示。

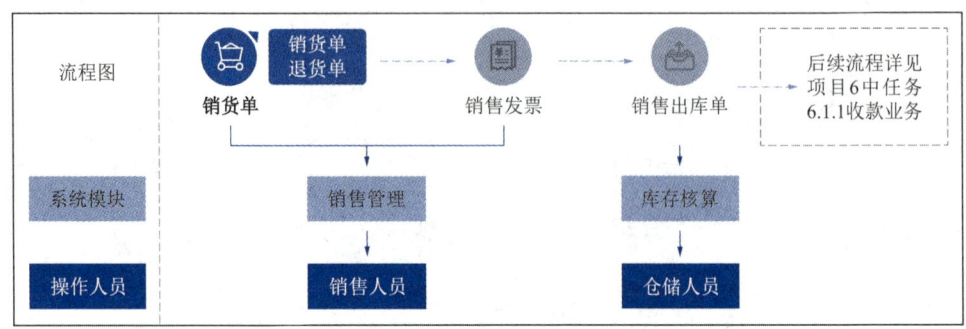

图 3-48　销售退货业务流程图

操作指引

【销售部助理于娟填制退货单】

步骤一：打开"退货单"窗口。在"销售管理"子系统中，依次单击"销售管理"|"销货单"菜单项，打开"销货单"窗口。

步骤二：编辑并保存销货单。在"销货单"窗口，做如下编辑：

（1）编辑表头。编辑"业务类型"为销售退货，"票据类型"为专用发票，"客户"为昆山合生光学电子有限公司，其他项默认。

（2）编辑表体信息。"存货名称"为显示屏，"数量"为-3，"单价"为3 900.00，选项均默认。

（3）保存。单击工具栏的"保存"按钮，保存该销货单。结果如图 3-49 所示。

图 3-49　销货单

步骤三：退出。单击"销售订单"窗口右上角的"关闭"按钮，关闭该窗口。

【销售部主管萧景琰审核销货单】

步骤一：打开"销货单"窗口。

步骤二：查阅并审核销货单。单击工具栏上的"＜"图标，查阅到相应的销货单，然后单击工具栏的"审核"按钮，完成审核工作。

步骤三：退出。单击"销货单"窗口右上角的"关闭"按钮，关闭该窗口。

【销售部助理于娟参照销货单生成销售发票】

步骤一：打开"销售发票"窗口。在"销售管理"子系统，依次单击"销售管理"|"销售发票"菜单项，打开"销售发票"窗口。

步骤二：参照销货单生成销售发票。单击工具栏的"增加"按钮，新增一张销售发票，然后做如下操作：

（1）编辑表头。编辑"单据日期"为 2025-01-18，"发票类型"为红字专用发票，"发票号码"为 48807680，"现结金额"为 −13 221.00。

（2）打开"选单"窗口。单击工具栏的"选单"|"销货单"菜单项，打开"选销货单"对话框，单击"查询"按钮。

（3）复制信息。选中要选择的销货单所对应的"选择"栏，选中后单击"确定"按钮，返回"销售发票"窗口，销货单资料会自动传递过来。

步骤三：保存销售发票。在"销售发票"窗口，单击工具栏的"保存"按钮，保存该销售发票。结果如图 3-50 所示。

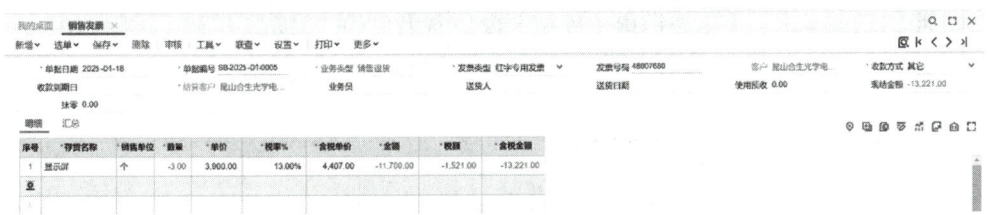

图 3-50　销售发票

【销售部主管萧景琰审核销售发票】

步骤一：打开"销售发票"窗口。

步骤二：查阅并审核销售发票。单击工具栏上的"＜"图标，查阅到相应的销售发票，然后单击工具栏的"审核"按钮，完成审核工作。

步骤三：退出。单击"销售发票"窗口右上角的"关闭"按钮，关闭该窗口。

【仓储部助理林莉参照销货单生成销售出库单】

步骤一：打开"销售出库单"窗口。在"库存核算"子系统，依次单击"库存核算"|"销售出库单"菜单项，打开"销售出库单"窗口。

步骤二：参照销货单生成销售出库单。单击工具栏的"增加"按钮，新增一张销售出库单，然后做如下操作：

（1）打开"选单"窗口。单击工具栏的"选单"|"销货单"菜单项，打开"选销货单"对话框，单击"查询"按钮。

（2）复制信息。选中要选择的销货单所对应的"选择"栏，选中后单击"确定"按钮，返回"销售出库单"窗口，销售订单资料会自动传递过来。

步骤三：编辑并保存销售出库单。在"销售出库单"窗口，做如下编辑：

（1）修改表头。编辑"单据日期"为2025-01-18，"业务类型"为销售退货，"仓储部"为半成品库，其他项默认。

（2）编辑表体信息。选项均默认。

（3）保存。单击工具栏的"保存"按钮，保存该销售出库单。结果如图3-51所示。

图 3-51　销售出库单

【仓储部主管吴燕审核销售出库单】

步骤一：打开"销售出库单"窗口。

步骤二：查阅并审核销售出库单。单击工具栏上的"＜"图标，查阅到相应的销售出库单，然后单击工具栏的"审核"按钮，完成审核工作。

步骤三：退出。单击"销售出库单"窗口右上角的"关闭"按钮，关闭该窗口。

备注：相关现金折扣操作步骤见项目6的"模块6.1　往来现金业务处理"。

> **巩固提升**

销售退货业务处理

1. 2025年1月15日，收到上海中芯科技有限公司因质量问题退回的智能手表4块，单价为2 950.00元，当日开具增值税红字专用发票，仓储部已验收入产成品库。

2. 2025年1月26日，收到北京电子制品开发有限公司退回的xsq芯片15个和zn芯片10片，单价分别为13 000.00元和3 000.00元，当日开具增值税红字专用发票，仓储部已验收入半成品库。

3.1.5　买赠销售业务处理

买赠销售业务录屏

买赠销售是企业常见的一种促销模式，是指企业在销售商品或提供服务过程中向客户赠送礼品或货物的商业行为，以达到拓展市场、增加销售、清理库存等目的。

> **任务发放**

1. 1月26日，北京电子制品开发有限公司向销售部订购高精度智能显示器40件，单价10 800.00元，同时赠送样品智能手表一块。

2. 1月26日，销售部开出增值税专用发票，商品从产成品库发出。相关原始票据如图3-52至图3-54所示。

科技伴随 高效学习

购销合同

合同编号：79282452

购货单位（甲方）：北京电子制品开发有限公司

供货单位（乙方）：上海智信微电子制造有限公司

根据《中华人民共和国民法典》及国家相关法律、法规之规定，甲乙双方本着平等互利的原则，就甲方购买乙方货物一事达成以下协议。

一、货物的名称、数量及价格：

货物名称	规格型号	单位	数量	单价	金额	税率	价税合计
高精度智能显示器		件	40	10,800.00	432,000.00	13%	488,160.00
智能手表		块	1	0.00	0.00	13%	0.00
合计（大写）	肆拾捌万捌仟壹佰陆拾元整						¥488,160.00

二、交货方式和费用承担：交货方式：供货方送货，交货时间：2025年01月26日前，交货地点：购货方仓库，运费由购货方承担。

三、付款时间与付款方式：赠送样品智能手表一块。

四、质量异议期：订货方对供货方的货物质量有异议时，应在收到货物后30内提出，逾期视为货物质量合格。

五、未尽事宜经双方协商可作补充协议，与本合同具有同等效力。

六、本合同自双方签字、盖章之日起生效，本合同壹式贰份，甲乙双方各执壹份。

甲方（签章）：北京电子制品开发有限公司
授权代表：赵媛
地　　址：北京市延庆区庆国街1160号
电　　话：010-6135056
日　　期：2025 年 01 月 26 日

乙方（签章）：上海智信微电子制造有限公司
授权代表：李信
地　　址：上海市徐汇区文定路99号
电　　话：021-54076999
日　　期：2025 年 01 月 26 日

图 3-52　购销合同

科技伴随 高效学习

出　库　单

No. 18373743

购货单位：北京电子制品开发有限公司　　2025 年 01 月 26 日

编号	品名	规格	单位	数量	单价	金额	备注
Ccp0001	高精度智能显示器		件	40			
Ccp0002	智能手表		块	1			
合				计			

第一联 存根联

仓库主管：吴燕　记账：汪莱　保管：任史　经手人：任史　制单：任史

图 3-53　销售出库单

会计信息系统应用

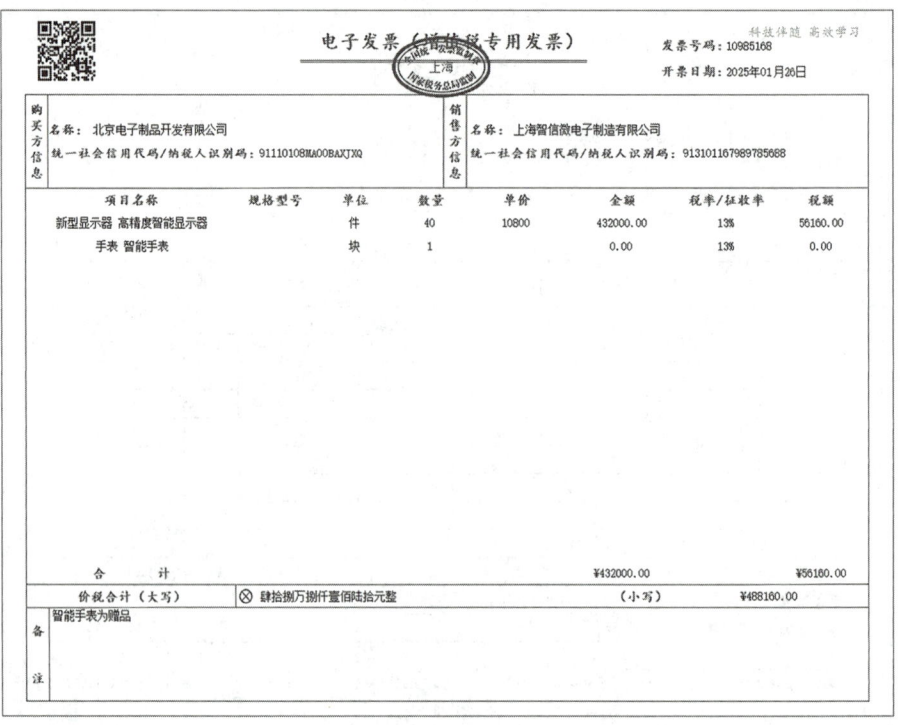

图 3-54 销售发票

业务流程

买赠销售业务流程如图 3-55 所示。

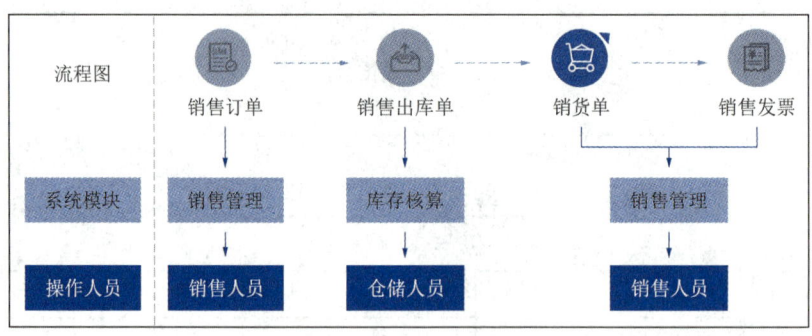

图 3-55 买赠销售业务流程图

操作指引

【销售部助理于娟填制销售订单】

步骤一：打开"销售订单"窗口。在"销售管理"子系统中，依次单击"销售管理"|"销售订单"菜单项，打开"销售订单"窗口。

步骤二：编辑并保存销售订单。在"销售订单"窗口，做如下编辑：

（1）编辑表头。编辑"客户"为北京电子制品开发有限公司，其他项默认。

（2）编辑表体信息。"存货名称"为高精度智能显示器，"数量"为40，"单价"为10 800.00，"存货名称"为智能手表，"数量"为1，"单价"为0，选项均默认。

（3）保存。单击工具栏的"保存"按钮，保存该销售订单。结果如图3-56所示。

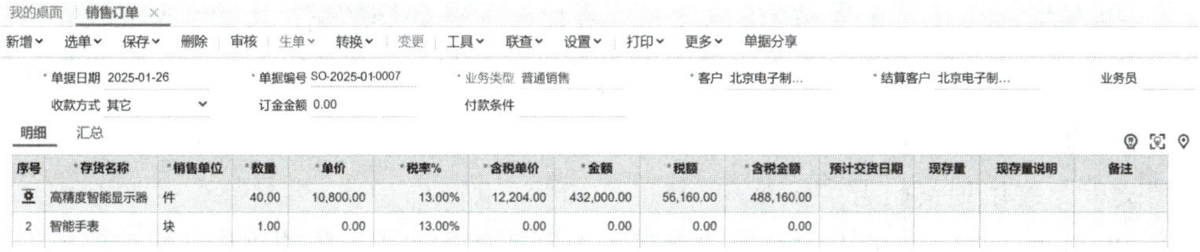

图3-56　销售订单

步骤三：退出。单击"销售订单"窗口右上角的"关闭"按钮，关闭该窗口。

【销售部主管萧景琰审核销售订单】

步骤一：打开"销售订单"窗口。

步骤二：查阅并审核销售订单。单击工具栏上的"＜"图标，查阅到相应的销售订单，然后单击工具栏的"审核"按钮，完成审核工作。

步骤三：退出。单击"销售订单"窗口右上角的"关闭"按钮，关闭该窗口。

【仓储部助理林莉参照销售订单生成销售出库单】

步骤一：打开"销售出库单"窗口。在"库存核算"子系统，依次单击"库存核算"|"销售出库单"菜单项，打开"销售出库单"窗口。

步骤二：参照销售订单生成销售出库单。单击工具栏的"增加"按钮，新增一张销售出库单，然后做如下操作：

（1）打开"选单"窗口。单击工具栏的"选单"|"销售订单"菜单项，打开"选销售订单"对话框，单击"查询"按钮。

（2）复制信息。选中要选择的销售订单所对应的"选择"栏，选中后单击"确定"按钮，返回"销售出库单"窗口，销售订单资料会自动传递过来。

步骤三：编辑并保存销售出库单。在"销售出库单"窗口，做如下编辑：

（1）修改表头。编辑"业务类型"为普通销售，"仓储部"为产成品库，其他项默认。

（2）编辑表体信息。选项均默认。

（3）保存。单击工具栏的"保存"按钮，保存该销售出库单。结果如图3-57所示。

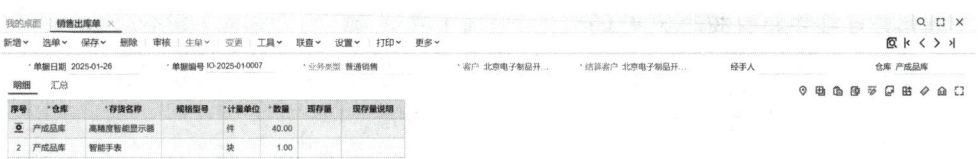

图3-57　销售出库单

【仓储部主管吴燕审核销售出库单】

步骤一： 打开“销售出库单”窗口。

步骤二： 查阅并审核销售出库单。单击工具栏上的“<”图标，查阅到相应的销售出库单，然后单击工具栏的“审核”按钮，完成审核工作。

步骤三： 退出。单击“销售出库单”窗口右上角的“关闭”按钮，关闭该窗口。

【销售部助理于娟参照销售出库单生成销货单】

步骤一： 打开“销货单”窗口。在“销售管理”子系统，依次单击“销售管理”|“销货单”菜单项，打开“销货单”窗口。

步骤二： 参照销售出库单生成销货单。单击工具栏的“增加”按钮，新增一张销货单，然后做如下操作：

（1）打开“选单”窗口。单击工具栏的“选单”|“销售出库单”菜单项，打开“选销售出库单”对话框，单击“查询”按钮。

（2）复制信息。选中要选择的销售出库单所对应的“选择”栏，选择栏显示图标，选中后单击“确定”按钮，返回“销货单”窗口，销售出库单资料会自动传递过来。

步骤三： 编辑并保存销货单。在“销货单”窗口，做如下编辑：

（1）修改表头。编辑“销售类型”为普通销售，其他项默认。

（2）编辑表体信息。选项均默认。

（3）保存。单击工具栏的“保存”按钮，保存该销货单。结果如图 3-58 所示。

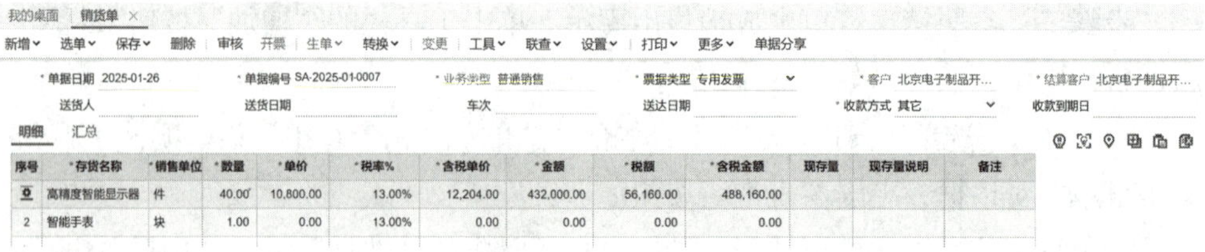

序号	*存货名称	*销售单位	*数量	*单价	*税率%	*含税单价	*金额	*税额	*含税金额	现存量	现存量说明	备注
	高精度智能显示器	件	40.00	10,800.00	13.00%	12,204.00	432,000.00	56,160.00	488,160.00			
2	智能手表	块	1.00	0.00	13.00%	0.00	0.00	0.00	0.00			

图 3-58 销货单

【销售部主管萧景琰审核销货单】

步骤一： 打开“销货单”窗口。

步骤二： 查阅并审核销货单。单击工具栏上的“<”图标，查阅到相应的销货单，然后单击工具栏的“审核”按钮，完成审核工作。

步骤三： 退出。单击“销货单”窗口右上角的“关闭”按钮，关闭该窗口。

【销售部助理于娟参照销货单生成销售发票】

步骤一： 打开“销售发票”窗口。在“销售管理”子系统，依次单击“销售管理”|“销售发票”菜单项，打开“销售发票”窗口。

步骤二： 参照销货单生成销售发票。单击工具栏的“增加”按钮，新增一张销售发票，然后做如下操作：

（1）打开"选单"窗口。单击工具栏的"选单"|"销货单"菜单项，打开"选销货单"对话框，单击"查询"按钮。

（2）复制信息。选中要选择的销货单所对应的"选择"栏，选中后单击"确定"按钮，返回"销售发票"窗口，销货单资料会自动传递过来。

步骤三： 编辑并保存销售发票。在"销售发票"窗口，做如下编辑：

（1）修改表头。编辑"发票号码"为 10985168，其他项默认。

（2）编辑表体信息。选项均默认。

（3）保存。单击工具栏的"保存"按钮，保存该销售发票。结果如图 3-59 所示。

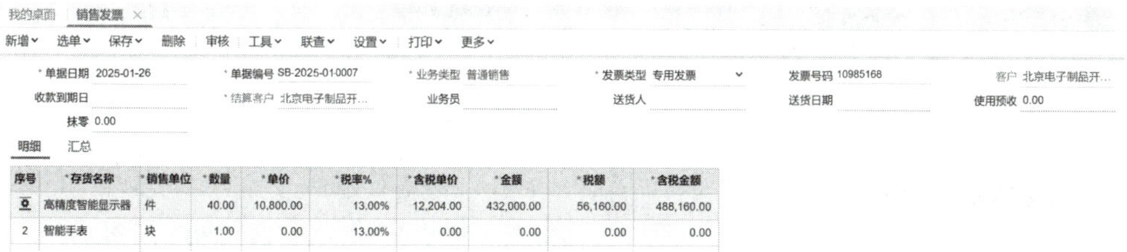

图 3-59　销售发票

【销售部主管萧景琰审核销售发票】

步骤一： 打开"销售发票"窗口。

步骤二： 查阅并审核销售发票。单击工具栏上的"＜"图标，查阅到相应的销售发票，然后单击工具栏的"审核"按钮，完成审核工作。

步骤三： 退出。单击"销售发票"窗口右上角的"关闭"按钮，关闭该窗口。

> **巩固提升**

买赠销售业务处理

1. 2025 年 1 月 25 日，昆山合生光学电子有限公司向销售部订购显示屏 30 个，单价为 4 800.00 元，为拓展 xsq 芯片市场，赠送 2 个 xsq 芯片，当日从半成品库发出商品，并开出增值税专用发票，发票号码为 66270224。

2. 2025 年 1 月 27 日，浙江未来光电仪器有限公司与销售部订购智能手表 50 块，单价为 3 000.00 元，随单赠送 3 个 zn 芯片。当日开出增值税专用发票，发票号码为 66270225，并现结全部货款，于 1 月 28 日通知仓储部从产成品库发出上述商品。

3.1.6　销售与收款业务数据分析

随着互联网大数据时代的发展，数据已经成为企业重要的生产力之一。企业对销售数据分析一般有两个目的：一是对销售情况的整体把控，考核销售目标是否达成；二是对特定性问题进行分析，如为了提升销售额，可以进行产品对比分析、渠道对比分析等。企业可以通过数据分析来解决销售相关业务问题。

畅捷通 T+专业版提供了业务员分析——业务员业绩考核、业务员拓新客能力分析、经营毛利统计表、客户分析、货客分析等，查询的结果可以以表格显示也可以以图片显示。用户可以在相应模块中选择需要的功能开展分析。分析图表数据如图 3-60 至图 3-64 所示。

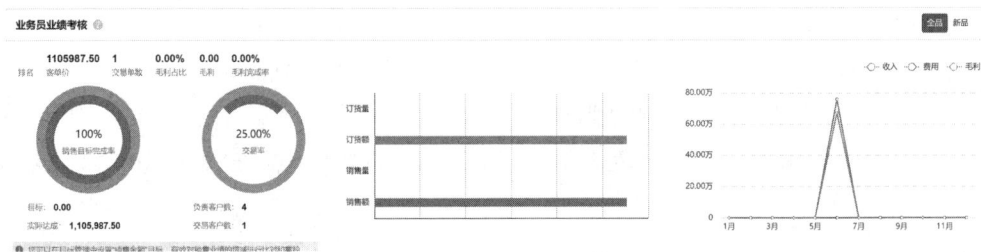

图 3-60　业务员业绩考核

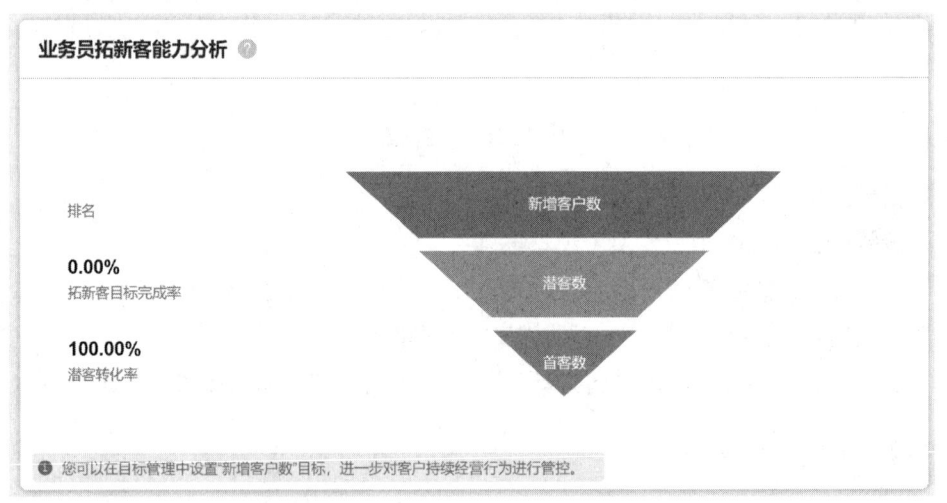

图 3-61　业务员拓新客能力分析

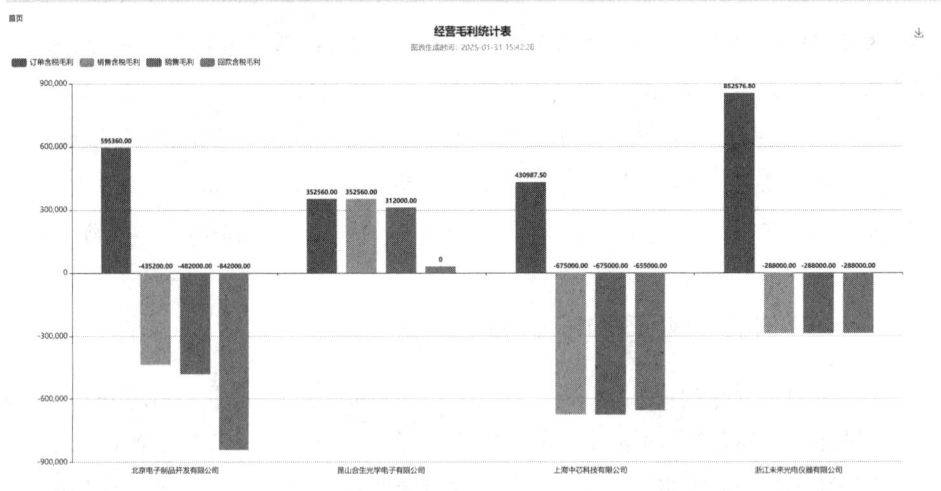

图 3-62　经营毛利统计表

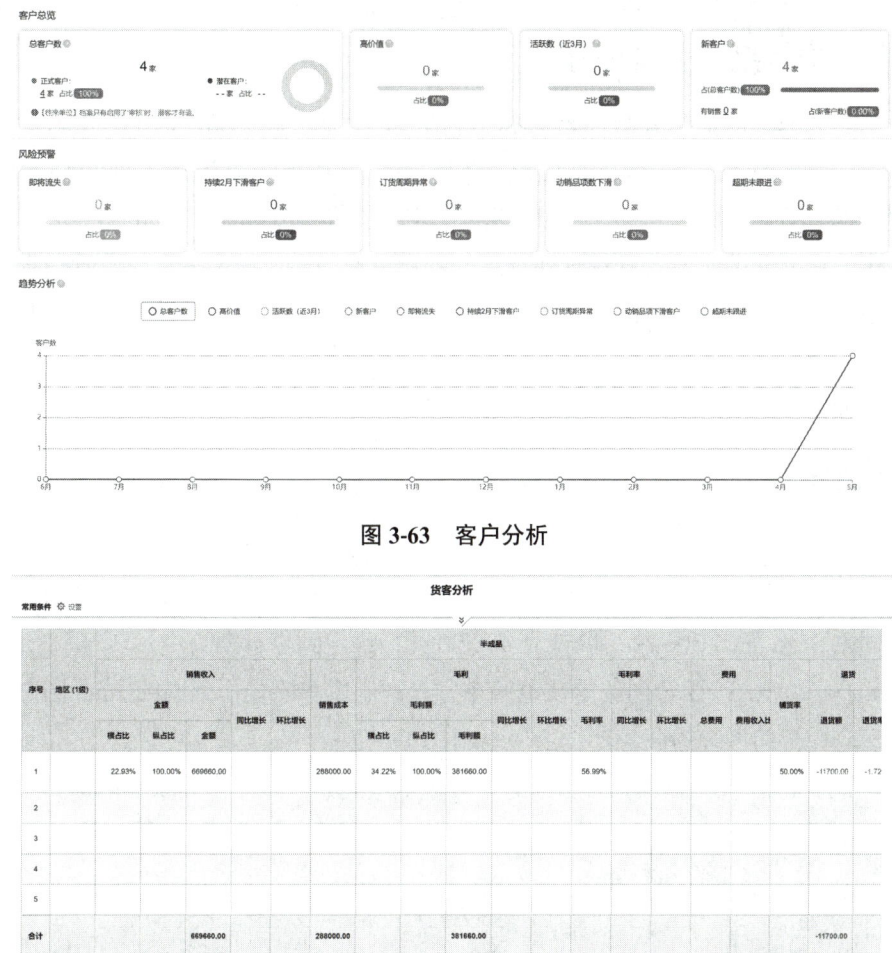

图 3-63　客户分析

图 3-64　货客分析

模块3.2　采购与付款业务处理

采购管理是智能供应链管理系统的重要组成部分，主要包含采购请购、采购订货、采购到货、采购入库、采购开票、采购结算等业务管理，可以根据业务需要选用不同的业务单据和业务流程。采购业务流程如图 3-65 所示。

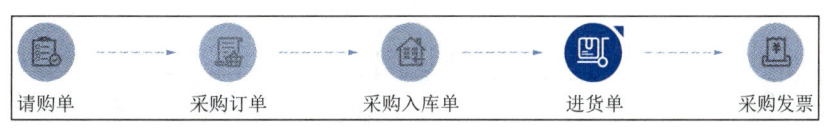

图 3-65　采购业务流程图

采购与付款业务模块主要设计了请购业务的采购、报价、预付订金、现结的普通采购业务，以及采购损耗、采购运费分摊、采购退货、采购暂估等特殊的采购业务。

3.2.1 应付采购业务处理

应付采购业务录屏

采购请购是指企业内部向采购部门提出采购申请，或采购部门汇总企业内部采购需求提出采购清单。请购单是采购业务处理的起点，用于描述和生成采购的需求，主要包括商品或劳务的名称、数量、种类、用途等内容，同时，也可为采购订单提供建议内容，如供应商、订货日期等。采购订单作为向供应商采购的一种信息，形式简单，可作为合同的一部分，但不包括限制供应商的条款。采购合同包括其他约束供应商的条款，如采购商品的数量、型号、总金额、到货日期、违约责任、不可抗力、仲裁等，需要双方签字盖章方能生效。

任务发放

1. 1月2日，采购部请购 zn 晶圆 300 片，要求1月3日到货。

2. 1月2日，采购员张涛请购获得批准后与上海东方晶圆制造有限公司签订采购合同采购 zn 晶圆 300 片，单价为 495.00 元，约定到货日期为 1月3日。

3. 1月3日，按照合同约定从上海东方晶圆制造有限公司采购的 zn 晶圆 300 片到货，仓库部门办理验收入库，入原材料库。

4. 1月4日，收到采购 zn 晶圆的增值税专用发票一张。相关原始单据如图 3-66 至图 3-69 所示。

请购单

序号	产品名称	规格	数量	单价	金额	备注
1	zn晶圆		300	495.00	148,500.00	
2						
3						
4						
5						
6						
合计小写：	148,500.00		合计人民币金额大写：	壹拾肆万捌仟伍佰元整		
供应商名称及联系电话				报价		
1	上海东方晶圆制造有限公司			495.00		
2						
3						
到货日期及付款条件						
2025年1月3日到货						
备注	1、本请购单有效期：			5天		
	2、交货地址：			购货方仓库		
	3、交货方式：			销货方送货		
	4、付款方式：					
申请人：	张涛	部门经理：蔡明		财务经理：	锦里	
总经理：	李信					

图 3-66　请购单

购销合同

合同编号：11578408

购货单位（甲方）：上海智信微电子制造有限公司
供货单位（乙方）：上海东方晶圆制造有限公司

根据《中华人民共和国民法典》及国家相关法律、法规之规定，甲乙双方本着平等互利的原则，就甲方购买乙方货物一事达成以下协议：

一、货物的名称、数量及价格：

货物名称	规格型号	单位	数量	单价	金额	税率	价税合计
zn晶圆		片	300	495.00	148,500.00	13%	167,805.00
合计（大写）	壹拾陆万柒仟捌佰零伍元整					¥167,805.00	

二、交货方式和费用承担：交货方式：供货方送货，交货时间：2025年01月03日 前。
交货地点：购货方仓库，运费由 供货方 承担。

三、付款时间与付款方式：

四、质量异议期：订货方对供货方的货物质量有异议时，应在收到货物后 30 内提出，逾期视为货物质量合格。

五、未尽事宜经双方协商可作补充协议，与本合同具有同等效力。

六、本合同自双方签字、盖章之日起生效。本合同壹式贰份，甲乙双方各执壹份。

甲方（签章）：　　　　　　　　　　乙方（签章）：
授权代表：李信　　　　　　　　　　授权代表：赵辉
地　　址：上海市徐汇区XX路99号　　地　　址：上海市徐汇区田林路261号
电　　话：021-64976999　　　　　　电　　话：021-68021507
日　　期：2025年01月02日　　　　　日　　期：2025年01月02日

图 3-67 购销合同

入库单

No. 41321159

供货单位：上海东方晶圆制造有限公司　　2025 年 01 月 03 日

编号	品名	规格	单位	数量	单价	金额	备注
Yc10012	zn晶圆		片	300			
合计							

仓库主管：吴燕　　记账：汪莱　　保管：任史　　经手人：任史　　制单：任史

图 3-68 入库单

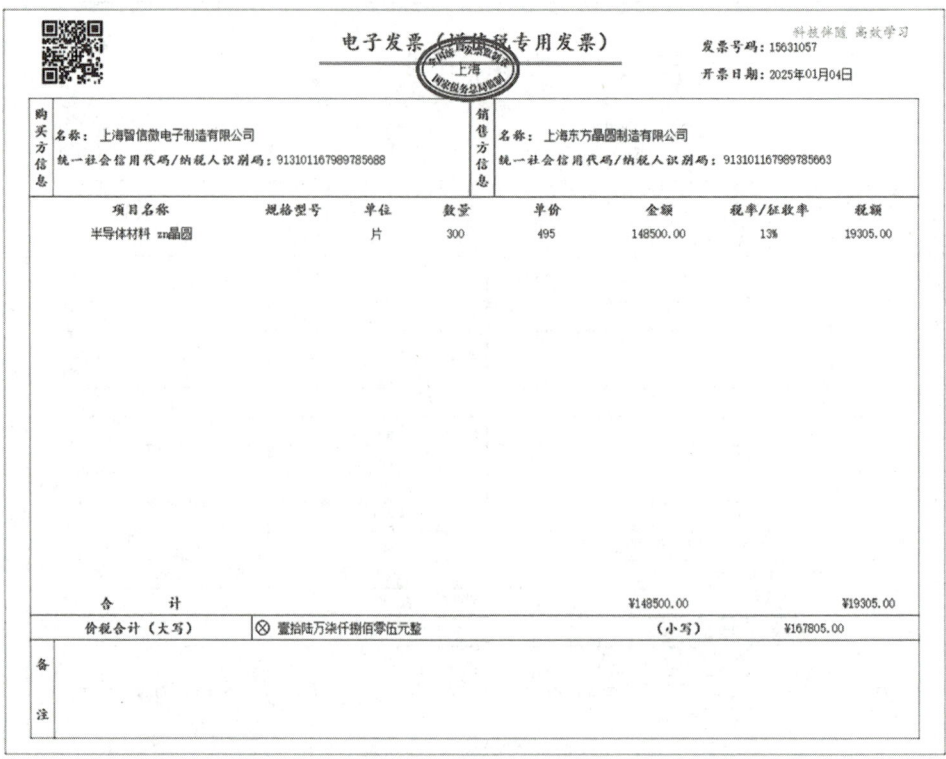

图 3-69　增值税发票

业务流程

应付采购业务流程如图 3-70 所示。

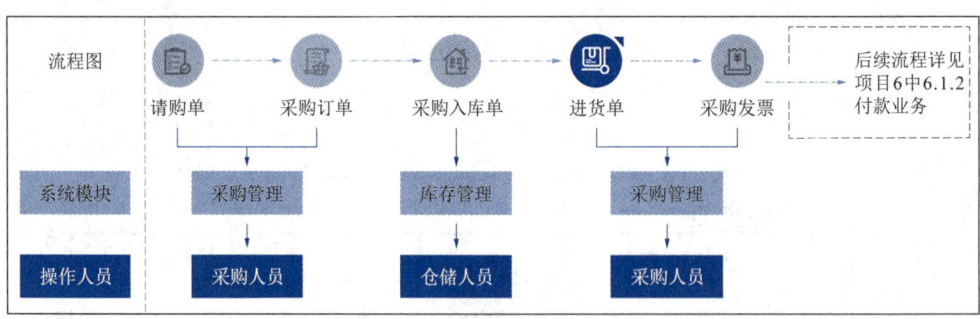

图 3-70　应付采购业务流程图

操作指引

【采购部张涛填制请购单】

步骤一：打开请购单窗口。在"采购管理"子系统中，依次单击"采购管理"|"请购单"菜单项，打开"请购单"窗口。

步骤二：填制请购单。在"请购单"窗口中，单击工具栏的"增加"按钮，新增一张请购单，然后做如下编辑：

（1）编辑表头。修改表头的"单据日期"为 2025-01-02，"部门"为采购部，"请购人"为张涛，"建议供应商"为上海东方晶圆制造有限公司，"需求日期"为 2025-01-03。

（2）编辑表体。在第 1 行，参照生成"存货编码"为 Ycl0012（zn 晶圆），"数量"编辑为 300，"单价"编辑为 495.00，其他项默认。

步骤三：保存。单击工具栏的"保存"按钮，保存该请购单。结果如图 3-71 所示。

序号	存货名称	规格型号	采购单位	数量	单价	税率%	含税单价	金额	含税金额	需求日期	现存量	现存量说明
0	zn晶圆		片	300.00	495.00	13.00%	559.35	148,500.00	167,805.00	2025-01-03		

图 3-71　请购单

步骤四：退出。单击"请购单"窗口右上角的"关闭"按钮，关闭该窗口。

【采购部主管蔡明审核请购单】

步骤一：打开"请购单"窗口。

步骤二：查阅并审核请购单。在"请购单"窗口中，单击工具栏的"＜"图标，查阅到本业务生成的请购单，然后单击"审核"按钮，完成审核工作。

步骤三：退出。单击"请购单"窗口右上角的"关闭"按钮，关闭该窗口。

【采购部张涛参照请购单生成采购订单】

步骤一：打开"采购订单"窗口。在采购系统中，依次单击"采购管理"|"采购订单"菜单项，打开"采购订单"窗口。

步骤二：参照请购单生成采购订单。单击工具栏的"增加"按钮，新增一张采购订单，然后做如下操作：

（1）打开"选单"窗口。单击工具栏的"选单"|"请购单"菜单项，打开"选请购单"对话框，单击"查询"按钮。

（2）复制信息。选中要选择的采购请购单所对应的"选择"栏，选中后单击"确定"按钮，返回"采购订单"窗口，请购单资料会自动传递过来。

步骤三：编辑并保存采购订单。在"采购订单"窗口，做如下编辑：

（1）修改表头。编辑"采购类型"为普通采购，"供应商"为上海东方晶圆制造有限公司，其他项默认。

（2）编辑表体信息。选项均默认。

（3）保存。单击工具栏的"保存"按钮，保存该采购订单。结果如图 3-72 所示。

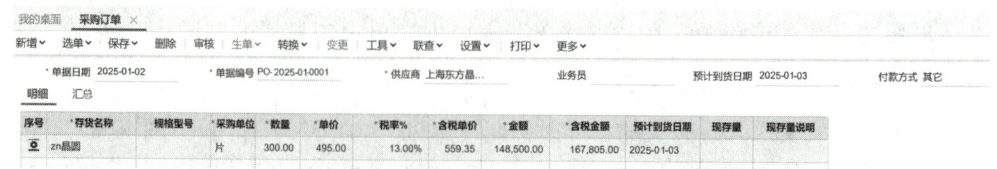

图 3-72 采购订单

步骤四：退出。单击"采购订单"窗口右上角的"关闭"按钮，关闭该窗口。

【采购部主管蔡明审核采购订单】

步骤一：打开"采购订单"窗口。

步骤二：查阅并审核采购订单。单击工具栏的"＜"图标，查阅到相应的采购订单，然后单击工具栏的"审核"按钮，完成审核工作。

步骤三：退出。单击"采购订单"窗口右上角的"关闭"按钮，关闭并退出该窗口。

【仓管部林莉参照采购订单生成采购入库单】

步骤一：打开库存核算的"采购入库单"窗口。在"库存核算"子系统中，依次单击"库存核算"|"采购入库单"菜单项，打开"采购入库单"窗口。

步骤二：参照采购订单生成采购入库单。在"采购入库单"窗口中，单击工具栏的"增加"按钮，新增一张采购入库单，然后做如下操作：

（1）打开"采购订单"窗口。单击表头的"选单"的参照按钮，选择采购订单进入"选采购订单"对话框，单击该对话框的"查询"按钮，系统查询采购订单。

（2）复制信息。在"选采购订单"窗口中，选中要选择的采购订单所对应的"选择"栏，选中后单击"确定"按钮，系统返回"采购入库单"窗口，此时相关的信息已经默认显示在入库单上。

步骤三：编辑并保存采购入库单。在"采购入库单"窗口，做如下编辑：

（1）修改表头。编辑"单据日期"为 2025-01-03，"仓库"为原材料库，其他项默认。

（2）编辑表体信息。选项均默认。

（3）保存。单击工具栏的"保存"按钮，保存该采购入库单。结果如图 3-73 所示。

步骤四：退出。单击"采购入库单"窗口右上角的"关闭"按钮，关闭并退出该窗口。

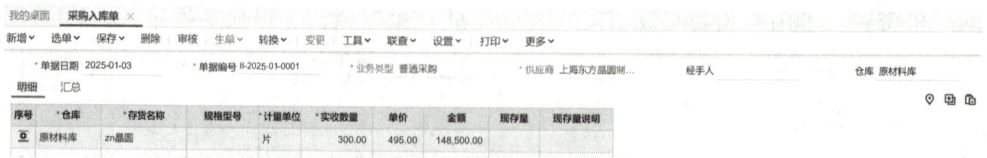

图 3-73 采购入库单

【仓管部主管吴燕审核采购入库单】

步骤一：打开库存核算的"采购入库单"窗口。

步骤二：查阅并审核采购入库单。单击工具栏的"末张"按钮，查阅到本业务生成的采购入库单，然后单击工具栏的"审核"按钮，系统弹出信息框提示审核完成，单击"确定"按钮，完成审核工作。

步骤三：退出，单击"采购入库单"窗口右上角的"关闭"按钮，关闭该窗口。

【采购部张涛参照采购入库单生成进货单】

步骤一：打开"进货单"窗口。在"采购管理"子系统中，依次单击"采购管理"|"进货单"菜单项，打开"进货单"窗口。

步骤二：参照采购入库单生成进货单。首先单击工具栏的"增加"按钮，新增一张进货单然后做如下操作：

（1）打开"进货单"窗口。在"进货单"窗口中，单击"选单"|"采购入库单"菜单项，打开"选采购入库单"对话框，单击"选单"按钮。

（2）复制信息。选中要选择的采购入库单所对应的"选择"栏，选中后单击"确定"按钮。返回"进货单"窗口，采购入库单资料会自动传递过来。

步骤三：编辑并保存进货单。在"进货单"窗口，做如下编辑：

（1）修改表头。编辑"单据日期"为2025-01-04，"票据类型"为专用发票。

（2）编辑表体信息。选项均默认。

（3）保存。单击工具栏的"保存"按钮，保存该进货单。结果如图3-74所示。

步骤四：退出。单击"进货单"窗口右上角的"关闭"按钮，关闭该窗口。

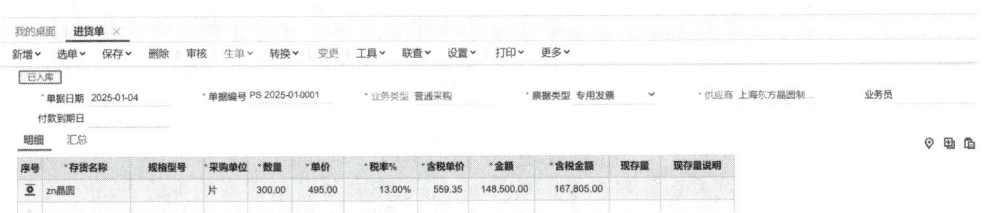

图3-74 进货单

【采购部主管蔡明审核进货单】

步骤一：打开"进货单"窗口。

步骤二：查阅并审核采购进货单。单击工具栏的"＜"图标，查阅到本业务生成的采购进货单，然后单击"审核"按钮。

步骤三：退出。单击"进货单"窗口右上角的"关闭"按钮，关闭该窗口。

【采购部张涛参照进货单生成采购发票】

步骤一：打开"采购发票"窗口。在"采购管理"子系统中，依次单击"采购管理"|"采购发票"菜单项，打开"采购发票"窗口。

步骤二：参照进货单生成采购发票。在"采购发票"窗口中，先单击工具栏的

"增加"按钮，新增一张采购发票，再做如下操作：

（1）打开"采购发票"窗口。单击工具栏的"选单"|"进货单"菜单项，打开"选进货单"对话框，单击"查询"按钮，系统查询进货单。

（2）复制信息。在"选进货单"窗口中，选中要选择的进货单所对应的"选择"栏，选中后单击"确定"按钮，返回"采购发票"窗口。

（3）编辑表头。编辑"单据日期"为 2025-01-04，"发票类型"为专用发票，"发票号"为 15631057，其他项默认。

（4）保存。单击工具栏的"保存"按钮。结果如图 3-75 所示。

图 3-75　采购发票

步骤三： 退出。单击"采购发票"窗口右上角的"关闭"按钮，关闭该窗口。

【采购部主管蔡明审核采购发票】

步骤一： 打开"采购发票"窗口。

步骤二： 查阅并审核采购发票。单击工具栏的"＜"图标，查阅到本业务生成的采购发票，然后单击"审核"按钮。

步骤三： 退出。单击"采购发票"窗口右上角的"关闭"按钮，关闭该窗口。

巩固提升

应付采购业务

1. 2025 年 1 月 5 日，采购部张涛请购 zn 半导体材料 250 套，单价为 96.00 元，要求当日到货。请购获得批准后与上海电子半导体材料加工有限公司签订采购合同，当日原材料到货，仓库部门办理验收并入原材料库，同时收到增值税专用发票一张。

2. 2025 年 1 月 15 日，采购部张涛请购 zn 封装材料 300 套，单价为 55.00 元，xsq 封装材料 200 套，单价为 98.00 元，要求 19 日到货。请购获得批准后与山东封装制品加工有限公司签订采购合同。1 月 19 日，zn 封装材料和 xsq 封装材料到货，仓库部门办理验收并入原材料库，同时收到增值税专用发票一张。

3.2.2　现结采购业务处理

采购现结是指采购发生时一种买断性质的行为，即购入商品时马上付款给供货

采购现结业务录屏

方，是货到即付款的结算方式。采购现结的优点是直接和便利，可以避免资金上的风险。在畅捷通 T+16.0 中，在填制采购发票时就可以进行现结处理。

任务发放

1. 1 月 5 日，采购部与浙江金鹏电子科技集团公司签订采购合同，采购 xsq 线路板 100 个，单价 96.00 元，zn 线路板 200 个，单价为 82.00 元，约定到货日期为 1 月 5 日。

2. 1 月 5 日，采购部收到采购 xsq 线路板、zn 线路板的增值税普通发票一张，当日通过网银支付全部货款。

3. 1 月 5 日，仓库收到全部原材料，并已验收入原材料库。相关原始单据如图 3-76 至图 3-79 所示。

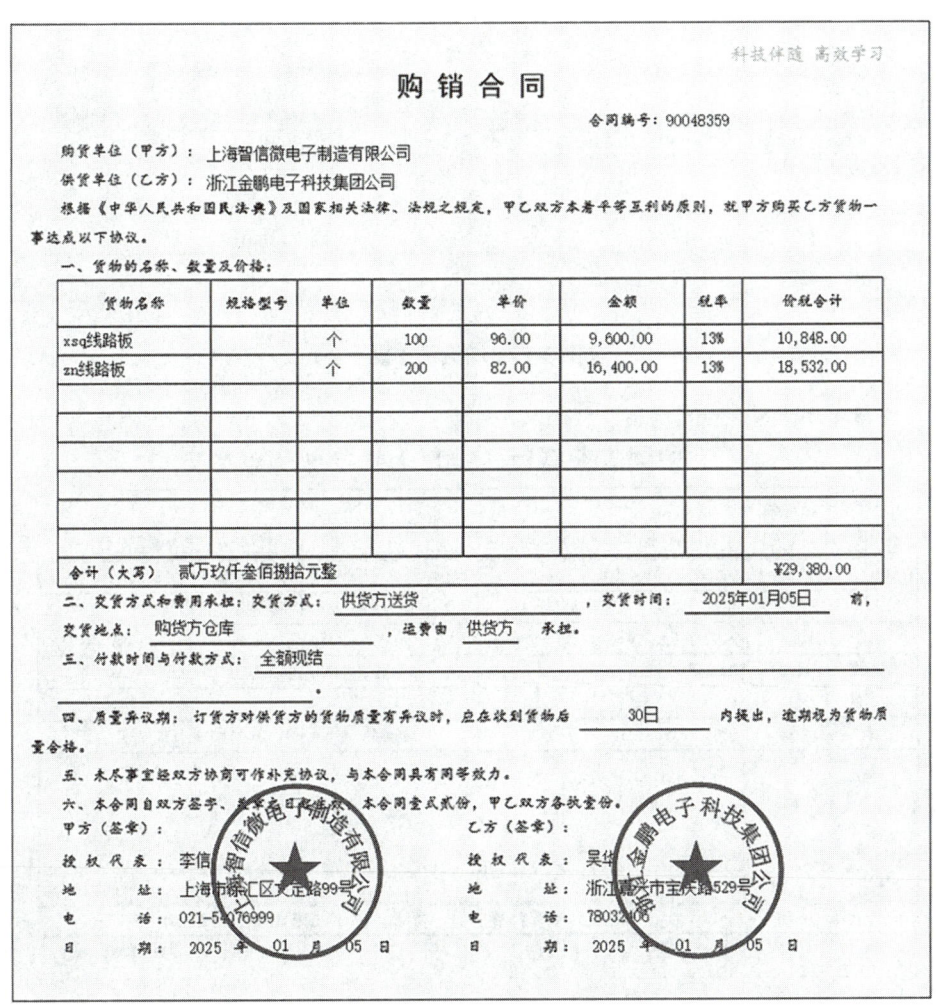

图 3-76　购销合同

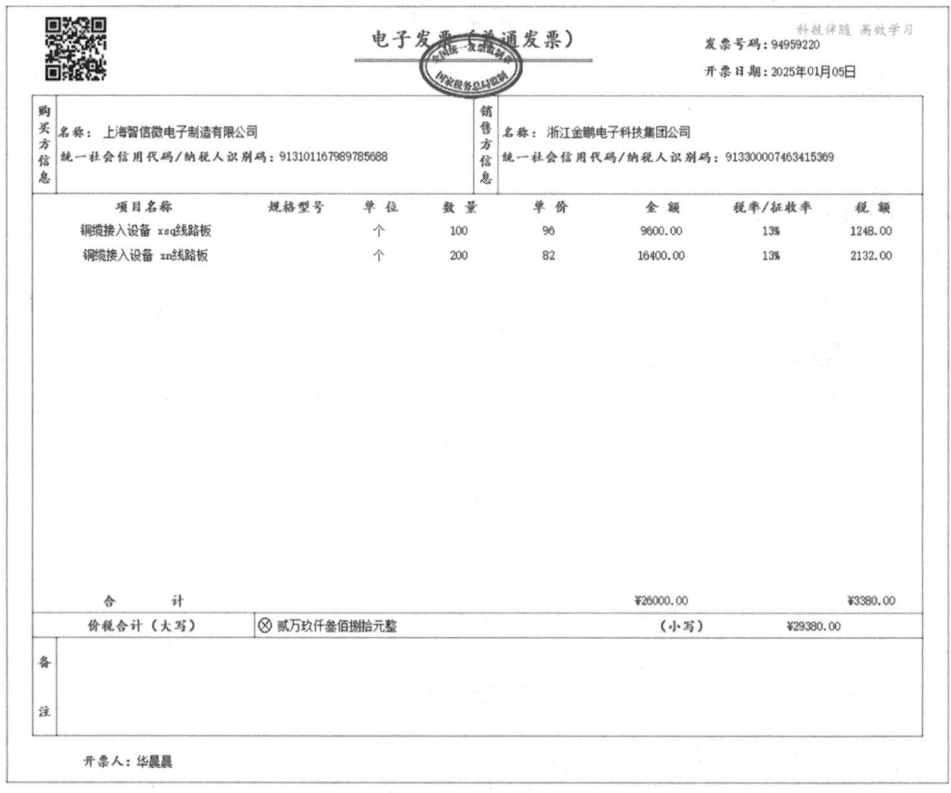

图 3-77 增值税发票

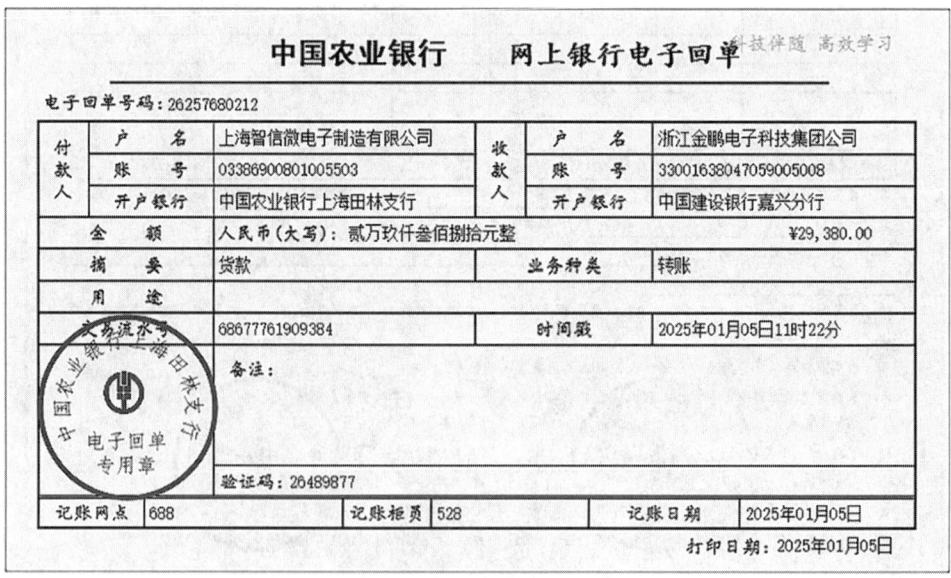

图 3-78 银行回单

项目 3　智能供应链管理系统应用

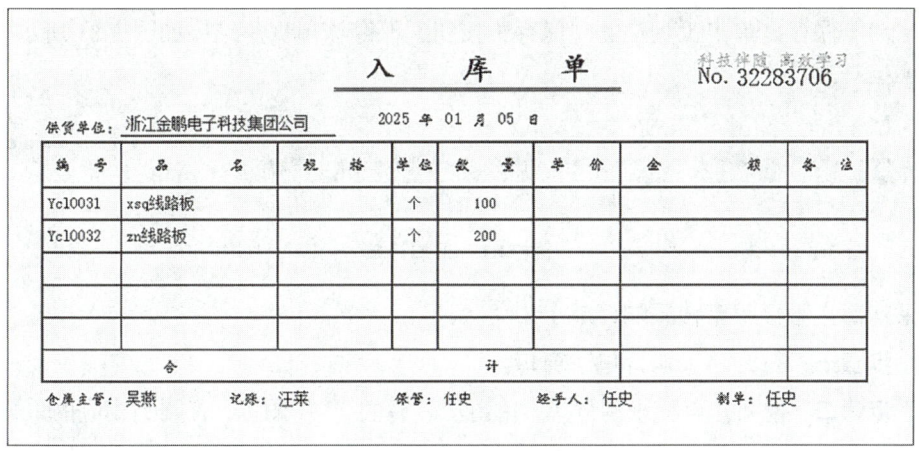

图 3-79　入库单

业务流程

现结采购业务流程如图 3-80 所示。

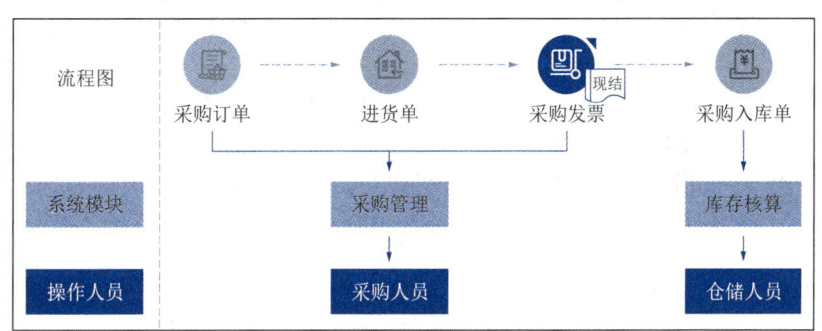

图 3-80　现结采购业务流程图

操作指引

【采购部张涛填制采购订单】

步骤一：打开采购订单窗口。在"采购管理"子系统中，依次单击"采购管理"｜"采购订单"菜单项，打开"采购订单"窗口。

步骤二：填制采购订单。在"采购订单"窗口中，单击工具栏的"增加"按钮，新增一张采购订单，然后做如下编辑：

（1）编辑表头。修改表头的"单据日期"为 2025-01-05，"供应商"为浙江金鹏电子科技集团公司，"预计到货日期"为 2025-01-05。

（2）编辑表体。第 1 行，参照生成"存货名称"为 xsq 线路板，"数量"为 100，"单价"为 96.00；第 2 行，参照生成"存货名称"为 zn 线路板，"数量"为 200，"单价"为 82.00，其他项默认。

115

（3）保存。单击工具栏的"保存"按钮，保存该单据。结果如图3-81所示。

图3-81 采购订单

【采购部主管蔡明审核采购订单】

步骤一：打开"采购订单"窗口。

步骤二：查阅并审核采购订单。单击工具栏的"＜"图标，查阅到相应的采购订单，然后单击工具栏的"审核"按钮，完成审核工作。

步骤三：退出。单击"采购订单"窗口右上角的"关闭"按钮，关闭并退出该窗口。

【采购部张涛参照采购订单生成进货单】

步骤一：打开"进货单"窗口。在"采购管理"子系统中，依次单击"采购管理"|"进货单"菜单项，打开"进货单"窗口。

步骤二：参照采购订单生成进货单。单击工具栏的"增加"按钮，新增一张进货单然后做如下操作：

（1）打开"进货单"窗口。在"进货单"窗口中，单击"选单"|"采购订单"菜单项，打开"选采购订单"对话框，单击"选单"按钮。

（2）复制信息。选中要选择的采购订单所对应的"选择"栏，选中后单击"确定"按钮。返回"进货单"窗口，采购订单资料会自动传递过来。

步骤三：编辑并保存进货单。在"进货单"窗口，做如下编辑：

（1）修改表头。编辑"单据日期"为2025-01-05，"票据类型"为专用发票，"付款方式"为现结。

（2）编辑表体信息。选项均默认。

（3）保存。单击工具栏的"保存"按钮，保存该进货单。结果如图3-82所示。

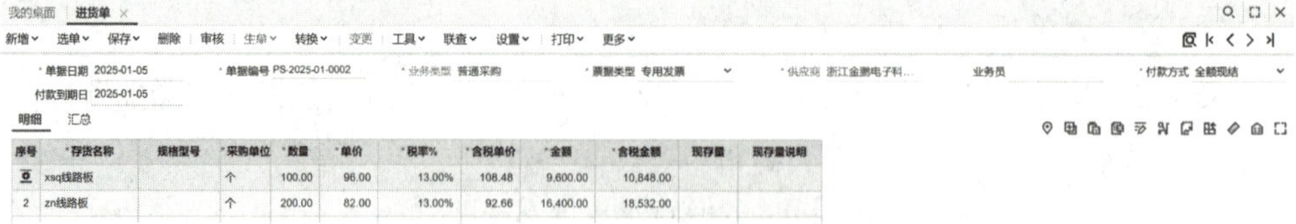

图3-82 进货单

步骤四：退出。单击"进货单"窗口右上角的"关闭"按钮，关闭该窗口。

【采购部主管蔡明审核进货单】

步骤一：打开"进货单"窗口。

步骤二：查阅并审核采购进货单。单击工具栏的“<”图标，查阅到本业务生成的采购进货单，然后单击“审核”按钮。

步骤三：退出。单击“进货单”窗口右上角的“关闭”按钮，关闭该窗口。

【采购部张涛参照进货单生成采购发票】

步骤一：打开“采购发票”窗口。在“采购管理”子系统中，依次单击“采购管理”|“采购发票”菜单项，打开“采购发票”窗口。

步骤二：参照进货单生成采购发票。在“采购发票”窗口中，单击工具栏的“增加”按钮，新增一张采购发票，然后做如下操作：

（1）打开“采购发票”窗口。单击工具栏的“选单”|“进货单”菜单项，打开“选进货单”对话框，单击“查询”按钮，系统查询进货单。

（2）复制信息。在“选进货单”窗口中，选中要选择的进货单所对应的“选择”栏，选中后单击“确定”按钮，返回“采购发票”窗口。

（3）编辑表头。编辑“单据日期”为 2025-01-05，“发票类型”为专用发票，“发票号”为 94959220，其他项默认。

（4）保存。单击工具栏的“保存”按钮。结果如图 3-83 所示。

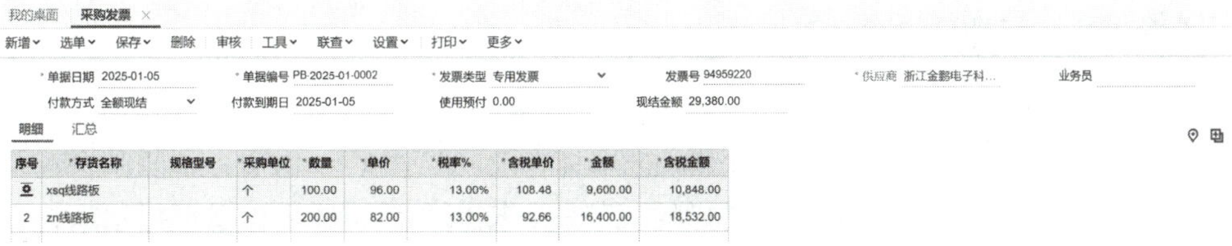

序号	存货名称	规格型号	采购单位	数量	单价	税率%	含税单价	金额	含税金额
	xsq线路板		个	100.00	96.00	13.00%	108.48	9,600.00	10,848.00
2	zn线路板		个	200.00	82.00	13.00%	92.66	16,400.00	18,532.00

图 3-83　采购发票

步骤三：退出。单击“采购发票”窗口右上角的“关闭”按钮，关闭该窗口。

【采购部主管蔡明审核采购发票】

步骤一：打开“采购发票”窗口。

步骤二：查阅并审核采购发票。单击工具栏的“<”图标，查阅到本业务生成的采购发票，然后单击“审核”按钮。

步骤三：退出。单击“采购发票”窗口右上角的“关闭”按钮，关闭该窗口。

【仓管部林莉参照进货单生成采购入库单】

步骤一：打开库存核算的“采购入库单”窗口。在“库存核算”子系统中，依次单击“库存核算”|“采购入库单”菜单项，打开“采购入库单”窗口。

步骤二：参照采购订单生成采购入库单。在“采购入库单”窗口中，单击工具栏的“增加”按钮，新增一张采购入库单，然后做如下操作：

（1）打开“采购订单”窗口。单击表头的“选单”的参照按钮，选择采购订单进入“选采购订单”对话框，单击该对话框的“查询”按钮，系统查询采购订单。

（2）复制信息。在"选采购订单"窗口中，选中要选择的进货单所对应的"选择"栏，选中后单击"确定"按钮，系统返回"采购入库单"窗口，此时相关的信息已经默认显示在入库单上。

步骤三：编辑并保存采购入库单。在"采购入库单"窗口，做如下编辑：

（1）修改表头。编辑"单据日期"为2025-01-05，"仓库"为原材料库，其他项默认。

（2）编辑表体信息。选项均默认。

（3）保存。单击工具栏的"保存"按钮，保存该采购入库单。结果如图3-84所示。

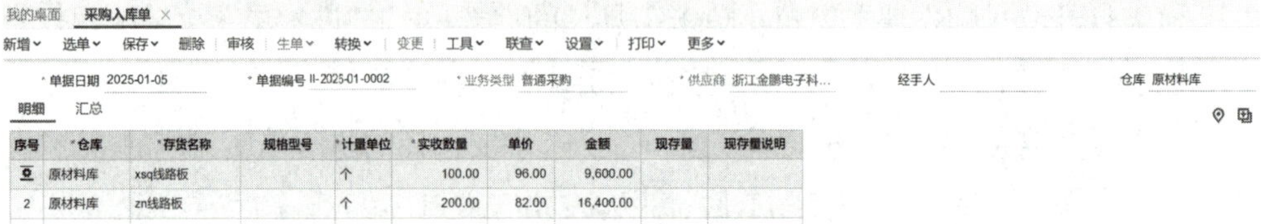

序号	仓库	存货名称	规格型号	计量单位	实收数量	单价	金额	现存量	现存量说明
1	原材料库	xsq线路板		个	100.00	96.00	9,600.00		
2	原材料库	zn线路板		个	200.00	82.00	16,400.00		

单据日期 2025-01-05　单据编号 ll-2025-01-0002　业务类型 普通采购　供应商 浙江金鹏电子科…　经手人　仓库 原材料库

图3-84　采购入库单

步骤四：退出。单击"采购入库单"窗口右上角的"关闭"按钮，关闭并退出该窗口。

【仓管部主管吴燕审核采购入库单】

步骤一：打开库存核算的"采购入库单"窗口。

步骤二：查阅并审核采购入库单。单击工具栏的"末张"按钮，查阅到本业务生成的采购入库单，然后单击工具栏的"审核"按钮，系统弹出信息框提示审核完成，单击"确定"按钮，完成审核工作。

步骤三：退出，单击"采购入库单"窗口右上角的"关闭"按钮，关闭该窗口。

巩固提升

现结采购业务

1. 2025年1月9日，采购部张涛请购zn半导体材料250套，单价为96.00元，要求当日到货。请购获得批准后与上海电子半导体材料加工有限公司签订采购合同，当日原材料到货，仓库部门办理验收并入原材料库，同时收到增值税专用发票一张，通过网银支付全部货款。

2. 2025年1月15日，采购部张涛请购zn封装材料300套，单价为55.00元，xsq封装材料200套，单价为98.00元，要求19日到货。请购获得批准后与山东封装制品加工有限公司签订采购合同。1月19日，zn封装材料和xsq封装材料到货，仓库部门办理验收并入原材料库，同时收到增值税专用发票一张，通过网银支付全部货款。

3.2.3 采购运费分摊业务处理

采购费用是指企业在采购材料过程中所发生的各项费用，包括材料的运输费、装卸费、保险费、包装费、仓储费以及运输途中的合理损耗和入库前的整理挑选费等。采购费用分摊是指将各产品或原材料之间的共同费用根据数量或金额进行分摊，便于计算各产品或原材料的实际成本费用。这里以采购运费为例，介绍采购费用的分摊。

运费分摊业务录屏

任务发放

1. 1月11日，采购部与上海新世纪表业有限公司签订采购合同，采购表带300个，单价50.00元；表壳300个，单价为25.00元。

2. 1月11日，表带和表壳到货，仓库部门办理验收并入原材料库。

3. 1月11日收到采购表带和表壳的增值税专用发票一张。

4. 1月11日收到运输费用发票一张，当日财务部通过支付宝支付运输费用。相关原始单据如图3-85至图3-89所示。

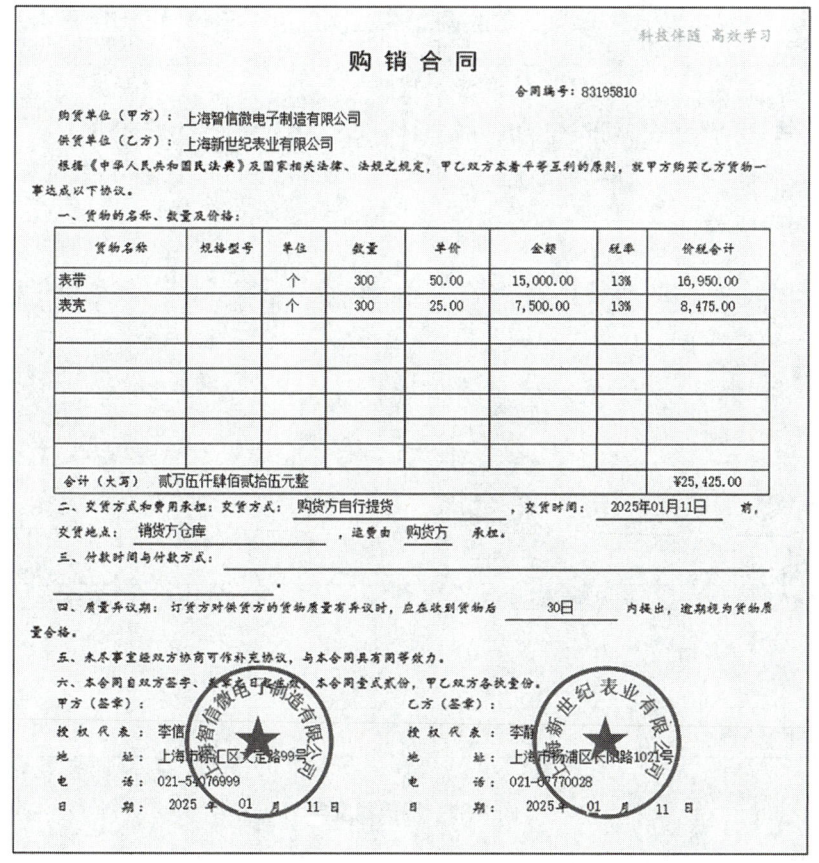

图 3-85　购销合同

入　库　单　No.39316916

供货单位：上海新世纪表业有限公司　　2025 年 01 月 11 日

编号	品名	规格	单位	数量	单价	金额	备注
Ycl0008	表带		个	300			
Ycl0009	表壳		个	300			
	合　计						

仓库主管：吴燕　　记账：汪莱　　保管：任史　　经手人：任史　　制单：任史

图 3-86　入库单

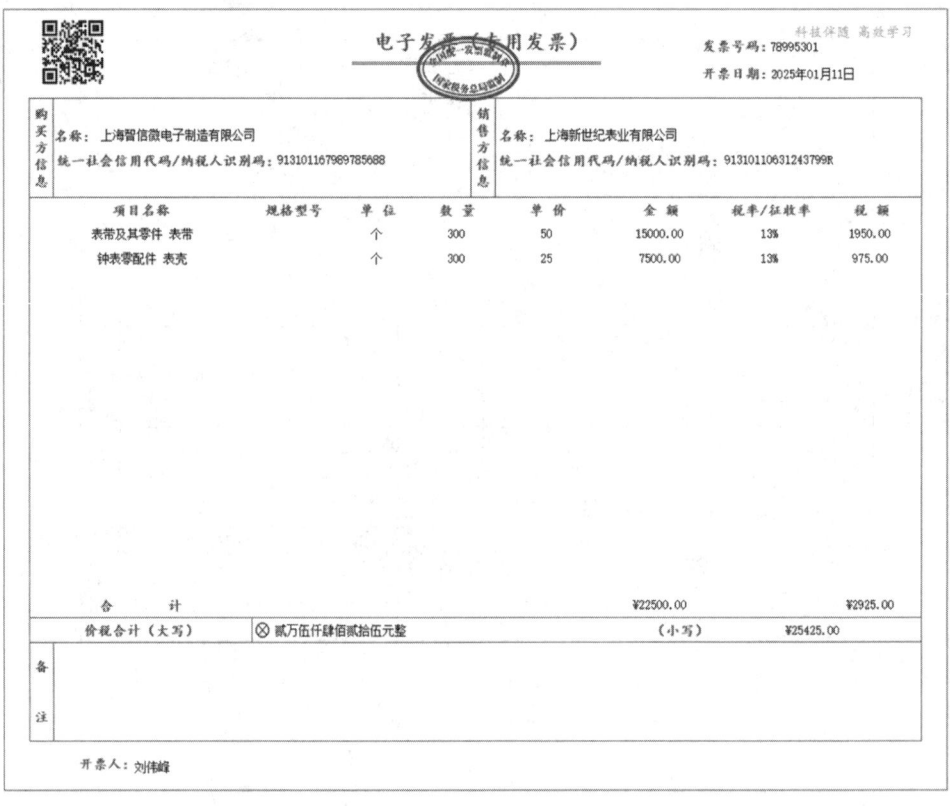

图 3-87　增值税发票

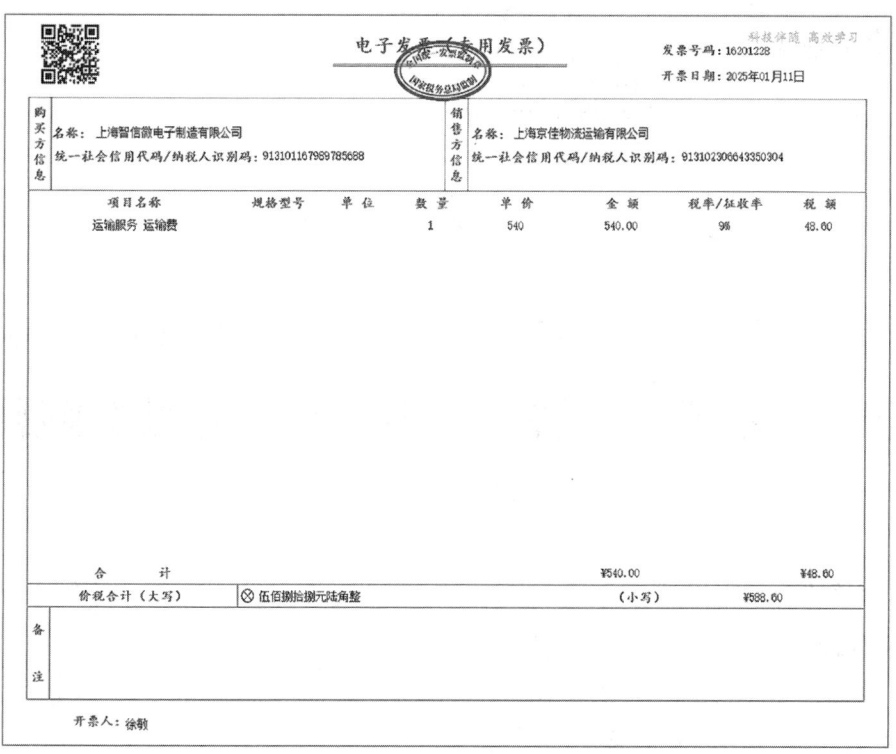

图 3-88　运输发票

图 3-89　支付宝付款

业务流程

采购运费分摊业务流程如图 3-90 所示。

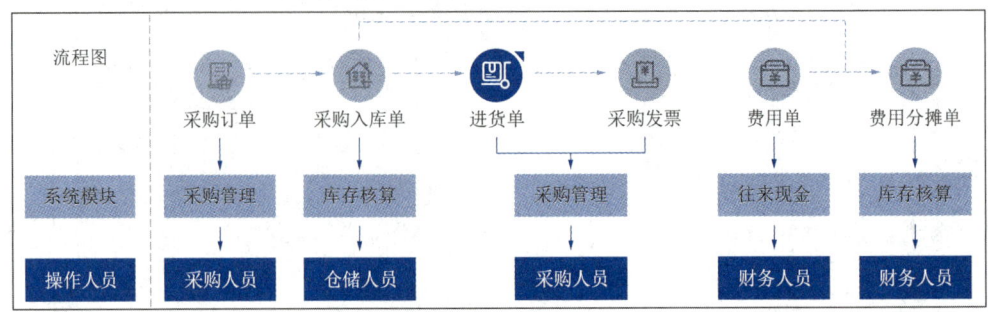

图 3-90　采购运费分摊业务流程图

操作指引

【采购部张涛参照请购单生成采购订单】

步骤一： 打开“采购订单”窗口。在采购系统中，依次单击“采购管理”|“采购订单”菜单项，打开“采购订单”窗口。

步骤二： 编辑并保存采购订单。在“采购订单”窗口，做如下编辑：

（1）修改表头。编辑“单据日期”为 2025-01-11，“采购类型”为普通采购，“供应商”为上海新世纪表业有限公司，其他项默认。

（2）编辑表体信息。第 1 行，参照生成“存货名称”为表带，“数量”编辑为 300，“单价”编辑为 50.00；第 2 行，参照生成“存货名称”为表壳，“数量”编辑为 300，“单价”编辑为 25.00；其他项默认。

（3）保存。单击工具栏的“保存”按钮，保存该采购订单。结果如图 3-91 所示。

我的桌面　采购订单

新增　选单　保存　删除　审核　生单　转换　变更　工具　联查　设置　打印　更多

*单据日期 2025-01-11　*单据编号 PO-2025-01-0003　*供应商 上海新世纪...　业务员　预计到货日期 2025-01-11　付款方式 其它　*整单折扣% 100.00%

订金金额 0.00

明细　汇总

序号	*存货名称	规格型号	*采购单位	*数量	报价	*折扣%	*单价	*税率%	*含税单价	*金额	*含税金额	预计到货日期	现存量	现存量说明
1	表带		个	300.00		100.00%	50.00	13.00%	56.50	15,000.00	16,950.00	2025-01-11		
2	表壳		个	300.00		100.00%	25.00	13.00%	28.25	7,500.00	8,475.00	2025-01-11		

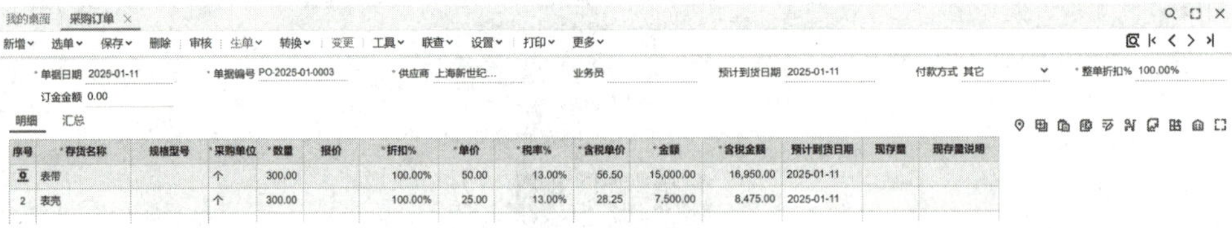

图 3-91　采购订单

步骤三： 退出。单击“采购订单”窗口右上角的“关闭”按钮，关闭该窗口。

【采购部主管蔡明审核采购订单】

步骤一： 打开“采购订单”窗口。

步骤二： 查阅并审核采购订单。单击工具栏的“<”图标，查阅到相应的采购订单，然后单击工具栏的“审核”按钮，完成审核工作。

步骤三： 退出。单击“采购订单”窗口右上角的“关闭”按钮，关闭并退出该窗口。

【仓管部林莉参照采购订单生成采购入库单】

步骤一：打开库存核算的"采购入库单"窗口。在"库存核算"子系统中，依次单击"库存核算"|"采购入库单"菜单项，打开"采购入库单"窗口。

步骤二：参照采购订单生成采购入库单。在"采购入库单"窗口中，单击工具栏的"增加"按钮，新增一张采购入库单，然后做如下操作：

（1）打开"采购订单"窗口。单击表头的"选单"的参照按钮，选择采购订单进入"选采购订单"对话框，单击该对话框的"查询"按钮，系统查询采购订单。

（2）复制信息。在"选采购订单"窗口中，选中要选择的采购订单所对应的"选择"栏，选中后单击"确定"按钮，系统返回"采购入库单"窗口，此时相关的信息已经默认显示在入库单上。

步骤三：编辑并保存采购入库单。在"采购入库单"窗口，做如下编辑：

（1）修改表头。编辑"单据日期"为 2025-01-11，"仓库"为原材料库，其他项默认。

（2）编辑表体信息。选项均默认。

（3）保存。单击工具栏的"保存"按钮，保存该采购入库单。结果如图 3-92 所示。

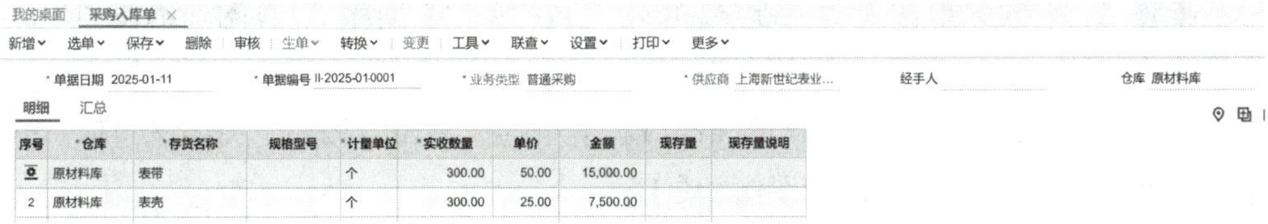

图 3-92　采购入库单

步骤四：退出。单击"采购入库单"窗口右上角的"关闭"按钮，关闭并退出该窗口。

【仓管部主管吴燕审核采购入库单】

步骤一：打开库存核算的"采购入库单"窗口。

步骤二：查阅并审核采购入库单。单击工具栏的"末张"按钮，查阅到本业务生成的采购入库单，然后单击工具栏的"审核"按钮，系统弹出信息框提示审核完成，单击"确定"按钮，完成审核工作。

步骤三：退出。单击"采购入库单"窗口右上角的"关闭"按钮，关闭该窗口。

【采购部张涛参照采购入库单生成进货单】

步骤一：打开"进货单"窗口。在"采购管理"子系统中，依次单击"采购管理"|"进货单"菜单项，打开"进货单"窗口。

步骤二：参照采购入库单生成进货单。单击工具栏的"增加"按钮，新增一张进货单然后做如下操作：

（1）打开"进货单"窗口。在"进货单"窗口中，单击"选单"|"采购入库单"菜单项，打开"选采购入库单"对话框，单击其"选单"按钮。

（2）复制信息。选中要选择的采购入库单所对应的"选择"栏，选中后单击"确定"按钮。返回"进货单"窗口，采购入库单资料会自动传递过来。

步骤三：编辑并保存进货单。在"进货单"窗口，做如下编辑：

（1）修改表头。编辑"单据日期"为 2025-01-11，"票据类型"为专用发票。

（2）编辑表体信息。选项均默认。

（3）保存。单击工具栏的"保存"按钮，保存该进货单。结果如图 3-93 所示。

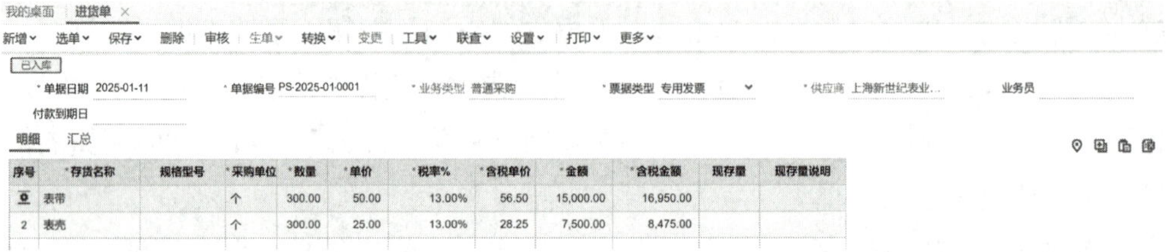

图 3-93　进货单

步骤四：退出。单击"进货单"窗口右上角的"关闭"按钮，关闭该窗口。

【采购部主管蔡明审核进货单】

步骤一：打开"进货单"窗口。

步骤二：查阅并审核采购进货单。单击工具栏的"＜"图标，查阅到本业务生成的采购进货单，然后单击"审核"按钮。

步骤三：退出。单击"进货单"窗口右上角的"关闭"按钮，关闭该窗口。

【采购部张涛参照进货单生成采购发票】

步骤一：打开"采购发票"窗口。在"采购管理"子系统中，依次单击"采购管理"|"采购发票"菜单项，打开"采购发票"窗口。

步骤二：参照进货单生成采购发票。在"采购发票"窗口中，单击工具栏的"增加"按钮，新增一张采购发票，然后做如下操作：

（1）打开"采购发票"窗口。单击工具栏的"选"|"进货单"菜单项，打开"选进货单"对话框，单击"查询"按钮，系统查询进货单。

（2）复制信息。在"选进货单"窗口中，选中要选择的采购入库单所对应的"选择"栏，选中后单击"确定"按钮，返回"采购发票"窗口。

（3）编辑表头。编辑"单据日期"为 2025-01-11，"发票类型"为专用发票，"发票号"为 78995301，其他项默认。

（4）保存。单击工具栏的"保存"按钮。结果如图 3-94 所示。

图 3-94　采购发票

步骤三： 退出。单击"采购发票"窗口右上角的"关闭"按钮，关闭该窗口。

【采购部主管蔡明审核采购发票】

步骤一： 打开"采购发票"窗口。

步骤二： 查阅并审核采购发票。单击工具栏的"＜"图标，查阅到本业务生成的采购发票，然后单击"审核"按钮。

步骤三： 退出。单击"采购发票"窗口右上角的"关闭"按钮，关闭该窗口。

【财务部出纳储娜填制费用单】

步骤一： 打开"费用单"窗口。在"往来现金"子系统中，依次单击"往来现金"|"费用单"菜单项，打开"费用单"窗口。

步骤二： 填制运输费费用单。单击工具栏中的"新增"按钮，打开一张空白的费用单，然后做如下编辑：

（1）编辑表头。因该业务为"现结"方式，所以选择的业务类型为"现金费用"，而非"往来费用"。编辑"业务类型"为现金费用，"票据类型"为专用发票，"现结金额"为588.60，单击放大镜按钮，系统弹出现结窗口，编辑"结算方式"为支付宝，"账号名称"为支付宝，"付款金额"为588.60，单击"确定"按钮。

（2）编辑表体。编辑第1行"费用名称"为采购费用，"税率"为9%，"金额"为540.00，"税额"为48.60，"含税金额"为588.60。

步骤三： 保存，单击工具栏中的"保存"按钮。结果如图3-95所示。

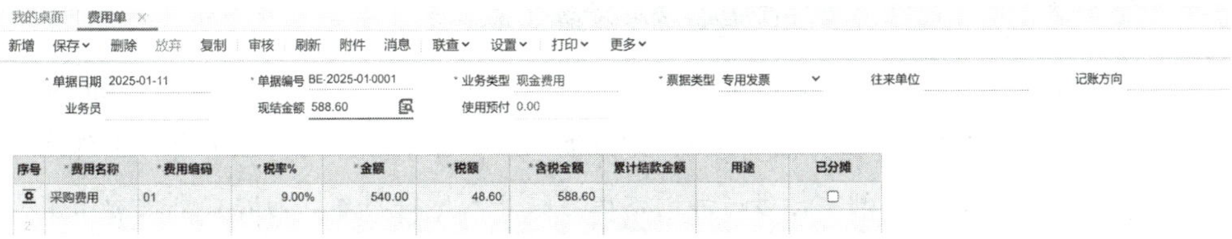

图 3-95　运输费费用单

步骤四： 退出。单击工具栏中的"退出"按钮，退出该窗口。

【财务部总账会计宗章审核费用单并填制费用分摊单】

步骤一： 打开"费用单"窗口。在"往来现金"子系统中，依次单击"往来现金"|"费用单"菜单项，打开"费用单"窗口。

步骤二： 查阅并审核费用单。单击工具栏中的"＜"图标，查阅相应的费用单，然后单击工具栏中的"审核"按钮，系统弹出信息框提示审核成功，完成审核工作。

步骤三： 退出。单击"费用单"窗口右上角的"关闭"按钮，关闭并退出该窗口。

步骤四： 打开"费用分摊单"窗口。在"库存核算"子系统中，依次单击"成本核算"|"费用分摊单"菜单项，系统自动打开"费用单选单"窗口，做如下操作：单击"查询"按钮，选中要选择的费用单所对应的"选择"栏，选中后单击"确定"按钮，返回"费用分摊单"窗口。

步骤五：选采购入库单。单击工具栏中的"选单"倒三角按钮，选择"选采购入库单"，在"采购入库单选单"窗口单击"查询"按钮，选中要选择的采购入库单所对应的"选择"栏，选中后单击"确定"按钮，返回"费用分摊单"窗口。

步骤六：编辑表头。"单据日期"为 2025-01-11，"分摊方式"为金额。

步骤七：分摊并保存。单击工具栏中"分摊"按钮，系统自动分摊运输费用至原材料中，单击工具栏中"保存"按钮。结果如图 3-96 所示。

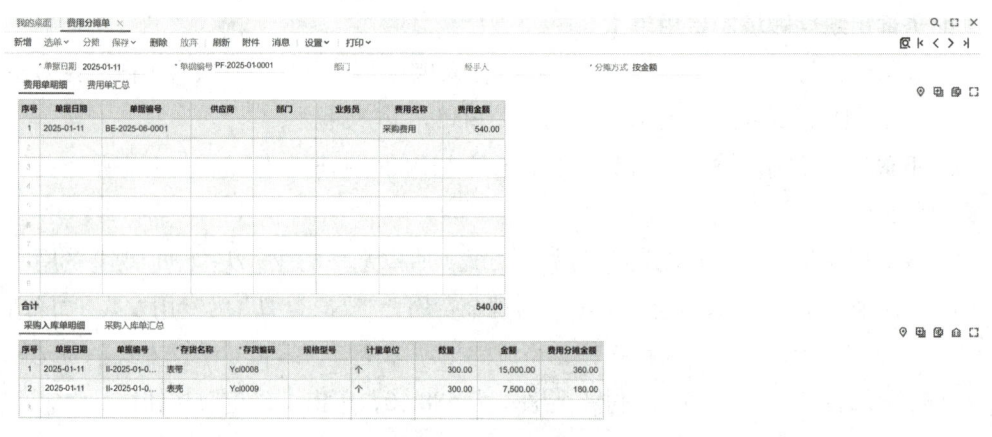

图 3-96　费用分摊单

巩固提升

采购运费分摊业务

1. 2025 年 1 月 9 日，采购部与上海电子半导体材料加工有限公司签订采购合同，采购 zn 半导体材料 250 套，单价为 96.00 元，xsq 半导体材料 150 套，单价为 200.00 元，当日原材料到货，仓库部门办理验收并入原材料库，同时收到运费增值税专用发票一张价税合计 1 412.64 元，运输费按照金额分摊。

2. 2025 年 1 月 14 日，采购部与上海东方晶圆制造有限公司签订采购合同，采购 xsq 晶圆 100 个，单价为 5 000.00 元、zn 晶圆 200 个，单价为 510.00 元，当日 xsq 晶圆、zn 晶圆到货，仓库部门办理验收并入原材料库。1 月 15 日，收到原材料增值税专用发票和运输费增值税专用发票发票，运输费用价税合计 1 308.00 元，微信支付运输费用，运输费按照数量分摊。

3.2.4　采购折扣业务处理

折扣业务录屏

采购折扣是指企业向供应商进货时，能拿到相对于商品零售价多少折扣的价格。采购折扣具有直接的激励性，能够对中间商产生短期明显的促销效果，解决厂商的销售紧急状况。尤其对于销售季节性较强的商品，在销售淡季或旺季来临之前，比较适合使用这种促销方式，能够帮助厂商降低经营风险、拓展市场，以及加快资金周转。价格折扣的成功应用，将有助于增进采购双方的关系，同时采购折扣对于降低采购成本起着直接的效果。

任务发放

1. 1 月 12 日，采购部与湖南光学成像制品有限公司签订采购合同，采购成像材料 500 套，报价为 500.00 元，为保持长期合作关系，约定给予 2%的商业折扣。

2. 1 月 12 日，采购部收到采购成像材料 500 套的增值税专用发票一张。

3. 1 月 13 日，仓库收到全部原材料，并已验收入原材料库。相关原始单据如图 3-97 至图 3-99 所示。

科技伴随 高效学习

购销合同

合同编号：55034879

购货单位（甲方）：上海智信微电子制造有限公司

供货单位（乙方）：湖南光学成像制品有限公司

根据《中华人民共和国民法典》及国家相关法律、法规之规定，甲乙双方本着平等互利的原则，就甲方购买乙方货物一事达成以下协议。

一、货物的名称、数量及价格：

货物名称	规格型号	单位	数量	报价	金额	税率	价税合计
成像材料		套	500	500.00	250,000.00	13%	282,500.00
合计（大写）	贰拾捌万贰仟伍佰元整						¥282,500.00

二、交货方式和费用承担：交货方式：供货方送货，交货时间：2025年01月13日前，

交货地点：＿＿＿＿，运费由＿＿＿承担。

三、付款时间与付款方式：给与2%的商业折扣

＿＿＿＿＿＿＿＿。

四、质量异议期：订货方对供货方的货物质量有异议时，应在收到货物后 30日 内提出，逾期视为货物质量合格。

五、未尽事宜经双方协商可作补充协议，与本合同具有同等效力。

六、本合同自双方签字、盖章之日起生效，本合同壹式贰份，甲乙双方各执壹份。

甲方（签章）：上海智信微电子制造有限公司

授权代表：李信

地　　址：上海市徐汇区文定路99号

电　　话：021-54076999

日　　期：2025 年 01 月 12 日

乙方（签章）：湖南光学成像制品有限公司

授权代表：赵辉

地　　址：湖南省长沙市芙蓉北路1120号

电　　话：0731-86024525

日　　期：2025 年 01 月 12 日

图 3-97　购销合同

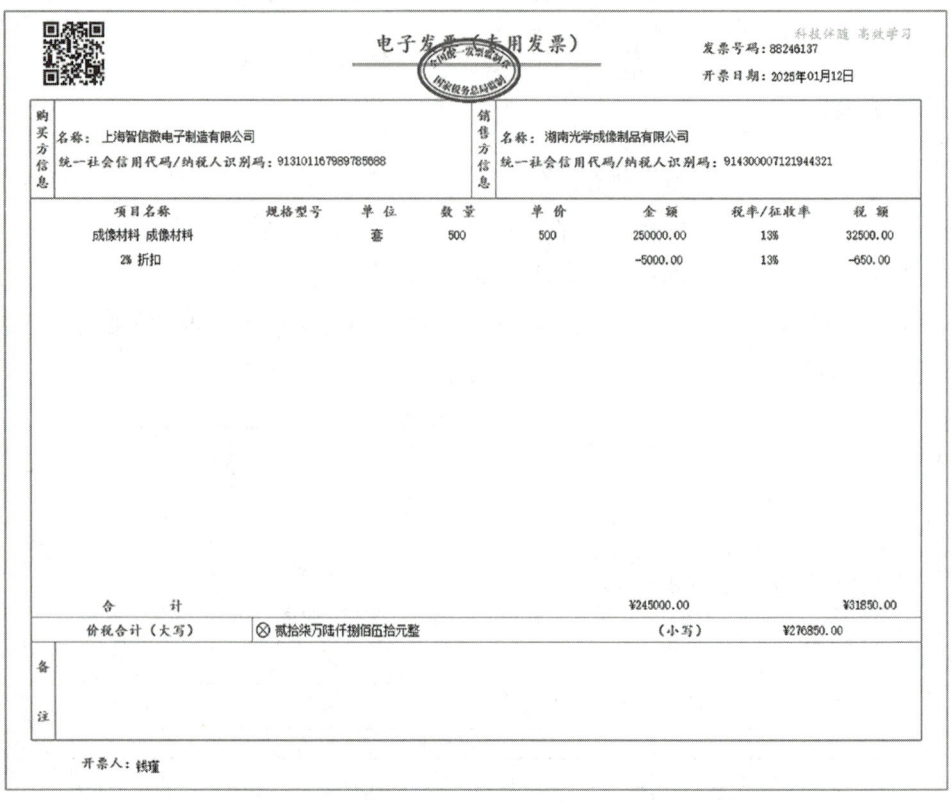

图 3-98 增值税发票

图 3-99 入库单

业务流程

采购折扣业务流程如图 3-100 所示。

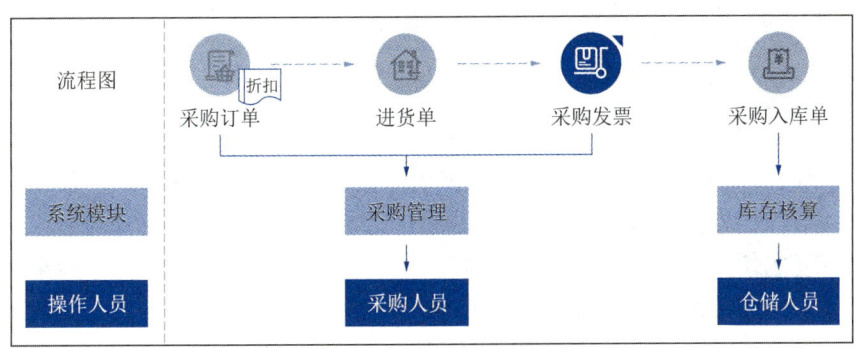

图 3-100　采购折扣业务流程图

> 操作指引

【采购部张涛填制采购订单】

步骤一：打开采购订单窗口。在"采购管理"子系统中，依次单击"采购管理"|"采购订单"菜单项，打开"采购订单"窗口。

步骤二：填制采购订单。在"采购订单"窗口中，单击工具栏的"增加"按钮，新增一张采购订单，然后做如下编辑：

（1）编辑表头。修改表头的"单据日期"为 2025-01-12，"供应商"为湖南光学成像制品有限公司，"预计到货日期"为 2025-01-13，"整单折扣"为 98.00%。

（2）编辑表体。第 1 行，参照生成"存货名称"为成像材料，"数量"编辑为 500，"报价"编辑为 500.00；其他项为默认。

（3）保存。单击工具栏的"保存"按钮，保存该单据。结果如图 3-101 所示。

图 3-101　采购订单

【采购部主管蔡明审核采购订单】

步骤一：打开"采购订单"窗口。

步骤二：查阅并审核采购订单。单击工具栏的"＜"图标，查阅到相应的采购订单，然后单击工具栏的"审核"按钮，完成审核工作。

步骤三：退出。单击"采购订单"窗口右上角的"关闭"按钮，关闭并退出该窗口。

【采购部张涛参照采购订单生成进货单】

步骤一：打开"进货单"窗口。在"采购管理"子系统中，依次单击"采购管

理"|"进货单"菜单项,打开"进货单"窗口。

步骤二:参照采购订单生成进货单。单击工具栏的"增加"按钮,新增一张进货单,然后做如下操作:

(1)打开"进货单"窗口。在"进货单"窗口中,单击"选单"|"采购订单"菜单项,打开"选采购订单"对话框,单击"选单"按钮。

(2)复制信息。选中要选择的采购订单所对应的"选择"栏,选中后单击"确定"按钮。返回"进货单"窗口,采购订单资料会自动传递过来。

步骤三:编辑并保存进货单。在"进货单"窗口,做如下编辑:

(1)修改表头。编辑"单据日期"为2025-01-12,"票据类型"为专用发票。

(2)编辑表体信息。选项均默认。

(3)保存。单击工具栏的"保存"按钮,保存该进货单。结果如图3-102所示。

图3-102 进货单

步骤四:退出。单击"进货单"窗口右上角的"关闭"按钮,关闭该窗口。

【采购部主管蔡明审核进货单】

步骤一:打开"进货单"窗口。

步骤二:查阅并审核采购进货单。单击工具栏的"<"图标,查阅到本业务生成的采购进货单,然后单击"审核"按钮。

步骤三:退出。单击"进货单"窗口右上角的"关闭"按钮,关闭该窗口。

【采购部张涛参照进货单生成采购发票】

步骤一:打开"采购发票"窗口。在"采购管理"子系统中,依次单击"采购管理"|"采购发票"菜单项,打开"采购发票"窗口。

步骤二:参照进货单生成采购发票。在"采购发票"窗口中,单击工具栏的"增加"按钮,新增一张采购发票,然后做如下操作:

(1)打开"采购发票"窗口。单击工具栏的"选单"|"进货单"菜单项,打开"选进货单"对话框,单击"查询"按钮,系统查询进货单。

(2)复制信息。在"选进货单"窗口中,选中要选择的进货单所对应的"选择"栏,选中后单击"确定"按钮,返回"采购发票"窗口。

(3)编辑表头。编辑"单据日期"为2025-01-12,"发票类型"为专用发票,"发票号"为88246137,其他项默认。

(4)保存。单击工具栏的"保存"按钮。结果如图3-103所示。

图 3-103　采购发票

步骤三：退出。单击"采购发票"窗口右上角的"关闭"按钮，关闭该窗口。

【采购部主管蔡明审核采购发票】

步骤一：打开"采购发票"窗口。

步骤二：查阅并审核采购发票。单击工具栏的上张"＜"按钮图标，查阅到本业务生成的采购发票，然后单击"审核"按钮。

步骤三：退出。单击"采购发票"窗口右上角的"关闭"按钮，关闭该窗口。

【仓管部林莉参照进货单生成采购入库单】

步骤一：打开库存核算的"采购入库单"窗口。在"库存核算"子系统中，依次单击"库存核算"｜"采购入库单"菜单项，打开"采购入库单"窗口。

步骤二：参照进货单生成采购入库单。在"采购入库单"窗口中，单击工具栏的"增加"按钮，新增一张采购入库单，然后做如下操作：

（1）打开"进货单"窗口。单击表头的"选单"的参照按钮，选择进货单进入"选进货单"对话框，单击该对话框的"查询"按钮，系统查询进货单。

（2）复制信息。在"选进货单"窗口中，选中要选择的进货单所对应的"选择"栏，选中后单击"确定"按钮，系统返回"采购入库单"窗口，此时相关的信息已经默认显示在入库单上。

步骤三：编辑并保存采购入库单。在"采购入库单"窗口，做如下编辑：

（1）修改表头。编辑"单据日期"为 2025-01-13，"仓库"为原材料库，其他项默认。

（2）编辑表体信息。选项均默认。

（3）保存。单击工具栏的"保存"按钮，保存该采购入库单。结果如图 3-104 所示。

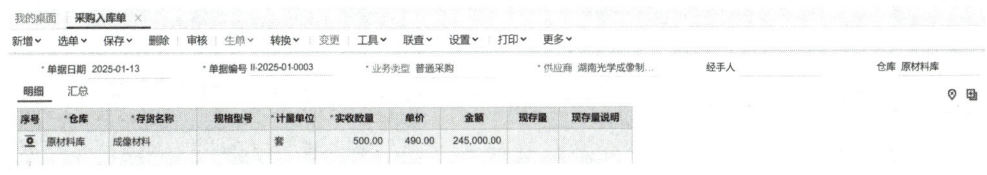

图 3-104　采购入库单

步骤四：退出。单击"采购入库单"窗口右上角的"关闭"按钮，关闭并退出该窗口。

【仓管部主管吴燕审核采购入库单】

步骤一： 打开库存核算的"采购入库单"窗口。

步骤二： 查阅并审核采购入库单。单击工具栏的"末张"按钮，查阅到本业务生成的采购入库单，然后单击工具栏的"审核"按钮，系统弹出信息框提示审核完成，单击"确定"按钮，完成审核工作。

步骤三： 退出。单击"采购入库单"窗口右上角的"关闭"按钮，关闭该窗口。

巩固提升

采购折扣业务

1. 2025年1月9日，采购部与重庆微光电子元件销售有限公司签订采购合同，采购滤光片350套，单价为500.00元，经协商给予1%的商业折扣。1月12日，原材料到货，仓库部门办理验收并入原材料库，同时收到增值税专用发票一张。

2. 2025年1月19日，采购部与上海新世纪表业有限公司签订采购合同，采购表带200个，单价为50.00元；表壳300个，单价为25.00元，经协商表带有价税合计400.00元的商业折扣。1月19日，表带和表壳到货，仓库部门办理验收并入原材料库；1月20日收到增值税专用发票一张。

3.2.5 采购暂估业务处理

采购暂估业务录屏

采购暂估是指外购入库的货物发票未到，在无法确定实际的采购成本时，财务人员期末暂时按估计价格入账，后续按照选择的暂估处理方式进行回冲或者补差处理。

任务发放

1月28日，收到2024年12月26日入库的200个滤光片的发票。相关原始单据如图3-105所示。

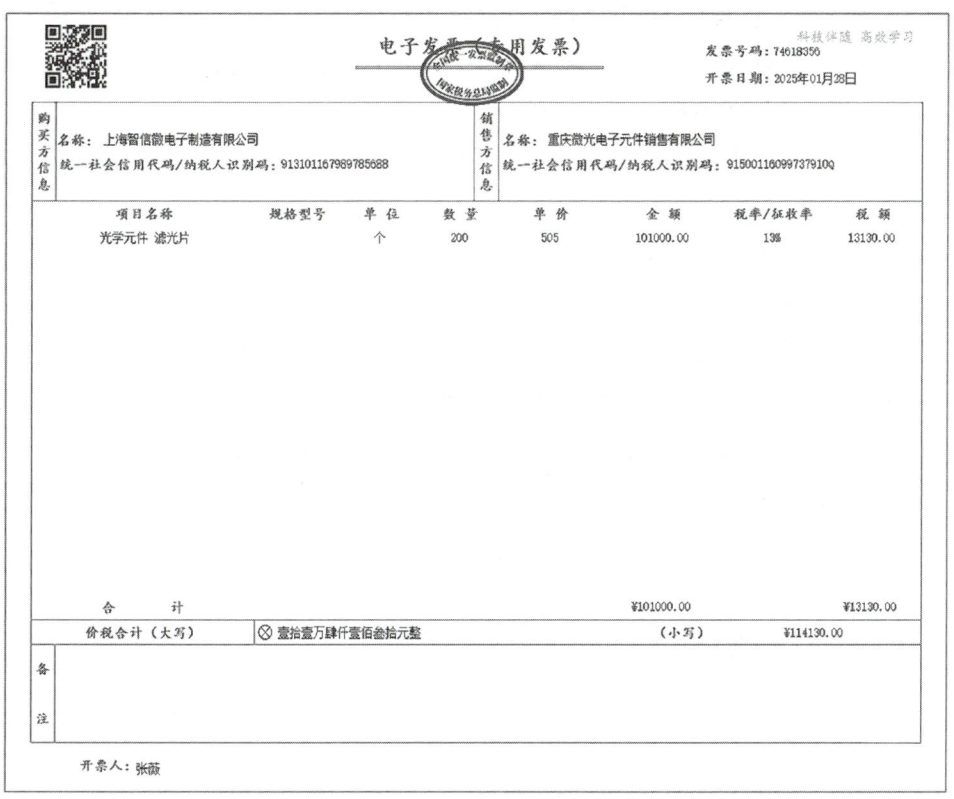

图 3-105　增值税发票

业务流程

采购暂估业务流程如图 3-106 所示。

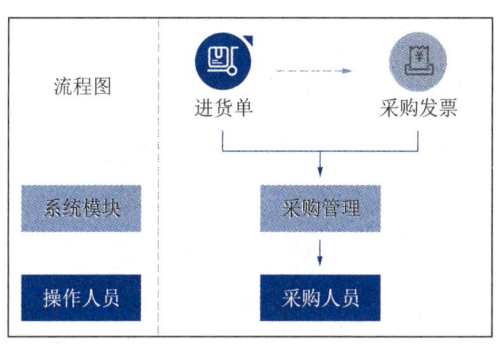

图 3-106　采购暂估业务流程图

操作指引

【采购部张涛参照采购入库单生成进货单】

步骤一： 打开"进货单"窗口。在"采购管理"子系统中，依次单击"采购管

理"|"进货单"菜单项,打开"进货单"空白窗口。

步骤二: 参照采购入库单生成进货单。单击工具栏的"增加"按钮,新增一张进货单,然后做如下操作:

(1)打开"进货单"窗口。在"进货单"窗口中,单击"选单"|"采购入库单"菜单项,打开"选采购入库单"对话框,单击其"选单"按钮。

(2)复制信息。选中要选择的采购订单所对应的"选择"栏,选中后单击"确定"按钮。返回"进货单"窗口,采购订单资料会自动传递过来。

步骤三: 编辑并保存进货单。在"进货单"窗口,做如下编辑:

(1)修改表头。编辑"单据日期"为2025-01-28,"票据类型"为专用发票。

(2)编辑表体信息。编辑"单价"为505,其他选项均默认。

(3)保存。单击工具栏的"保存"按钮,保存该进货单。结果如图3-107所示。

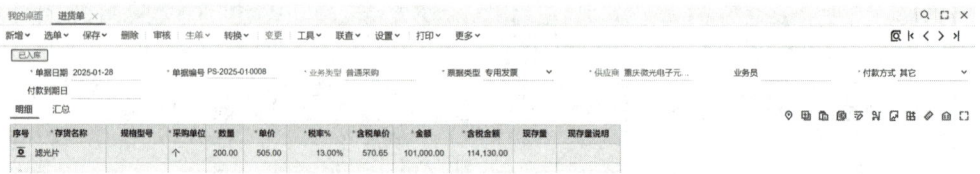

图3-107 进货单

步骤四: 退出。单击"进货单"窗口右上角的"关闭"按钮,关闭该窗口。

【采购部主管蔡明审核进货单】

步骤一: 打开"进货单"窗口。

步骤二: 查阅并审核采购进货单。单击工具栏的"<"图标,查阅到本业务生成的采购进货单,然后单击"审核"按钮。

步骤三: 退出。单击"进货单"窗口右上角的"关闭"按钮,关闭该窗口。

【采购部张涛参照进货单生成采购发票】

步骤一: 打开"采购发票"窗口。在"采购管理"子系统中,依次单击"采购管理"|"采购发票"菜单项,打开"采购发票"空白窗口。

步骤二: 参照进货单生成采购发票。在"采购发票"窗口中,单击工具栏的"增加"按钮,新增一张采购发票,然后做如下操作:

(1)打开"采购发票"窗口。单击工具栏的"选单"|"进货单"菜单项,打开"选进货单"对话框,单击"查询"按钮,系统查询进货单。

(2)复制信息。在"选进货单"窗口中,选中要选择的采购入库单所对应的"选择"栏,选中后单击"确定"按钮,返回"采购发票"窗口。

(3)编辑表头。编辑"单据日期"为2025-01-28,"发票类型"为专用发票,"发票号"为74618356,其他项默认。

(4)保存。单击工具栏的"保存"按钮。结果如图3-108所示。

图 3-108 采购发票

步骤三：退出。单击"采购发票"窗口右上角的"关闭"按钮，关闭该窗口。

【采购部主管蔡明审核采购发票】

步骤一：打开"采购发票"窗口。

步骤二：查阅并审核采购发票。单击工具栏的"<"图标，查阅到本业务生成的采购发票，然后单击"审核"按钮。

步骤三：退出。单击"采购发票"窗口右上角的"关闭"按钮，关闭该窗口。

巩固提升

采购暂估业务

1. 2025 年 1 月 15 日，收到 2024 年 12 月 26 日入库的 xsq 晶圆增值税专用发票，数量为 200 片，单价为 5 100.00 元。

2. 2025 年 1 月 21 日，收到 2024 年 12 月 30 日入库的成像材料增值税专用发票，数量为 200 套，单价为 508.00 元。

3.2.6 采购退货业务处理

采购退货业务是与正常采购业务过程相逆的一种业务形式，是指企业在收到货品后，经检验发现货品有质量问题、规格不符等其他问题，将货品退还给供应商的情况。

采购退货业务录屏

采购退货分为结算前退货和结算后退货，采购退货一览表如表 3-2 所示。

表 3-2 采购退货一览表

项目	内容	分类	操作
采购退货	结算前退货	全额退货	红字入库单
		部分退货	红字入库单-进货单-采购发票
	结算后退货	已入库、结算	退货单-红字入库单-采购发票

任务发放

1 月 26 日，采购部于 1 月 2 日向上海东方晶圆制造有限公司采购的 zn 晶圆 30 片有质量问题，已协商退货。相关原始单据如图 3-109 至图 3-111 所示。

入库单

No.59342217

供货单位：上海东方晶圆制造有限公司　　2025年01月26日

编号	品名	规格	单位	数量	单价	金额	备注
Yc10012	zn晶圆		片	-30			
		合计					

仓库主管：吴燕　　记账：汪莱　　保管：任史　　经手人：任史　　制单：任史

图 3-109　红字入库单

开具红字增值税专用发票通知单

填开日期：2025 年 01 月 26 日　　NO. 09835092

销售方	名称	上海东方晶圆制造有限公司	购买方	名称	上海智信微电子制造有限公司
	税务登记代码	913101167989785663		税务登记代码	913101167989785688

开具红字发票内容	货物（劳务）名称	单价	数量	金额	税率	税额
	zn晶圆	495.00	-30	-14,850.00	13%	-1,930.50
	合计			¥-14,850.00		¥-1930.50

说明：
- 需要作进项税额转出　□
- 不需要作进项税额转出　√
- 纳税人识别号认证不符　□
- 专用发票代码、号码认证不符　□
- 对应蓝字专用发票密码区打印的代码：
- 号码：
- 开具红字专用发票理由：

经办人：余晖　　负责人：　　主管税务机关名称（印章）：

注：1.本通知单一式三联：第一联，购买方主管税务机关留存；第二联，购买方送交销售方留存；第三联，购买方留存。
2.通知单应与申请单一一对应。
3.销售方应在开具红字专用发票后到主管税务机关进行核销。

图 3-110　红字发票通知单

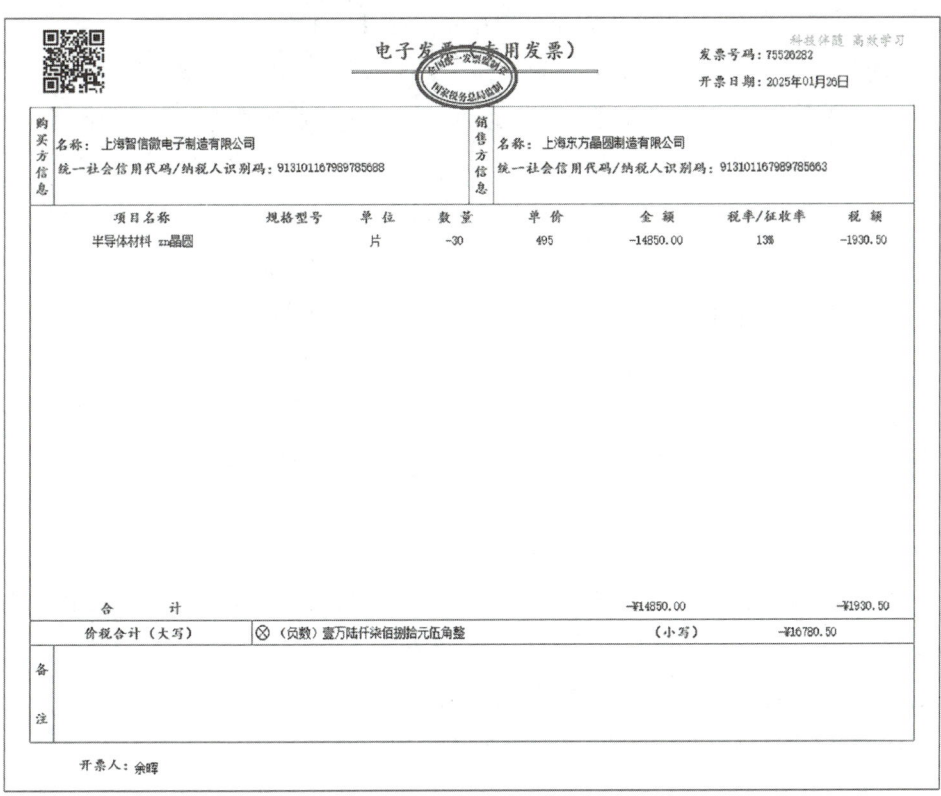

图 3-111 红字发票

业务流程

采购退货业务流程如图 3-112 所示。

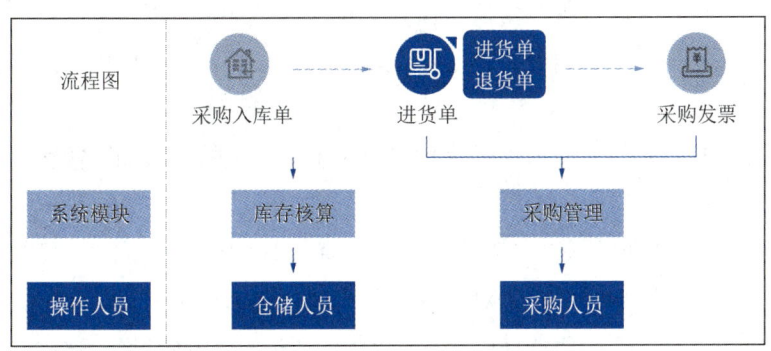

图 3-112 采购退货业务流程图

操作指引

【仓管部林莉填制采购入库单】

步骤一： 打开库存核算的"采购入库单"窗口。在"库存核算"子系统中，依

次单击"库存核算"|"采购入库单"菜单项,打开"采购入库单"窗口。

步骤二:编辑并保存采购入库单。在"采购入库单"窗口,做如下编辑:

(1)修改表头。编辑"单据日期"为 2025-01-26,"业务类型"为采购退货,"供应商"为上海东方晶圆制造有限公司,"仓库"为原材料库,其他项默认。

(2)编辑表体信息。"存货名称"为 zn 晶圆,"实收数量"为−30,其他选项均默认。

(3)保存。单击工具栏的"保存"按钮,保存该采购入库单。结果如图 3-113 所示。

图 3-113 采购入库单

步骤三:退出。单击"采购入库单"窗口右上角的"关闭"按钮,关闭并退出该窗口。

【仓管部主管吴燕审核采购入库单】

步骤一:打开库存核算的"采购入库单"窗口。

步骤二:查阅并审核采购入库单。单击工具栏的"末张"按钮,查阅到本业务生成的采购入库单,然后单击工具栏的"审核"按钮,系统弹出信息框提示审核完成,单击"确定"按钮,完成审核工作。

步骤三:退出,单击"采购入库单"窗口右上角的"关闭"按钮,关闭该窗口。

【采购部张涛参照采购入库单生成进货单】

步骤一:打开"进货单"窗口。在"采购管理"子系统中,依次单击"采购管理"|"进货单"菜单项,打开"进货单"空白窗口,编辑表头中的"业务类型"为采购退货。

步骤二:参照采购入库单生成进货单。单击工具栏的"增加"按钮,新增一张进货单,然后做如下操作:

(1)打开"进货单"窗口。在"进货单"窗口中,单击"选单"|"采购入库单"菜单项,打开"选采购入库单"对话框,单击其"选单"按钮。

(2)复制信息。选中要选择的采购订单所对应的"选择"栏,选中后单击"确定"按钮。返回"进货单"窗口,采购订单资料会自动传递过来。

步骤三:编辑并保存进货单。在"进货单"窗口,做如下编辑:

(1)修改表头。编辑"单据日期"为 2025-01-26,"票据类型"为专用发票。

(2)编辑表体信息。选项均默认。

(3)保存。单击工具栏的"保存"按钮,保存该进货单。结果如图 3-114 所示。

项目 3 智能供应链管理系统应用

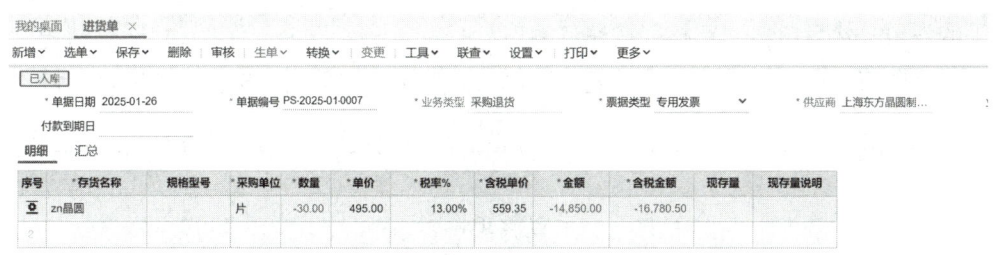

图 3-114 进货单

步骤四：退出。单击"进货单"窗口右上角的"关闭"按钮，关闭该窗口。

【采购部主管蔡明审核进货单】

步骤一：打开"进货单"窗口。

步骤二：查阅并审核采购进货单。单击工具栏的"＜"图标，查阅到本业务生成的采购进货单，然后单击"审核"按钮。

步骤三：退出。单击"进货单"窗口右上角的"关闭"按钮，关闭该窗口。

【采购部张涛参照进货单生成采购发票】

步骤一：打开"采购发票"窗口。在"采购管理"子系统中，依次单击"采购管理"|"采购发票"菜单项，打开"采购发票"空白窗口，编辑表头中的"发票类型"为红字专用发票。

步骤二：参照进货单生成采购发票。在"采购发票"窗口中，单击工具栏的"增加"按钮，新增一张采购发票，然后做如下操作：

（1）打开"采购发票"窗口。单击工具栏的"选单"|"进货单"菜单项，打开"选进货单"对话框，单击"查询"按钮，系统查询进货单。

（2）复制信息。在"选进货单"窗口中，选中要选择的采购入库单所对应的"选择"栏，选中后单击"确定"按钮，返回"采购发票"窗口。

（3）编辑表头。编辑"单据日期"为 2025-01-26，"发票类型"为专用发票，"发票号"为 75526282，其他项默认。

（4）保存。单击工具栏的"保存"按钮。结果如图 3-115 所示。

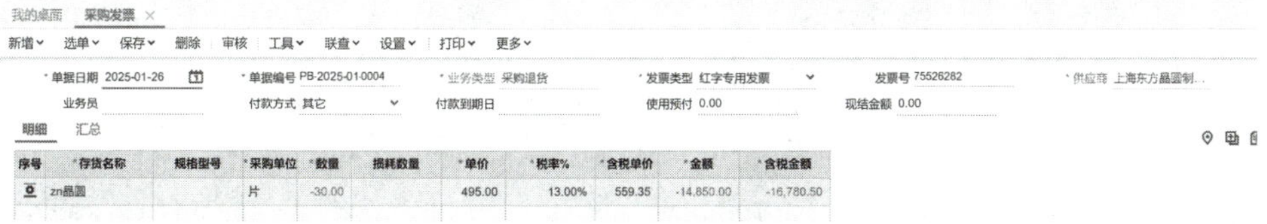

图 3-115 采购发票

步骤三：退出。单击"采购发票"窗口右上角的"关闭"按钮，关闭该窗口。

【采购部主管蔡明审核采购发票】

步骤一：打开"采购发票"窗口。

步骤二：查阅并审核采购发票。单击工具栏的"＜"图标，查阅到本业务生成的采购发票，然后单击"审核"按钮。

步骤三：退出。单击"采购发票"窗口右上角的"关闭"按钮，关闭该窗口。

> 巩固提升

采购退货业务

1. 2025年1月20日，采购部于1月5日向上海电子半导体材料加工有限公司采购的zn半导体材料有10套有瑕疵问题，已协商退货，单价为96.00元。仓库部门从原材料库办理出库，同时收到对方开具的红字增值税专用发票一张。

2. 2025年1月28日，采购部于1月15日向山东封装制品加工有限公司采购zn封装材料，现因20套有质量问题，已协商退货，单价为55.00元。仓库部门从原材料库办理出库，同时收到对方开具的红字增值税专用发票一张。

3.2.7 采购损耗业务处理

采购损耗业务录屏

采购损耗是指商品、原材料等在采购过程中发生的损耗。采购损耗分为合理损耗和非合理损耗。合理损耗即正常损耗，是指商品、原材料正常磨损、挥发、氧化，需将损耗的金额分摊至入库存货的成本中；非合理损耗是指企业因内部管理不善、操作不规范等原因造成的损失，通常不应该计入产品成本中，而应该视为管理费用或其他费用予以核销。

> 任务发放

1. 1月16日，采购部与江苏亮彩电器有限公司签订采购合同，采购屏幕350个，单价980元。

2. 1月16日，采购部收到采购屏幕350个的增值税专用发票一张。

3. 1月17日，仓库收到全部原材料，仓库验收时发现有1个屏幕有磨损，经确认，该磨损属于规定限额内的自然损耗。相关原始单据如图3-116至图3-118所示。

购 销 合 同

合同编号：53908715

购货单位（甲方）：上海智信微电子制造有限公司
供货单位（乙方）：江苏亮彩电器有限公司

根据《中华人民共和国民法典》及国家相关法律、法规之规定，甲乙双方本着平等互利的原则，就甲方购买乙方货物一事达成以下协议。

一、货物的名称、数量及价格：

货物名称	规格型号	单位	数量	单价	金额	税率	价税合计
屏幕		个	350	980.00	343,000.00	13%	387,590.00
合计（大写）	叁拾捌万柒仟伍佰玖拾元整						¥387,590.00

二、交货方式和费用承担：交货方式： 供货方送货 ，交货时间： 2025年01月17日 前，
交货地点： 购货方仓库 ，运费由 供货方 承担。

三、付款时间与付款方式：

四、质量异议期：订货方对供货方的货物质量有异议时，应在收到货物后 35日 内提出，逾期视为货物质量合格。

五、未尽事宜经双方协商可作补充协议，与本合同具有同等效力。

六、本合同自双方签字、盖章后生效，本合同壹式贰份，甲乙双方各执壹份。

甲方（签章）：　　　　　　　　　　　　　乙方（签章）：
授权代表：李信　　　　　　　　　　　　　授权代表：李楠
地　　址：上海市徐汇区文定路99　　　　　地　　址：
电　　话：021-54076999　　　　　　　　　电　　话：
日　　期：2025 年 01 月 16 日　　　　　　日　　期：2025 年 01 月 16 日

图 3-116　购销合同

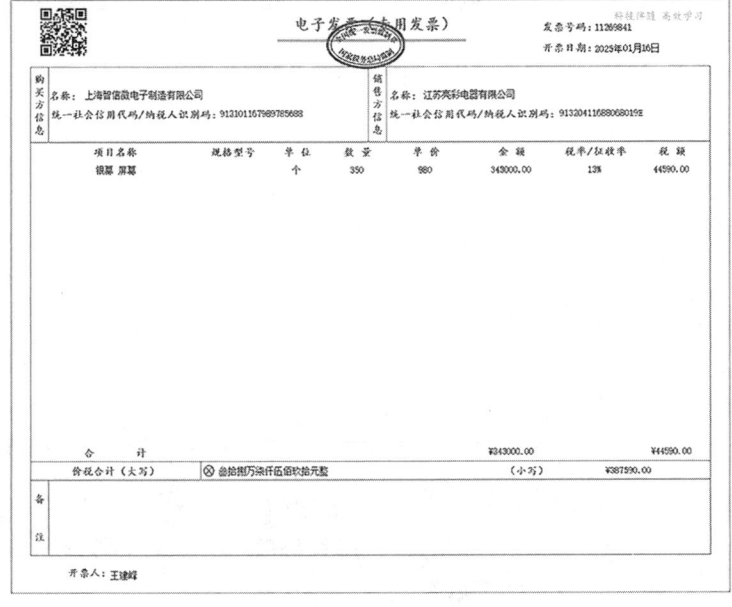

图 3-117　增值税发票

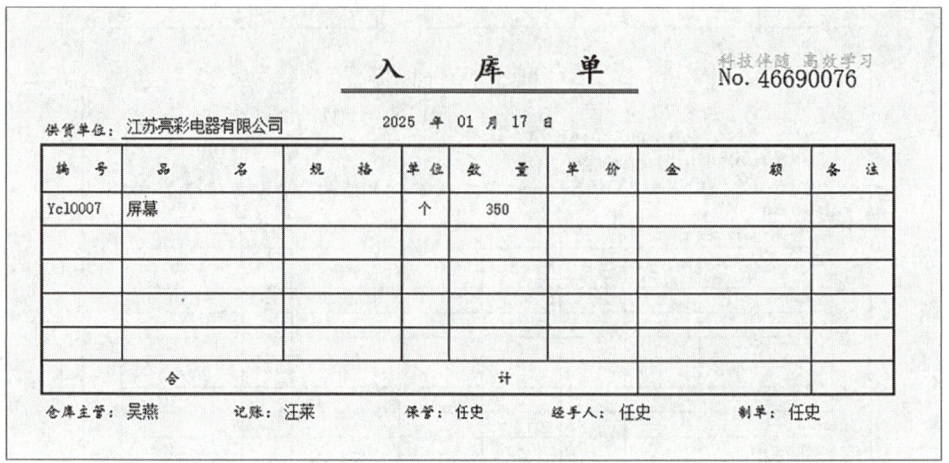

图 3-118　入库单

业务流程

采购损耗业务流程如图 3-119 所示。

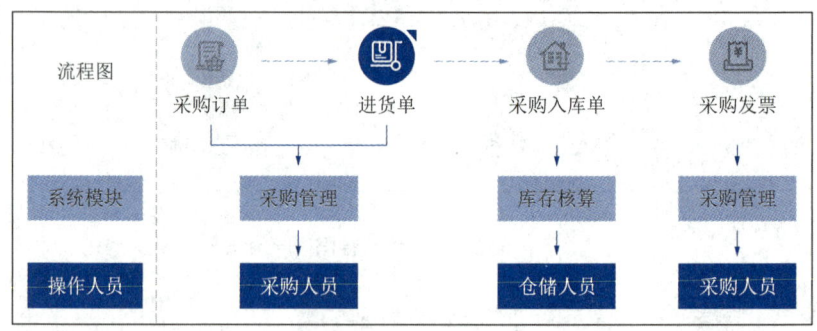

图 3-119　采购损耗业务流程图

操作指引

【采购部张涛填制采购订单】

步骤一：打开采购订单窗口。在"采购管理"子系统中，依次单击"采购管理"|"采购订单"菜单项，打开"采购订单"窗口。

步骤二：填制采购订单。在"采购订单"窗口中，单击工具栏的"增加"按钮，新增一张采购订单，然后做如下编辑：

（1）编辑表头。修改表头的"单据日期"为"2025-01-16"，"供应商"为江苏亮彩电器有限公司，"预计到货日期"为"2025-01-17"。

（2）编辑表体。第 1 行，参照生成"存货名称"为屏幕，"数量"编辑为 350，"单价"编辑为 980.00；其他项为默认。

（3）保存。单击工具栏的"保存"按钮，保存该单据。结果如图 3-120 所示。

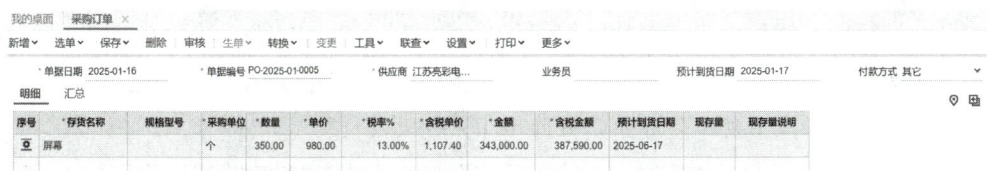

图 3-120 采购订单

【采购部主管蔡明审核采购订单】

步骤一：打开"采购订单"窗口。

步骤二：查阅并审核采购订单。单击工具栏的"<"图标，查阅到相应的采购订单，然后单击工具栏的"审核"按钮，完成审核工作。

步骤三：退出。单击"采购订单"窗口右上角的"关闭"按钮，关闭并退出该窗口。

【采购部张涛参照采购订单生成进货单】

步骤一：打开"进货单"窗口。在"采购管理"子系统中，依次单击"采购管理"|"进货单"菜单项，打开"进货单"窗口。

步骤二：参照采购订单生成进货单。单击工具栏的"增加"按钮，新增一张进货单，然后做如下操作：

（1）打开"进货单"窗口。在"进货单"窗口中，单击"选单"|"采购订单"菜单项，打开"选采购订单"对话框，单击其"选单"按钮。

（2）复制信息。选中要选择的采购订单所对应的"选择"栏，选中后单击"确定"按钮。返回"进货单"窗口，采购订单资料会自动传递过来。

步骤三：编辑并保存进货单。在"进货单"窗口，做如下编辑：

（1）修改表头。编辑"单据日期"为 2025-01-16，"票据类型"为专用发票。

（2）编辑表体信息。选项均默认。

（3）保存。单击工具栏的"保存"按钮，保存该进货单。结果如图 3-121 所示。

图 3-121 进货单

步骤四：退出。单击"进货单"窗口右上角的"关闭"按钮，关闭该窗口。

【采购部主管蔡明审核进货单】

步骤一：打开"进货单"窗口。

步骤二：查阅并审核采购进货单。单击工具栏的"<"图标，查阅到本业务生成

的采购进货单，然后单击"审核"按钮。

步骤三：退出。单击"进货单"窗口右上角的"关闭"按钮，关闭该窗口。

【仓管部林莉参照进货单生成采购入库单】

步骤一：打开库存核算的"采购入库单"窗口。在"库存核算"子系统中，依次单击"库存核算"｜"采购入库单"菜单项，打开"采购入库单"窗口。

步骤二：参照进货单生成采购入库单。在"采购入库单"窗口中，单击工具栏的"增加"按钮，新增一张采购入库单，然后做如下操作：

（1）打开"进货单"窗口。单击表头的"选单"的参照按钮，选择采购订单进入"选进货单"对话框，单击该对话框的"查询"按钮，系统查询进货单。

（2）复制信息。在"选进货单"窗口中，选中要选择的进货单所对应的"选择"栏，选中后单击"确定"按钮，系统返回"采购入库单"窗口，此时相关的信息已经默认显示在入库单上。

步骤三：编辑并保存采购入库单。在"采购入库单"窗口，做如下编辑：

（1）修改表头。编辑"单据日期"为 2025-01-17，"仓库"为原材料库，其他项默认。

（2）编辑表体信息。编辑"实收数量"为 349，"损耗数量"为 1，其他项默认。

（3）保存。单击工具栏的"保存"按钮，保存该采购入库单。结果如图 3-122 所示。

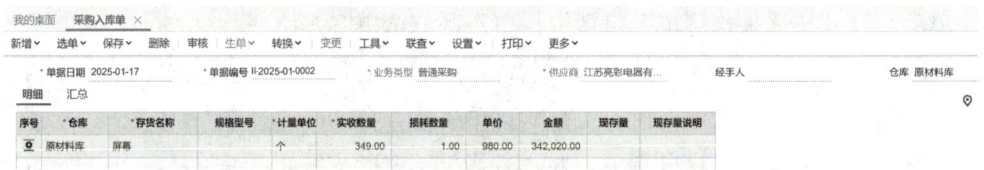

图 3-122　采购入库单

步骤四：退出。单击"采购入库单"窗口右上角的"关闭"按钮，关闭并退出该窗口。

【仓管部主管吴燕审核采购入库单】

步骤一：打开库存核算的"采购入库单"窗口。

步骤二：查阅并审核采购入库单。单击工具栏的"末张"按钮，查阅到本业务生成的采购入库单，然后单击工具栏的"审核"按钮，系统弹出信息框提示审核完成，单击"确定"按钮，完成审核工作。

步骤三：退出。单击"采购入库单"窗口右上角的"关闭"按钮，关闭该窗口。

【采购部张涛参照进货单生成采购发票】

步骤一：打开"采购发票"窗口。在"采购管理"子系统中，依次单击"采购管理"｜"采购发票"菜单项，打开"采购发票"窗口。

步骤二：参照进货单生成采购发票。在"采购发票"窗口中，单击工具栏的"增

加"按钮,新增一张采购发票,然后做如下操作:

(1)打开"采购发票"窗口。单击工具栏的"选单"|"进货单"菜单项,打开"选进货单"对话框,单击"查询"按钮,系统查询进货单。

(2)复制信息。在"选进货单"窗口中,选中要选择的采购入库单所对应的"选择"栏,选中后单击"确定"按钮,返回"采购发票"窗口。

(3)编辑表头。编辑"单据日期"为 2025-01-16,"发票类型"为专用发票,"发票号"为 11269841,其他项默认。

(4)保存。单击工具栏的"保存"按钮。结果如图 3-123 所示。

图 3-123 采购发票

步骤三: 退出。单击"采购发票"窗口右上角的"关闭"按钮,关闭该窗口。

【采购部主管蔡明审核采购发票】

步骤一: 打开"采购发票"窗口。

步骤二: 查阅并审核采购发票。单击工具栏的"<"图标,查阅到本业务生成的采购发票,然后单击"审核"按钮。

步骤三: 退出。单击"采购发票"窗口右上角的"关闭"按钮,关闭该窗口。

> **巩固提升**

采购损耗业务

1. 2025 年 1 月 12 日,采购部与重庆微光电子元件销售有限公司签订采购合同,采购滤光片 350 套,单价为 500.00 元。14 日,原材料到货,仓库部门办理验收时发现有 2 套滤光片有毁损,经确认,属于正常损耗,原材料库已按实际完好数量办理入库,同时收到增值税专用发票一张。

2. 2025 年 1 月 19 日,采购部与上海电子半导体材料加工有限公司签订采购合同,采购 zn 半导体材料 200 套,单价为 96.00 元。同日,zn 半导体材料到货,仓库部门办理验收时发现 1 套 zn 半导体材料损坏,经确认,属于正常损耗,原材料库已按实际完好数量办理入库,同时收到增值税专用发票一张。

3.2.8 采购与付款业务数据分析

企业生产商品所需的原材料绝大部分都是通过采购而来,该环节的正常运作不仅涉及企业资金能否达到流转、利用最大化的目的，也对后期完工的产品质量、销售动态、市场接受度都有较为重要的影响作用。畅捷通 T+ 提供了采购执行表、统计表、分析表，采购综合统计分析是综合采购及与之相关的所有单据，查询、统计各环节的执行情况。用户可在模块中选用所需功能。例如，生成的采购综合统计分析表、采购发票付款执行表分别如图 3-124、图 3-125 所示。

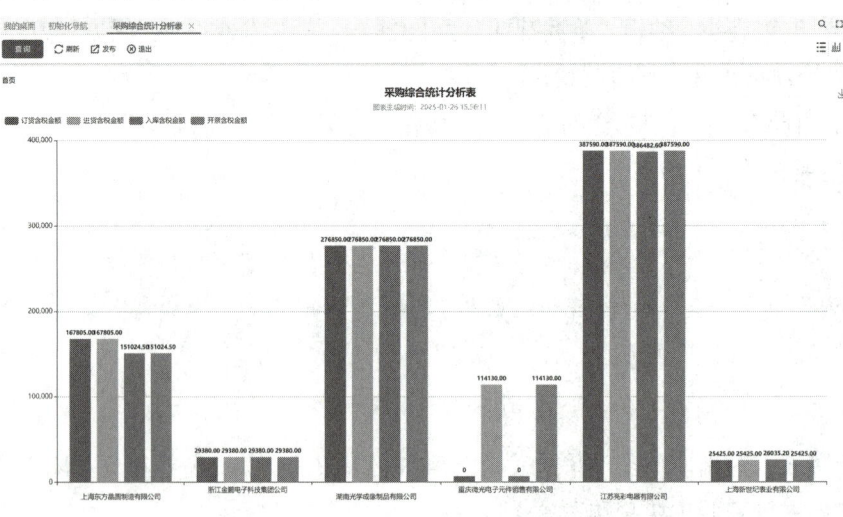

图 3-124　采购综合统计分析表

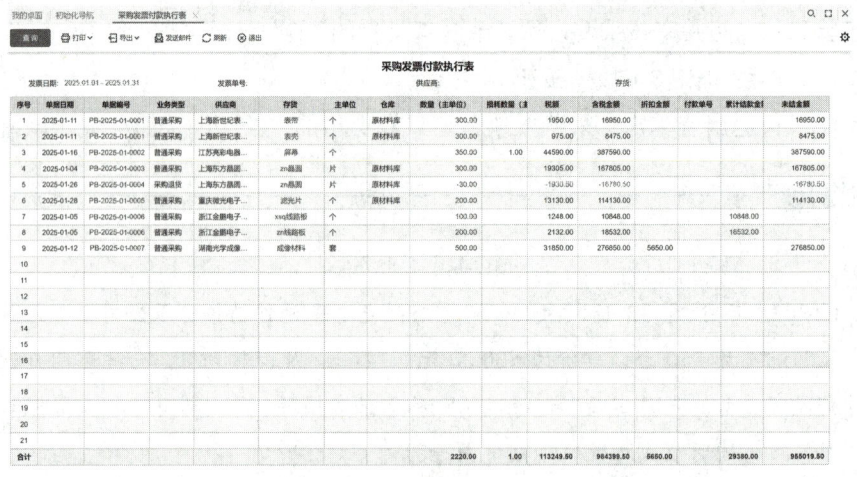

图 3-125　采购发票付款执行表

模块3.3　库存核算业务处理

3.3.1　库存盘点业务处理

库存盘点是为了精确的计算当月和当年的营运状况，通过制定企业仓储收发作业准则，以月/年为周期清点企业内的成品和原材料，以便对仓储货品的收发结存等活动进行有效控制，保证仓储货品完好无损、账实相符，确保生产正常进行，规范企业物料的盘点作业。过去，库存盘点往往通过手工记录，随着软件行业的发展，越来越多的库存管理软件应用到现代化工业中，提高了现代工业的生产效率。通过库存核算系统查询出全部货品的理论库存数量与仓库中的实际盘点数进行一一对比，判断是否存在数量或重量上的误差（损耗），最后将盘点结果与盘点日会计账面记录结果进行核对，寻找并分析差异原因，以此提高管理效率。

任务发放

1月30日，仓管部对各个仓库盘点，发现原材料库xsq线路板少了10个，zn晶圆多了3片。相关原始单据如图3-126所示。

商品名称	计量单位	账存数量	实盘数量	盘盈/盘亏数	单价	金额	备注
zn晶圆	片	370	373	3			
xsq线路板	个	300	290	−10			
合计							

2025年01月原材料盘点汇总表
编制单位：上海智信微电子制造有限公司　　盘点部门：仓储部　　2025年01月30日　　单位：元
财务经理：宗童　　盘盘人：吴燕　　盘点人：林莉

图3-126　盘点表

任务流程

盘点业务流程如图3-127所示。

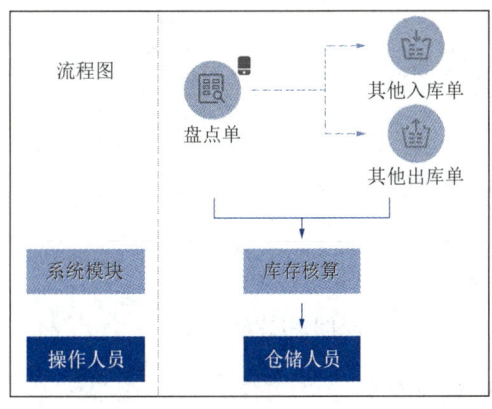

图3-127　盘点业务流程图

任务指引

【仓管部林莉填制盘点单】

步骤一： 打开"盘点单"窗口。在"库存核算"子系统中，依次单击"库存核算"|"盘点单"菜单项，打开"盘点单"窗口。

步骤二： 编辑并保存原材料库的盘点单。单击工具栏中的"增加"按钮，新增一张盘点单，编辑操作步骤如下：

（1）表头编辑。参照生成表头的"出库类别"为盘亏出库，"入库类别"为盘盈入库，"盘点仓库"为原材料库。

（2）锁盘。单击工具栏中的"锁盘"按钮，此时系统弹出：没有明细的盘点单在单据列表里无法查找，只能在单据界面通过"上张、下张"按钮来查找。信息提示框，单击"确定"按钮。

（3）提取。单击工具栏中的"提取"下的"全部提取"按钮，表体中弹出存货明细。

（4）追加。单击工具栏中的"追加"下的"追加账面为零的存货"，表体明细将会自动刷新数据。

（5）打空表。单击工具栏中的"打空表"按钮。

（6）编辑表体。编辑"zn 晶圆"的实际的盘点数量比账面数量多 3 片，编辑"xsq 线路板"的实际盘点数量比账面数量少 10 个。

（7）保存盘点单。单击工具栏中的"保存"按钮，完成审核工作。

步骤三： 退出。单击"盘点单"窗口右上角的"关闭"按钮，关闭并退出窗口，结果如图 3-128 所示。

图 3-128 盘点单

【仓管部主管吴燕审核盘点单】

步骤一： 打开"盘点单"窗口。在"库存核算"子系统中，依次单击"库存核

算"|"盘点单"菜单项,打开"盘点单"窗口。

步骤二: 查阅并审核盘点单。单击工具栏中的"<"图标,查阅到本业务的盘点单,然后单击工具栏中的"审核"按钮,系统弹出信息提示审核成功,完成审核工作。

【仓管部主管吴燕审核其他入库单】

步骤一: 打开"其他入库单"窗口。在"库存核算"子系统中,依次单击"库存核算"|"其他入库单"菜单项,打开"其他入库单"窗口。

步骤二: 查阅并审核其他入库单。单击工具栏中的"<"图标,查阅到本业务的其他入库单,然后单击工具栏中的"审核"按钮,系统弹出信息提示审核成功,完成审核工作,结果如图 3-129 所示。

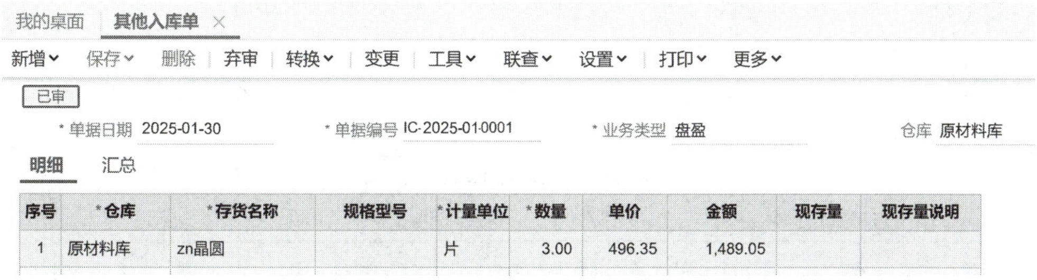

图 3-129 其他入库单

步骤三: 退出。单击"其他入库单"窗口右上角的"关闭"按钮,关闭并退出该窗口。

【仓管部主管吴燕审核其他出库单】

步骤一: 打开"其他出库单"窗口。在"库存核算"子系统中,依次单击"库存核算"|"其他出库单"菜单项,打开"其他出库单"窗口。

步骤二: 查阅并审核其他出库单。单击工具栏中的"<"图标,查阅到本业务的其他出库单,然后单击工具栏中的"审核"按钮,系统弹出信息提示审核成功,完成审核工作,结果如图 3-130 所示。

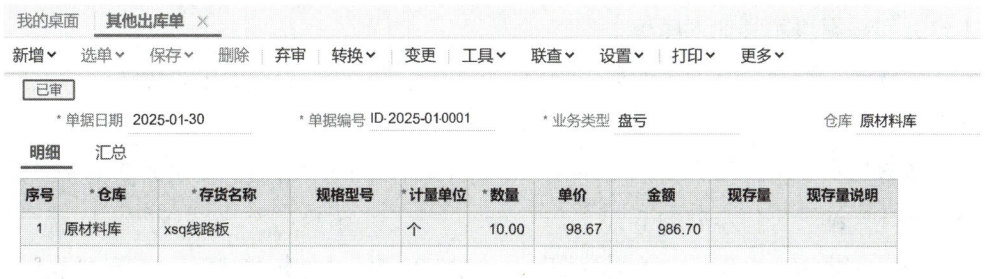

图 3-130 其他出库单

步骤三: 退出。单击"其他出库单"窗口右上角的"关闭"按钮,关闭并退出该窗口。

巩固提升

库存盘点业务处理

1. 2025 年 1 月 30 日，仓储部对产成品库进行盘点，发现智能手表少 1 块。
2. 2025 年 1 月 30 日，仓储部对半成品库进行盘点，发现手表配件多 2 套。

3.3.2 其他入库业务处理

其他入库

任务发放

1 月 26 日，仓管部收到江苏亮彩电器有限公司赠送的样品屏幕 2 个，单价按照同期购入价格 980.00 元处理。相关原始单据如图 3-131 所示。

图 3-131 入库单

操作指引

【仓管部林莉填制其他入库单】

步骤一：打开"其他入库单"窗口。在"库存核算"子系统中，依次单击"库存核算"|"其他入库单"菜单项，打开"其他入库单"窗口。

步骤二：编辑并保存其他入库单。单击工具栏中的"增加"按钮，新增一张其他入库单，编辑操作步骤如下：

（1）编辑表头。编辑"单据日期"为 2025-01-26，"业务类型"为受赠，"仓库"为原材料库。

（2）编辑表体。编辑"存货"为屏幕，"数量"为 2，"单价"为 980.00。

（3）保存其他入库单。单击工具栏中的"保存"按钮，结果如图 3-132 所示。

图 3-132 其他入库单

【仓管部主管吴燕审核其他入库单】

步骤一：打开"其他入库单"窗口。在"库存核算"子系统中，依次单击"库存核算"|"其他入库单"菜单项，打开"其他入库单"窗口。

步骤二：查阅并审核其他入库单。单击工具栏中的"<"图标，查阅到本业务的其他入库单，然后单击工具栏中的"审核"按钮，系统弹出信息提示审核成功，完成审核工作。

巩固提升

其他入库业务处理

1. 2025 年 1 月 25 日，收到重庆微光电子元件销售有限公司滤光片样品 2 个。

2. 2025 年 1 月 30 日，因天气原因导致原材料库显示器有损坏 1 个，不能正常出售。

3.3.3 库存核算业务数据分析

对库存管理而言，企业不仅仅关注库存数量与金额的准确性，更关键的是要通过库存分析，实现库存的合理配置，从而实现在保证正常原材料供应的同时，最大程度地减少库存，因为过高的库存将直接导致流动资金的占用及仓储运作成本的增加。库存管理是围绕着降低库存成本、提高库存周转率这一目标展开的。畅捷通 T+ 提供呆滞存货分析表、库存周转率分析表、库龄分析表、库龄资金占用分析表等查询，如图 3-133 至图 3-136 所示。

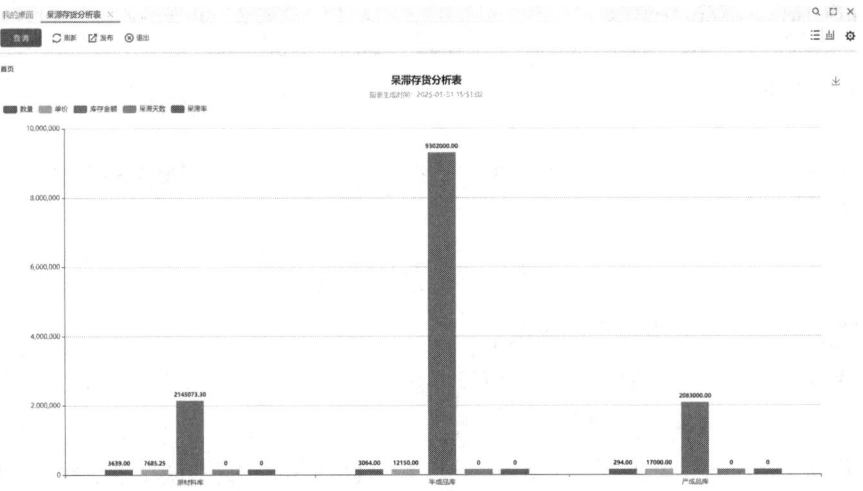

图 3-133　呆滞存货分析表

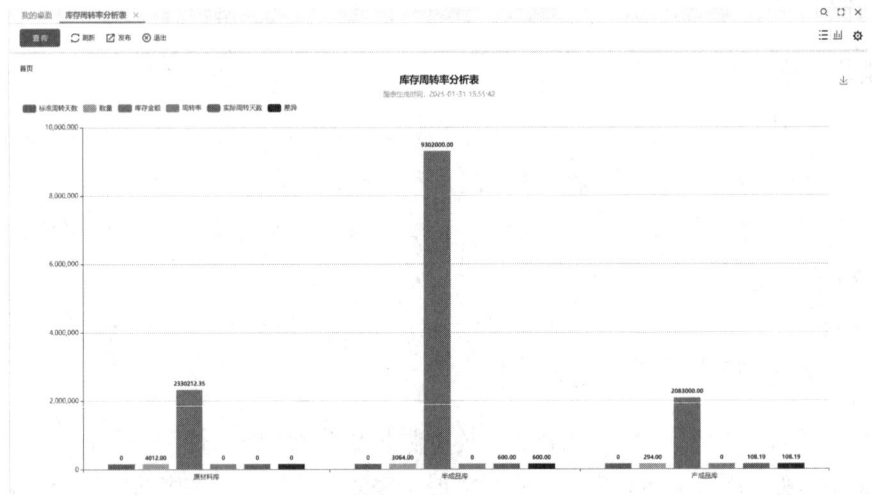

图 3-134　库存周转率分析表

图 3-135　库龄分析表

项目 3 智能供应链管理系统应用

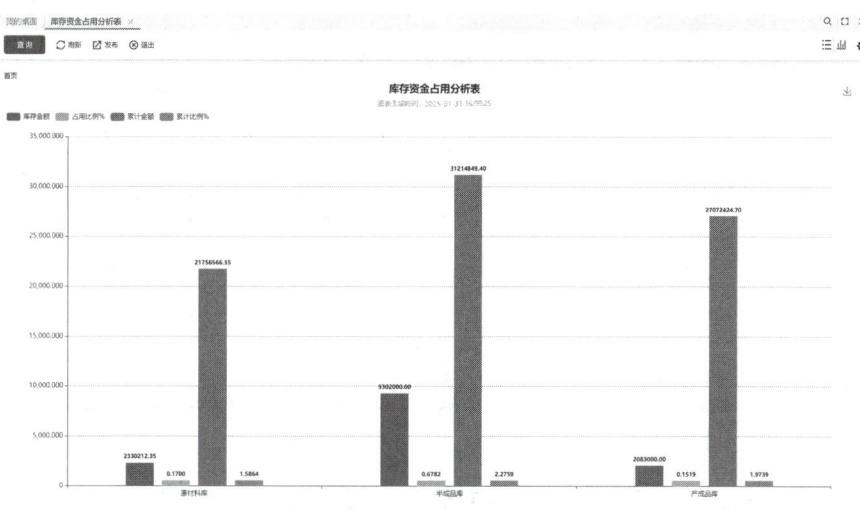

图 3-136 库龄资金占用分析表

智能供应链管理系统应用所涉及的工作任务与"1+X"职业技能证书对应关系如表 3-3 所示。

表 3-3 智能供应链管理系统应用与"1+X"职业技能证书对应关系表

项目名称	工作任务	对接 1+X 职业技能证书					
		智能财税		财务共享服务		业财一体信息化应用	
		初级	中级	初级	中级	初级	中级
智能供应链管理系统应用	普通销售业务处理	√	√	√	√	√	√
	销售折扣业务处理	√	√	√			
	代垫运费销售业务处理	√					√
	销售退货业务处理※	√	√	√			
	买赠销售业务处理※	√	√				
	销售与收款业务数据分析						
	应付采购业务处理	√	√	√	√	√	√
	现结采购业务处理			√	√	√	√
	采购运费分摊业务处理		√				
	采购折扣业务处理	√		√			√
	采购暂估业务处理				√		
	采购退货业务处理※	√					√
	采购损耗业务处理※		√				

（续表）

项目名称	工作任务	对接 1＋X 职业技能证书					
		智能财税		财务共享服务		业财一体信息化应用	
		初级	中级	初级	中级	初级	中级
智能供应链管理系统应用	采购与付款业务数据分析						
	盘点业务			✓			
	其他业务	✓	✓	✓		✓	✓
	库存核算业务数据分析						

▶ 对比分析 ◀

畅捷通 T+、金蝶云·星空在智能供应链管理系统应用操作对比分析如表 3-4 所示。

表 3-4　智能供应链管理系统应用操作对比分析表

项目名称	工作任务	会计信息系统操作差异对比	
		畅捷通 T+	金蝶云·星空
智能供应链管理系统应用	3.1.1.1　先货后票业务处理	销售管理-销售订单 库存核算-销售出库单 销售管理-销货单-销售发票	供应链-销售订单 供应链-库存管理-销售出库单 财务会计-应收款管理-应收单
	3.1.1.2　先票后货业务处理	销售管理-销售订单-销货单 销售管理-销货单-销售发票 库存核算-销售出库单	供应链-销售订单 供应链-库存管理-销售出库单 财务会计-应收款管理-应收单
	3.1.2.1　商业折扣业务处理	销售管理-报价单-销售订单 库存核算-销售出库单 销售管理-销货单-销售发票	供应链-销售管理-订单处理-销售订单 供应链-销售管理-订单处理-销售订单列表-销售出库单 供应链-销售管理-出货处理-销售出库单列表-应收单（体现折扣）
	3.1.2.2　现金折扣业务处理	销售管理-销售订单 库存核算-销售出库单 销售管理-销货单-销售发票	供应链-销售管理-订单处理-销售订单 供应链-销售管理-订单处理-销售订单列表-销售出库单 供应链-销售管理-出货处理-销售出库单列表-应收单
	3.1.3　代垫运费业务处理	销售管理-销售订单 库存核算-销售出库单 往来现金-其他应收单	供应链-销售订单 供应链-库存管理-销售出库单 财务会计-应收款管理-应收单
	3.1.4　销售退货业务处理	销售管理-销货单-销售发票 库存核算-销售出库单	供应链-销售管理-销售出库单列表-销售退货单 供应链-销售管理-销售出库单列表-销售退货单列表-应收单

（续表）

项目名称	工作任务	会计信息系统操作差异对比	
		畅捷通 T+	金蝶云·星空
智能供应链管理系统应用	3.1.5 买赠销售业务处理	销售管理-销售订单 库存核算-销售出库单 销售管理-销货单-销售发票	供应链-销售订单 供应链-库存管理-销售出库单 财务会计-应收款管理-应收单
	3.2.1 应付采购业务处理	采购管理-请购单-采购订单 库存核算-采购入库单 采购管理-进货单-采购发票	供应链-采购管理-订单处理-采购订单 供应链-采购管理-订单处理-采购订单列表-采购入库单 供应链-采购管理-收料处理-采购入库单列表-应付单
	3.2.2 现结采购业务处理	采购管理-采购订单-进货单 库存核算-采购入库单 采购管理-采购发票	供应链-采购管理-订单处理-采购订单 供应链-采购管理-订单处理-采购订单列表-采购入库单 供应链-采购管理-收料处理-采购入库单列表-应付单 财务会计-应付款管理-采购应付-应付单列表-付款单
	3.2.3 采购运费分摊业务处理	采购管理-采购订单 库存核算-采购入库单 采购管理-进货单-采购发票 往来现金-费用单 库存核算-费用分摊单	供应链-采购管理-订单处理-采购订单 供应链-采购管理-订单处理-采购订单列表-采购入库单 供应链-采购管理-收料处理-采购入库单列表-应付单 财务会计-应付款管理-应付单
	3.2.4 采购折扣业务处理	采购管理-采购订单（折扣率）-进货单-采购发票 库存核算-采购入库单	供应链-采购管理-订单处理-采购订单（折扣率） 供应链-采购管理-订单处理-采购订单列表-采购入库单
	3.2.5 采购暂估业务处理	采购管理-进货单-采购发票	供应链-采购管理-订单处理-采购订单列表-采购入库单 供应链-采购管理-收料处理-采购入库单列表-应付单
	3.2.6 采购退货业务处理	库存核算-采购入库单 采购管理-进货单-采购发票	供应链-采购管理-收料处理-采购入库单列表-采购退料单 供应链-采购管理-退料处理-采购退料单列表-应付单
	3.2.7 采购损耗业务处理	采购管理-采购订单-进货单 库存核算-采购入库单（实收数量） 采购管理-采购发票	供应链-采购管理-订单处理-采购订单 供应链-采购管理-订单处理-采购订单列表-采购入库单（实收数量） 供应链-采购管理-收料处理-采购入库单列表-应付单
	3.3.1 库存盘点业务处理	库存核算-盘点单（其他入库/出库单自动生成）	供应链-库存管理-盘亏单/盘盈单
	3.3.2 其他入库业务处理	库存核算-其他入库单	供应链-库存管理-其他入库单

通关测试

一、单项选择题

1. 下列说法中，不正确的是（   ）。

    A. 库存生成出库单时，销货单审核后生成的销售发票，为未审核状态

    B. 销售生成出库单时，销售发票审核后，自动生成销货单

    C. 销售生成出库单时，销售发票审核后，自动生成销售出库单

    D. 库存生成出库单时，销售出库单只能参照销货单生成

2. 在商品购进业务中，采购预付货款方式的，应以（   ）时作为购进商品的入账时间。

    A. 预付货款　　　B. 支付货款　　　C. 实际收到商品　　　D. 签订合同

3. 销售退货业务在智能供应链系统销售模块中主要通过（   ）进行处理。

    A. 退货订单　　　B. 退货通知单　　　C. 客户投诉电话　　　D. 退货单

4. 下列关于"2/10，1/20，N/30"的表述中，不正确的是（   ）。

    A. 10天内付款，给予2%的折扣优惠

    B. 10天以上20天以内付款，给予1%的折扣优惠

    C. 20天以上30天以内付款，没有折扣优惠

    D. 20天以上30天以内付款，全额优惠

5. 有关库存盘点主要的主要功能表述不正确的是（   ）。

    A. 掌握正确的存货数量和价值　　　B. 调整储位

    C. 提供准确的库存记录　　　　　　D. 实物与账目一致

二、判断题

1. 期初销售出库单与普通销售出库单内容相同，都会更新库存。（   ）

2. 供应商成本的高低不是影响采购价格的最根本、最直接的因素。（   ）

3. 盘点的目的是查找出错的原因，修正错误，高水平地维护库存记录的准确性，以便得到正确的财务报告。（   ）

4. 采购订单和采购入库单是一对一的关系，是唯一对应的。（   ）

5. 销售订单作为仓库出货及填制销售发票的依据，可以对应企业的专用票据，如销售小票、提货单、发送单等。（   ）

三、业务实训题

请根据相关角色权限在智能供应链管理系统各模块完成2025年1月发生的各项业务内容。

1. 2025年1月2日，北京电子制品开发有限公司与销售部签订销售合同，订购显示器20个，单价为4 200.00元，银行收到订金10 000.00元。仓库于1月2日开出销售

出库单发出上述订购商品。销售部于1月3日在对方确认收货无误后开出此次订购商品的增值税专用发票，发票号码为86270110，同时收到客户用网银方式支付的剩余货款，进行现结处理。

2. 2025年1月5日，浙江未来光电仪器有限公司与销售部签订销售合同，订购zn芯片100件，单价为1 680.00元。销售部于当日开具增值税专用发票，发票号码为86270111，同时收到客户用网银方式支付的所有货款。财务部收到货款后，销售部通知仓储部发出其所购货物。

3. 2025年1月8日，采购部向昆山合生光学电子有限公司进行报价，销售商品为智能手表50块，单价为3 200.00元，经协商有2%的商业折扣可享受，当日签订销售合同，销售部开具销货单，向昆山合生光学电子有限公司开具销售专用发票，发票号码为86270112。2025年1月8日，向昆山合生光学电子有限公司发出货物，仓储部办理出库手续。

4. 2025年1月12日，收到昆山合生光学电子有限公司因质量问题退回的智能手表4块，单价为3 136.00元，当日开具增值税红字专用发票，仓库已验收入产成品库。

5. 2025年1月15日，采购部请购zn晶圆200片，要求本月15日到货。1月15日，采购员张涛请购获得批准后与上海东方晶圆制造有限公司签订采购合同采购zn晶圆200片，单价为485.00元，当日从上海东方晶圆制造有限公司采购的zn晶圆200片到货，仓库部门办理验收入库，入原材料库。1月16日，收到采购zn晶圆的增值税专用发票一张。

6. 2025年1月15日，采购部与浙江金鹏电子科技集团公司签订采购合同，采购zn线路板300个，单价为90.00元，约定到货日期为1月16日。1月16日，采购部收到采购zn线路板的增值税专用发票一张，当日通过网银支付全部货款。同日，仓库收到全部原材料，并已验收入原材料库。

7. 2025年1月19日，采购部与上海电子半导体材料加工有限公司签订采购合同，采购zn半导体材料160套，单价为96.00元，xsq半导体材料100套，单价为200.00元，当日原材料到货，仓库部门办理验收并入原材料库，同时收到运费增值税专用发票一张价税合计708.50元，运输费按照数量分摊。

8. 2025年1月20日，采购部与上海新世纪表业有限公司签订采购合同，采购表带200个，单价为52.00元，经协商给与1%的商业折扣。当日，表带到货，仓库部门办理验收并入原材料库，20日收到增值税专用发票一张。

9. 2025年1月21日，采购部与重庆微光电子元件销售有限公司签订采购合同，采购滤光片150套，单价为500.00元。21日，原材料到货，仓库部门办理验收时发现有2套滤光片有毁损，经确认，2套损耗属于正常损耗并入原材料库，同时收到增值税专用发票一张。

10. 2025年1月24日，采购部于1月5日从浙江未来光电仪器有限公司购入的zn芯片有 10 件有瑕疵问题，已协商退货，单价为 1 680.00 元。仓库部门从原材料库办理出库，同时收到对方开具的红字增值税专用发票一张。

11. 2025 年 1 月 21 日，收到 5 月 30 日入库的成像材料增值税专用发票，数量为 200，单价为 510.00 元。

12. 1 月 26 日，仓管部收到江苏亮彩电器有限公司赠送的样品滤光片 2 个，单价按照 500.00 元处理。

13. 1 月 30 日，仓管部对各个仓库盘点，发现原材料库 xsq 线路板少了 5 个。

学习评价

完成项目 3 的学习后,请填写项目 3 学习评价表(表 3-5),并将发现的知识漏洞填写在查漏补缺项,学而时习之,为后续深入应用知识奠定坚实基础。

表 3-5 项目 3 学习评价表

项目名称	评价指标	权重	评价方式				得分
			自评	互评	师评	系统评	
智能供应链管理系统应用	识别原始单据,判断经济业务内容	10	✓	✓			
	能够绘制智能供应链管理业务流程图	15		✓	✓		
	通过学习,能熟练进行销售与收款业务操作	30				✓	
	通过学习,能熟练进行采购与付款业务操作	30				✓	
	通过学习,能熟练进行库存核算业务操作	15				✓	
查漏补缺							

项目4 智能生产管理系统应用

项目简介

智能生产管理系统是指基于信息技术和自动化技术的生产管理系统，通过数据采集、分析和处理，实现生产过程的自动化、智能化管理，具有数据实时性、准确性和全面性，能够快速采集生产过程中的各项数据，并进行实时监控和分析，具有提高生产效率、降低生产成本、加强供应链管理、优化人力资源管理等优势。生产业务处理根据投产方式不同划分为单阶投产的生产业务处理和多阶投产的生产业务处理。

项目导航

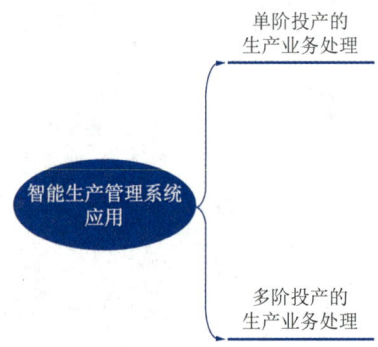

学习目标

○ 知识目标
- 能说出智能生产管理系统中单阶投产的生产流程。
- 能说出单阶投产和多阶投产两种投产方式的特点和适应范围。

○ 技能目标
- 能够绘制智能生产管理系统的主要经济业务流程图。
- 能识别生产业务的原始单据并判断适用单阶投产生产还是多阶投产生产。
- 能独立完成智能生产管理系统主要模块的业务操作。

○ 素养目标

- 通过生产模块的学习，培养学生对生产环节的监督责任感、流程优化的意识，坚持先进的管理理念和管理原则。
- 通过生产模块的学习，培养学生具备"标准化、规范化、精细化"的生产管理思维。

智能生产管理系统助力制造业实现智能制造

随着科技的不断进步，生产管理领域也在向智能化方向发展，传统的生产管理方式已无法满足现代企业的需求，智能生产管理系统的引入将为企业带来诸多优势，提高生产效率，推动企业转型升级。

通过应用智能生产管理系统，企业可以实现从销售到生产计划下发再到工序的执行汇报等全过程的结合，让企业的每个工作环节都环环相扣。智能生产管理系统内所有数据只需录入一次，就可以源源流转，既提高了企业效率，又避免了人工传达出现的失误。

智能生产管理系统在汽车制造业中的应用：通过智能生产管理系统，汽车制造企业能够实现生产过程的自动化控制和管理，提高生产效率和产品质量。例如，比亚迪在新能源汽车的智能生产管理中，引入了先进的 ERP 系统、MES（制造执行系统）和 WMS（仓库管理系统）。这些系统实现了生产流程的自动化和信息化，优化了资源配置，提高了生产效率和产品质量，降低了运营成本。

智能生产管理系统在电子制造业中的应用：通过智能生产管理系统，电子制造企业能够实现生产过程的精细化管理，减少生产事故和产品不良率，提高生产效率和产品质量。例如，智能生产管理系统在华为电子制造业的应用极为广泛。通过引入 ERP、MES、WMS 等系统，华为实现了生产流程的自动化和信息化，优化了生产调度，提高了生产效率和产品质量。利用物联网技术，华为实现了设备状态的实时监控和远程管理，减少了停机时间和维护成本。

智能生产管理系统在食品加工业中的应用：通过智能生产管理系统，食品加工企业能够实现生产过程的全面监控和管理，确保食品安全和质量，提高生产效率。例如，伊利集团引入了智能生产管理系统，显著提升了生产效率和产品质量，实现了从原材料采购到成品出库的全流程自动化管理。

智能生产管理系统的应用日益广泛，未来的智能生产管理系统将更加注重数据的收集、处理和分析，结合人工智能技术，实现生产过程的预测性和自动化控制，助力制造业实现智能制造高质量发展。

模块4.1 单阶投产的生产业务处理

单阶生产业务录屏

随着信息化技术的持续进步和管理水平的显著提高,信息化生产管理已逐步成为制造企业优化生产管理的重要手段。这种管理方式不仅能够使企业全面监控生产流程,还能有效提升生产速度和产品质量,同时增强生产工人的工作效率,进而快速提高制造企业的整体生产管理水平。单阶投产是指简单投产,只是对订单上的产品进行生产,如果企业在生产过程中,半成品不需要通过出入库管理,用单阶投产即可。单阶投产的特点:①生产过程相对简单,每个生产阶段完成后直接进入下一个阶段。②流程简单,生产效率相对较高。③不需要考虑多个生产阶段之间的依赖关系,适合生产过程较为直接的产品。

任务发放

1月15日,生产部需要生产100件xsq芯片,预计1月27日完工80件。相关原始票据如图4-1、图4-2所示。

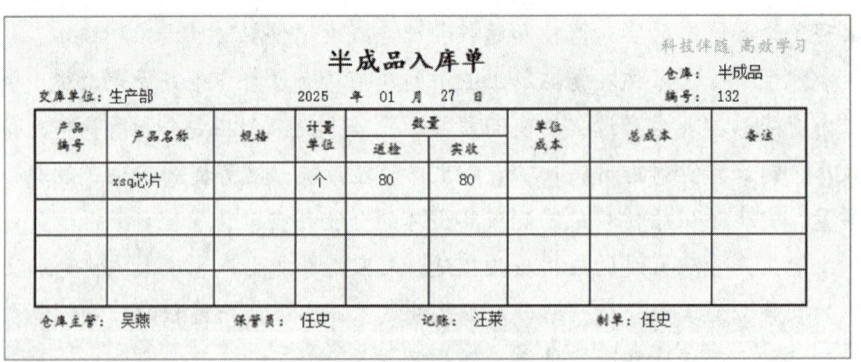

图 4-1 领料单

图 4-2 半成品入库单

业务流程

单阶投产业务流程图如图 4-3 所示。

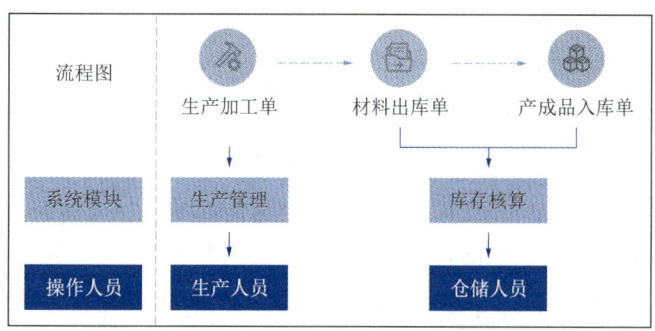

图 4-3　单阶投产业务流程图

操作指引

【生产部助理甘琪填制生产加工单】

步骤一：打开"生产加工单"窗口。在"生产管理"子系统中，依次单击"生产管理"|"生产加工单"菜单项，打开"生产加工单"窗口。

步骤二：编辑并保存生产加工单。在"生产加工单"窗口，做如下编辑：

（1）编辑表头。编辑"业务日期"为 2025-01-15，"项目"为 xsq 芯片，"预开工日"为 2025-01-15，"预完工日"为 2025-01-27，其他项默认。

（2）编辑表体信息。"产品编码"为 Bcp0011，"数量"为 100，选项均默认。

（3）保存。单击工具栏的"保存"按钮，保存该生产加工单。结果如图 4-4 所示。

图 4-4　生产加工单

步骤三： 退出。单击“生产加工单”窗口右上角的“关闭”按钮，关闭该窗口。

【生产部主管盛婵审核生产加工单】

步骤一： 打开“生产加工单”窗口。

步骤二： 查阅并审核生产加工单。单击工具栏上的“<”图标，查阅到相应的生产加工单，然后单击工具栏的“审核”按钮，完成审核工作。

步骤三： 退出。单击“生产加工单”窗口右上角的“关闭”按钮，关闭该窗口。

【仓管部林莉参照生产加工单生成材料出库单】

步骤一： 打开“材料出库单”窗口。在“库存核算”子系统，依次单击“库存核算”|“材料出库单”菜单项，打开“材料出库单”窗口。

步骤二： 参照生产加工单生成材料出库单。单击工具栏的“增加”按钮，新增一张材料出库单，然后做如下操作：

（1）编辑表头。编辑“单据日期”为 2025-01-15，“仓库”为原材料库。

（2）打开“选单”窗口。单击工具栏的“选单”|“生产加工单”菜单项，打开“选生产加工单”对话框，单击“查询”按钮。

（3）复制信息。选中要选择的生产加工单所对应的“选择”栏，选中后单击“确定”按钮，返回“材料出库单”窗口，生产加工单资料会自动传递过来。

步骤三： 保存材料出库单。在“材料出库单”窗口，单击工具栏的“保存”按钮，保存该材料出库单。结果如图 4-5 所示。

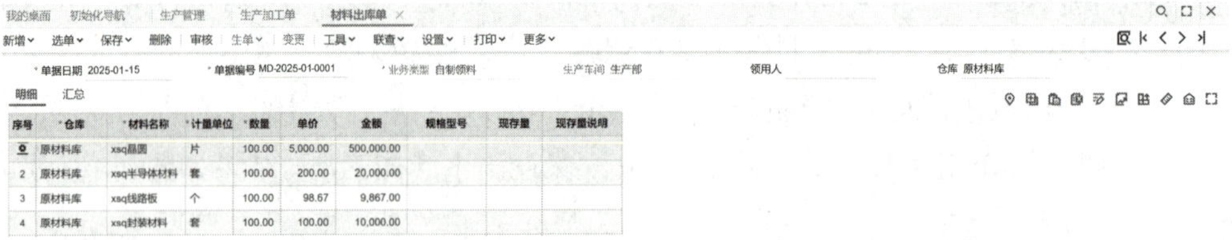
我的桌面 初始化导航 生产管理 生产加工单 材料出库单

新增 选单 保存 删除 审核 生单 变更 工具 联查 设置 打印 更多

*单据日期 2025-01-15　*单据编号 MD-2025-01-0001　*业务类型 自制领料　生产车间 生产部　领用人　仓库 原材料库

明细 汇总

序号	*仓库	*材料名称	*计量单位	*数量	单价	金额	规格型号	现存量	现存量说明
1	原材料库	xsq晶圆	片	100.00	5,000.00	500,000.00			
2	原材料库	xsq半导体材料	套	100.00	200.00	20,000.00			
3	原材料库	xsq线路板	个	100.00	98.67	9,867.00			
4	原材料库	xsq封装材料	套	100.00	100.00	10,000.00			

图 4-5　材料出库单

【仓管部主管吴燕审核材料出库单】

步骤一： 打开“材料出库单”窗口。

步骤二： 查阅并审核材料出库单。单击工具栏上的“<”图标，查阅到相应的材料出库单，然后单击工具栏的“审核”按钮，完成审核工作。

步骤三： 退出。单击“材料出库单”窗口右上角的“关闭”按钮，关闭该窗口。

【仓管部林莉参照生产加工单生成产成品入库单】

步骤一： 打开“产成品入库单”窗口。在“库存核算”子系统，依次单击“库存核算”|“产成品入库单”菜单项，打开“产成品入库单”窗口。

步骤二： 参照生产加工单生成产成品入库单。单击工具栏的“增加”按钮，新增一张产成品入库单，然后做如下操作：

（1）编辑“单据日期”为 2025-01-27，“仓库”为半成品库。

（2）单击工具栏的"选单"|"生产加工单"菜单项，打开"选生产加工单"对话框，单击"查询"按钮。选中要选择的生产加工单所对应的"选择"栏，选中后单击"确定"按钮，返回"产成品入库单"窗口，生产加工单资料会自动传递过来。

步骤三：保存产成品入库单。结果如图 4-6 所示。

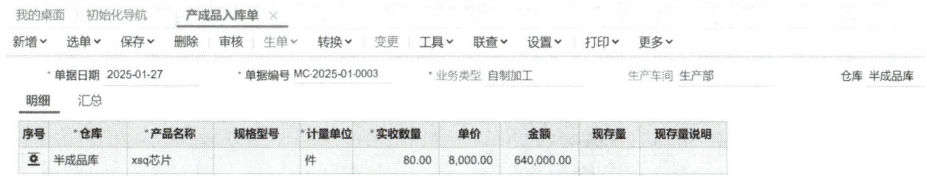

图 4-6　xsq 芯片入库

【仓管部主管吴燕审核产成品入库单】

步骤一：查阅并审核产成品入库单。单击工具栏上的"＜"图标，查阅到相应的产成品入库单，然后单击工具栏的"审核"按钮，完成审核工作。

步骤二：退出。单击"产成品入库单"窗口右上角的"关闭"按钮，关闭该窗口。

需注意的是：由生产加工单生成的材料出库单业务类型默认为"自制领料"，该类型的材料出库单不允许任何修改。

巩固提升

单阶投产的业务处理

1. 2025 年 1 月 10 日，生产部需要生产 100 件 zn 芯片，预计开工日期为 2025-01-10，预计完工日期为 2025-01-25。

2. 2025 年 1 月 16 日，生产部需要生产 150 个手表配件，预计开工日期为 2025-01-16，预计完工日期为 2025-01-28。

模块4.2　多阶投产的生产业务处理

多阶投产是指当产成品有多层物料清单（Bill of Materials，BOM）结构，下达生产任务时，自动展开多层 BOM 的加工单，不用手工一层层下达半成品的生产任务，多阶投产可以对中间的半成品进行一次出入库管理以及成本核算。以汽车制造为例，一辆汽车的制造需要经过多个生产阶段，如零部件制造、组装、测试等。每个阶段都是一个独立的投产过程，需要严格按照工艺要求和质量标准进行生产。通过这种方式，汽车制造企业可以确保每辆汽车的质量和性能达到要求，满足消费者的需求。总之，多阶投产是一种根据产品生产过程的不同阶段逐步进行投产的生产方式，广泛应用于复杂产品的制造。它有助于企业更好地管理生产流程，提高生产效率，确保产品的质量和性能。

全阶生产业务录屏

任务发放

1月15日，根据预测单（系统已预制预测单）生产智能手表200块。相关原始票据如图4-7至图4-9所示。

生产加工通知单			
产品名称	智能手表	预测产品数量	200
技术标准	1.0	实际生产数量	200
预计开工日期	2025-01-15	完工日期	2025-01-30
生产类型	多阶投产	生产车间	生产部
生产日程安排			
名称	数量	开工日期	完工日期
手表配件	200	2025-01-20	2025-01-25
zn芯片	200	2025-01-15	2025-01-20
智能手表	200	2025-01-25	2025-01-30

图4-7　生产加工通知单

领料申请表

申请人：上海智信微电子制造有限公司　申请时间：2025年01月15日　需求时间：2025年01月15日

品名及规格	单位	请领数量	实发数量	单价	备注
表带	个	200	200		
表壳	个	200	200		
zn晶圆	片	200	200		
zn半导体材料	套	200	200		
zn线路板	个	200	200		
zn封装材料	套	200	200		

申请人：李信　车间主管：盛婵　仓管员：吴燕　会计：汪莱

图4-8　领料申请1

领料申请表

申请人：上海智信微电子制造有限公司　申请时间：2025年01月25日　需求时间：2025年01月25日

品名及规格	单位	请领数量	实发数量	单价	备注
zn芯片	件	200	200		
手表配件	套	200	200		

申请人：李信　车间主管：盛婵　仓管员：吴燕　会计：汪莱

图4-9　领料申请2

业务流程

业务流程基本同单阶投产的生产业务流程，请参见图 4-3。

操作指引

【生产部助理甘琪填制多阶投产】

步骤一：打开"生产加工单"窗口。在"生产管理"子系统中，依次单击"生产管理"|"多阶投产"菜单项，打开"多阶投产"窗口。

步骤二：在"多阶投产"窗口，做如下操作：

（1）单击工具栏中"选择预测单"按钮，系统打开"选预测单"窗口，单击"查询"按钮，选中预测单，单击"确定"按钮，系统返回多阶投产窗口，结果如图 4-10 所示。

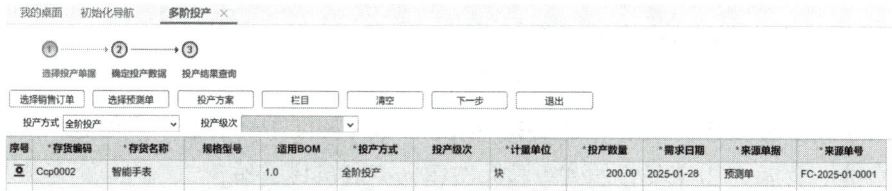

图 4-10　选择预测单

（2）单击工具栏中"下一步"按钮，系统运算后显示确定投产数据，结果如图 4-11 所示。

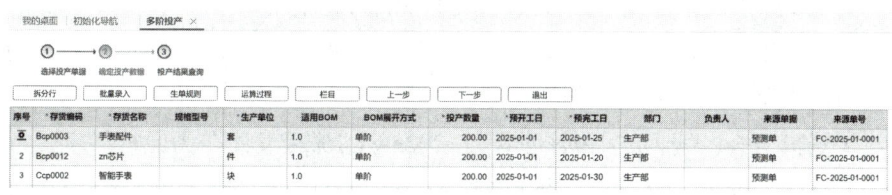

图 4-11　确定投产数据

（3）单击工具栏中"下一步"按钮，系统执行投产数据，生成生产加工单草稿，结果如图 4-12 所示。

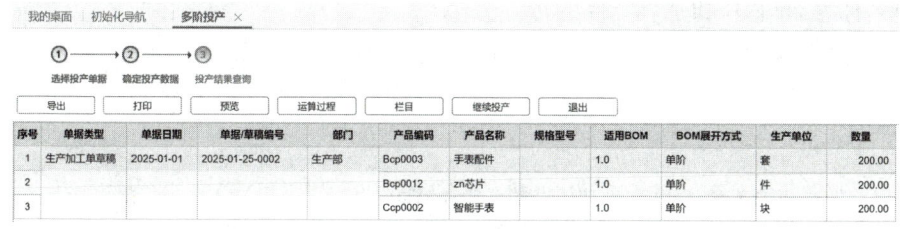

图 4-12　投产结果查询

步骤三：双击"生产加工单草稿"，系统打开"生产加工单窗口"，做编辑如下：

（1）编辑表头："单据日期"为 2025-01-15，"项目"选择智能手表，"预开工日期"为2025-01-15,"预完工日"为2025-01-30。

（2）编辑表体：编辑手表配件"预开工日"为 2025-01-20,"预完工日"为2025-01-25；zn芯片"预开工日"为2025-01-15,"预完工日"为2025-01-20；智能手表"预开工日"为2025-01-25,"预完工日"为2025-01-30,结果如图 4-13 所示。

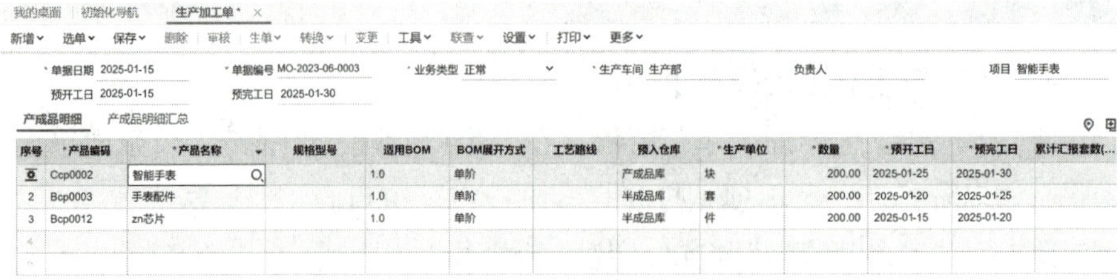

图 4-13　生产加工单

步骤四：保存。单击工具栏的"保存"按钮并退出。

【生产部主管盛婵审核生产加工单】

步骤一：打开"生产加工单"窗口。

步骤二：查阅并审核生产加工单。单击工具栏上的"<"图标，查阅到相应的生产加工单，然后单击工具栏的"审核"按钮，完成审核工作。

步骤三：退出。单击"生产加工单"窗口右上角的"关闭"按钮，关闭该窗口。

【仓管部林莉参照生产加工单生成材料出库单】

步骤一：打开"材料出库单"窗口。在"库存核算"子系统，依次单击"库存核算"|"材料出库单"菜单项，打开"材料出库单"窗口。

步骤二：参照生产加工单生成材料出库单。单击工具栏的"增加"按钮，新增一张材料出库单，然后做如下编辑：

（1）编辑表头。编辑"单据日期"为2025-01-15,"仓库"为原材料库。

（2）打开"选单"窗口。单击工具栏的"选单"|"生产加工单"菜单项，打开"选生产加工单"对话框，单击"查询"按钮。

（3）复制信息。选中要选择的生产加工单所对应的"选择"栏，选中后单击"确定"按钮，返回"材料出库单"窗口，生产加工单资料会自动传递过来，同时删除材料名称为 zn 芯片和手表配件的行。

步骤三：保存材料出库单。结果如图 4-14 所示。

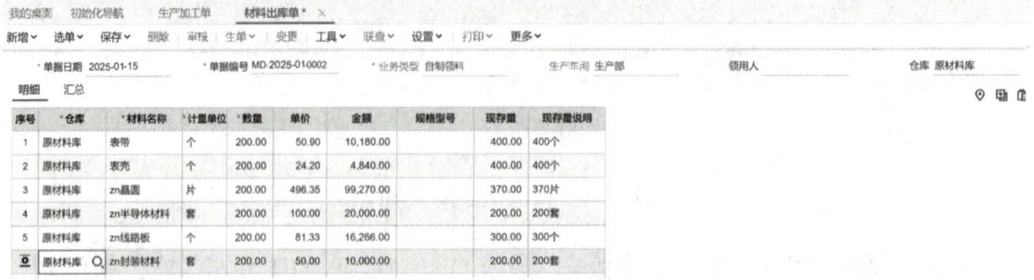

图 4-14　材料出库单

【仓管部主管吴燕审核材料出库单】

步骤一：打开"材料出库单"窗口。

步骤二：查阅并审核材料出库单。单击工具栏上的"<"图标，查阅到相应的材料出库单，然后单击工具栏的"审核"按钮，完成审核工作。

步骤三：退出。单击"材料出库单"窗口右上角的"关闭"按钮，关闭该窗口。

【仓管部林莉参照生产加工单生成产成品入库单】

步骤一：打开"产成品入库单"窗口。在"库存核算"子系统，依次单击"库存核算"|"产成品入库单"菜单项，打开"产成品入库单"窗口。

步骤二：参照生产加工单生成产成品入库单。单击工具栏的"增加"按钮，新增一张产成品入库单，然后做如下操作：

（1）编辑表头。编辑"单据日期"为2025-01-20，"仓库"为半成品库。

（2）打开"选单"窗口。单击工具栏的"选单"|"生产加工单"菜单项，打开"选生产加工单"对话框，单击"查询"按钮。

（3）复制信息。选中要选择的生产加工单所对应的"选择"栏，选中后单击"确定"按钮，返回"产成品入库单"窗口，生产加工单资料会自动传递过来，同时删除产品名称为手表配件的行。

步骤三：保存产成品入库单。结果如图4-15所示。

图4-15　zn芯片入库

【仓管部主管吴燕审核产成品入库单】

步骤一：打开"产成品入库单"窗口。

步骤二：查阅并审核产成品入库单。单击工具栏上的"<"图标，查阅到相应的产成品入库单，然后单击工具栏的"审核"按钮，完成审核工作。

步骤三：退出。单击"产成品入库单"窗口右上角的"关闭"按钮，关闭该窗口。

单据日期为2025-01-25的业务同上，进行手表配件入库操作，同时根据生产加工单流转生成材料出库单。结果如图4-16、图4-17所示。

单据日期为2025-01-30的业务同上，进行智能手表入库操作，同时根据生产加工单流转生成产成品入库单。结果如图4-18所示。

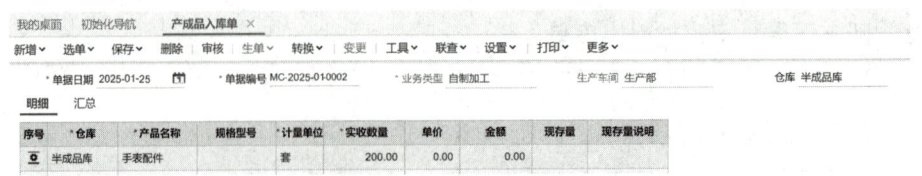

图 4-16　手表配件入库

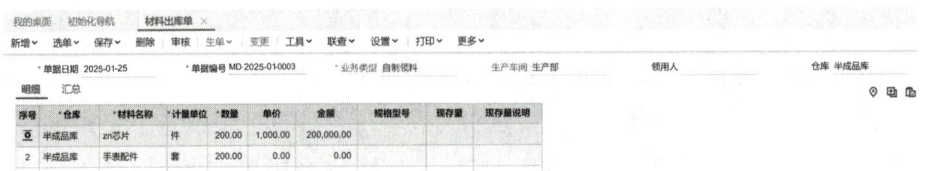

图 4-17　材料出库单

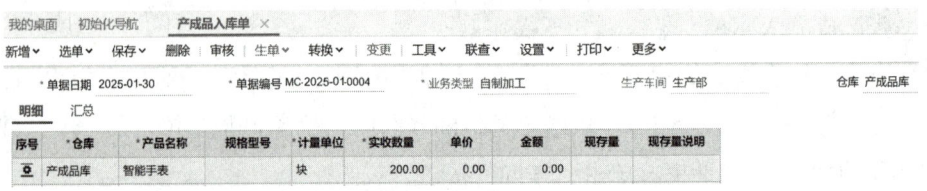

图 4-18　智能手表入库单

需注意的是：由于存货的计价方式为全月平均，后期直接材料成本计算均在月末处理。

> **巩固提升**

多阶投产业务

1. 2025 年 1 月 8 日，根据预测单进行生产智能手表 100 块。手表配件预计开工日期：2025-01-08，完工日期：2025-01-12；zn 芯片预计开工日期：2025-01-12，完工日期：2025-01-16；智能手表预计开工日期：2025-01-16，完工日期：2025-01-28。（系统已预制预测单）

2. 2025 年 1 月 10 日，根据预测单进行生产高精度智能显示器 150 块。显示器预计开工日期：2025-01-10，完工日期：2025-01-14；xsq 芯片预计开工日期：2025-01-14，完工日期：2025-01-19；智能手表预计开工日期：2025-01-19，完工日期：2025-01-25。（系统已预制预测单）

▶ 项目小结 ◀

智能生产管理系统应用所涉及的工作任务与"1+X"职业技能证书对应关系如表 4-1 所示。

表 4-1　智能生产管理系统应用与"1＋X"职业技能证书对应关系表

项目名称	工作任务	对接 1＋X 职业技能证书					
		智能财税		财务共享服务		业财一体信息化应用	
		初级	中级	初级	中级	初级	中级
智能生产管理系统应用	单阶投产的生产业务处理	✓	✓				
	多阶投产的生产业务处理		✓				

▶ 对比分析 ◀

畅捷通 T+、金蝶云·星空在智能生产管理系统应用操作对比分析如表 4-2 所示。

表 4-2　智能生产管理系统应用操作对比分析表

项目名称	工作任务	会计信息系统操作差异对比	
		畅捷通 T+	金蝶云·星空
智能生产管理系统应用	4.1.1 单阶生产业务录屏	生产管理-生产加工单 库存核算-材料出库单-产成品入库单	生产制造模块
	4.2.1 全阶生产业务录屏	生产管理-多阶投产-生产加工单 库存核算-材料出库单-产成品入库单 库存核算-材料出库单-产成品入库单	生产制造模块

通关测试

一、单项选择题

1. 流程型生产和离散型生产的区别在于（　　）。
   A. 流程型生产是面向订单装配的，离散型生产是面向库存生产的
   B. 生产过程中增值的方法不同，增加生产能力的灵活性不同，物料的效能一致性不同
   C. 生产过程中成本核算的方法不同，增值的方法不同，物料的效能一致性不同
   D. 离散型生产过程中可以出现联产品和副产品，流程型生产过程中只出现在制品

2. （　　）确定了在每个时区生产的最终项目及其数量。
   A. 企业战略规划　　　　　　　　B. 生产规划
   C. 主生产计划　　　　　　　　　D. 派工单

3. （　　）是建立主生产计划所需的信息。
   A. 能力需求计划　　　　　　　　B. 最终产品的需求预测信息
   C. 生产活动控制信息　　　　　　D. 物料需求计划

4. （　　）生产计划方式产生最长的交货提前期。
   A. 面向订单生产　　　　　　　　B. 面向订单装配
   C. 面向库存生产　　　　　　　　D. 连续生产

5. 一个面向订单生产的制造企业，最有可能存储的物料是（　　）。
   A. 原材料　　　　　　　　　　　B. 子装配件
   C. 制造件　　　　　　　　　　　D. 产成品

二、判断题

1. 生产管理部门根据销售部门发出的订单在了解现有库存情况后，会在保证安全库存的前提下向采购部门提出采购计划。（　　）

2. 多阶投产是指当产成品有多层 BOM 结构，下达生产任务时，自动展开多层 BOM 的加工单。（　　）

3. 产品的 BOM 表反映了制造该产品所需物料的数量关系和采购关系。（　　）

4. BOM 是物料清单，它能表示企业产品的材料构成，也常被称为产品配方。（　　）

5. 生产管理处于企业管理系统的最基层。（　　）

三、简答题

1. 什么是产品结构?
_____
_____
_____

2. 什么是物料清单（BOM）?
_____
_____
_____

四、业务实训题

请根据相关角色权限在智能生产管理系统完成 2025 年 1 月发生的以下各项业务内容：

1. 1 月 2 日，根据销售订单进行生产智能手表 200 块。手表配件预计开工日期：2025-01-02，完工日期：2025-01-10；zn 芯片预计开工日期：2025-01-10，完工日期：2025-01-16；智能手表预计开工日期：2025-01-16，完工日期：2025-01-28。

2. 1 月 10 日，根据预测单进行生产高精度智能显示器 100 块。显示器预计开工日期：2025-01-10，完工日期：2025-01-14；xsq 芯片预计开工日期：2025-01-14，完工日期：2025-01-19；高精度智能显示器预计开工日期：2025-01-19，完工日期：2025-01-25。

学习评价

完成项目 4 的学习后,请填写项目 4 学习评价表(表 4-3),并将发现的知识漏洞填写在查漏补缺项,学而时习之,为后续深入应用知识奠定坚实基础。

表 4-3 项目 4 学习评价表

项目名称	评价指标	权重	评价方式				得分
			自评	互评	师评	系统评	
智能生产管理系统应用	识别单阶投产和多阶投产生产	20	√				
	能够绘制智能生产管理业务流程图	30		√	√		
	能熟练进行智能生产管理系统应用的相关操作	50				√	
查漏补缺							

项目5 智能成本管理系统应用

项目简介

制造企业是从事工业生产经营活动或提供工业性劳务的经济组织,根据企业生产的特点和管理要求,产品成本计算方法分为:品种法、分步法、分批法等。制造企业的成本项目为:直接材料、燃料和动力、直接人工、制造费用。执行科学的成本核算与管理,可以帮助企业了解成本结构和成本变动情况,为决策者提供重要的数据支持,实现成本控制和效率优化。在实际工作中,企业还可以结合自身特点和需求,灵活选择适合自己的成本核算方法和步骤,最终提高企业核算成本的效率和精确度。本项目包括采购入库成本核算、产品生产成本核算和销售出库业务成本核算。

项目导航

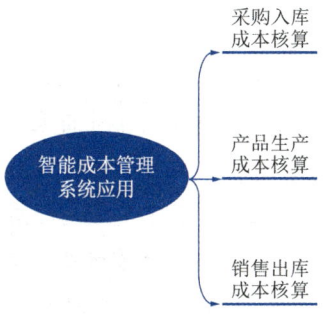

学习目标

○ 知识目标
- 能说出采购入库业务成本核算流程。
- 能说出销售出库业务成本核算流程。
- 能说出库存产品核算成本的方法。

○ 技能目标
- 能独立完成采购入库核算的业务操作。

- 能独立完成销售出库核算的业务操作。
- 能独立完成产品成本核算的业务操作。

○ **素养目标**

- 通过采购入库和销售出库核算业务的学习,培养学生具有控制采购成本、优化支付方式的管理意识。
- 通过产品成本核算业务的学习,培养学生具有提高库存周转率、降低库存成本的节约意识。

项目导入

健全成本核算体系,实现成本精细管控

华为技术有限公司(以下简称"华为公司")是一家总部位于中国深圳的跨国高科技公司,也是全球领先的电信网络解决方案供应商之一,为全球电信运营商提供基础设施和服务。作为中国乃至全球的通信科技巨头,华为公司通过建立健全的成本核算体系,实现了对各业务领域的成本精细化管理和控制。

首先,成本核算帮助华为公司准确掌握各项业务的成本构成。通过对研发、生产、销售等各个环节的成本进行核算和分析,华为公司能够清晰了解每个业务领域的成本分布和变动趋势。这有助于公司管理层作出更加明智的决策,优化资源配置,提高经营效率。

其次,成本核算有助于华为公司降低成本、提高盈利能力。通过成本核算,华为公司能够找出成本过高的环节和原因,进而采取相应的措施进行改进。例如,在研发过程中,华为公司通过成本核算发现某些项目的成本过高,于是优化研发流程、降低材料消耗,从而实现了成本的降低。这些成本的降低直接转化为公司的利润增长,提升了华为公司的市场竞争力。

综上所述,成本核算在华为公司的运营管理中具有举足轻重的作用。同样,对于任何企业来说,建立健全的成本核算体系是实现可持续发展和竞争优势的重要保障。

模块5.1 采购入库成本核算

采购入库成本核算是指将企业在日常经营活动中采购物料或商品时所发生的费用,包括购买价款及可归属于存货成本的相关采购费用,如关税、运输费、装卸费、

保险费等，按照核算规则计入对应物料或商品的入库成本。常见的两种存货成本核算方法是"实际成本法"和"计划成本法"。

实际成本法是指采购入库的时候，按照采购的实际金额入账的方法，存货科目下面的每个明细里面记录的也是实际成本金额。

计划成本法是指材料的收发及结存，无论总分类核算还是明细分类核算，均按照计划成本计价的方法。材料实际成本与计划成本的差异，通过"材料成本差异"账户核算。月末，计算并分摊本月发出材料应负担的成本差异，根据发出材料的用途计入相关资产的成本或者当期损益,从而将发出材料的计划成本调整为实际成本。

本书使用实际成本法核算采购入库成本。

采购核算是指根据采购业务所涉及的进货单、采购发票确认采购入库的实际入库成本。采购入库成本业务处理的关键单据之一是采购核算单。采购核算单是记录进货单、采购发票与采购入库单的单据，本书中采购业务的业务流程是依据发票立账，即当采购入库单有相应的采购发票与之匹配时，系统自动生成采购核算单。采购核算单查询途径为：库存核算→成本核算→采购核算单。

采购成本核算业务录屏

任务发放

1月28日，根据采购入库单计算采购入库成本，相关原始单据如图5-1所示。

序号	单据日期	单据编号	业务类型	仓库编码	仓库	入库类别	供应商编码	供应商
1	2025-01-03	II-2025-01-0003	普通采购	01	原材料库	采购入库	Gys001	上海东方晶圆制造有限公司
2	2025-01-05	II-2025-01-0005	普通采购	01	原材料库	采购入库	Gys003	浙江金鹏电子科技集团公司
3	2025-01-05	II-2025-01-0005	普通采购	01	原材料库	采购入库	Gys003	浙江金鹏电子科技集团公司
4	2025-01-11	II-2023-06-0001	普通采购	01	原材料库	采购入库	Gys008	上海新世纪表业有限公司
5	2025-01-11	II-2025-01-0001	普通采购	01	原材料库	采购入库	Gys008	上海新世纪表业有限公司
6	2025-01-13	II-2025-01-0006	普通采购	01	原材料库	采购入库	Gys005	湖南光学成像制品有限公司
7	2025-01-17	II-2025-01-0002	普通采购	01	原材料库	采购入库	Gys007	江苏亮彩电器有限公司
8	2025-01-26	II-2025-01-0004	采购退货	01	原材料库	采购入库	Gys001	上海东方晶圆制造有限公司

图5-1 采购入库单明细

操作指引

【财务部会计宗章根据供应链业务单据生成凭证】

步骤一： 在"总账"子系统中，进入"日常业务-单据生凭证"界面，打开"单据生凭证"窗口。

步骤二： 选择单据来源。在"过滤分组"中选择"采购入库单"，单击工具栏的"下一步"按钮，在系统弹出的"查询条件"对话框中，设置单据日期为"2025-01-01"—"2025-01-30"，直接单击"下一步"按钮，打开"查询结果"窗口。

步骤三： 生成凭证。选中所有单据，单击工具栏的"生成凭证"按钮，打开"生成凭证"窗口。

步骤四： 保存凭证。单击工具栏中的"保存"按钮，然后单击工具栏中的"下张"按钮图标，继续保存凭证。结果如图 5-2 至图 5-7 所示。

记账凭证

*凭证类别 记账凭证　　　*凭证编号 0001　　　*制单日期 2025-01-03　　　附单据数 1

明细　汇总

序号	*摘要	*科目名称	辅助项	计量单位	借方 亿千百十万千百十元角分	贷方 亿千百十万千百十元角分
1	普通采购/上海东方晶…	原材料	zn晶圆	片	1 4 8 5 0 0 0 0	
2	普通采购/上海东方晶…	在途物资				1 4 8 5 0 0 0 0

图 5-2　zn 晶圆成本凭证

记账凭证

*凭证类别 记账凭证　　　*凭证编号 0002　　　*制单日期 2025-01-05　　　附单据数 1

明细　汇总

序号	*摘要	*科目名称	辅助项	计量单位	借方 亿千百十万千百十元角分	贷方 亿千百十万千百十元角分
1	普通采购/浙江金鹏电…	原材料	xsq线路板	个	9 6 0 0 0 0	
2	普通采购/浙江金鹏电…	原材料	zn线路板	个	1 6 4 0 0 0 0	
3	普通采购/浙江金鹏电…	在途物资				2 6 0 0 0 0 0

图 5-3　线路板采购成本凭证

记账凭证

*凭证类别 记账凭证　　　*凭证编号 0003　　　*制单日期 2025-01-11　　　附单据数 1

明细　汇总

序号	*摘要	*科目名称	辅助项	计量单位	借方 亿千百十万千百十元角分	贷方 亿千百十万千百十元角分
1	普通采购/上海新世纪…	原材料	表带	个	1 5 3 6 0 0 0	
2	普通采购/上海新世纪…	原材料	表壳	个	7 6 8 0 0 0	
3	普通采购/上海新世纪…	在途物资				2 3 0 4 0 0 0

图 5-4　表带、表壳采购成本凭证

记账凭证

*凭证类别 记账凭证　　　*凭证编号 0004　　　*制单日期 2025-01-13　　　附单据数 1

明细　汇总

序号	*摘要	*科目名称	辅助项	计量单位	借方 亿千百十万千百十元角分	贷方 亿千百十万千百十元角分
1	普通采购/湖南光学成…	原材料	成像材料	套	2 4 5 0 0 0 0 0	
2	普通采购/湖南光学成…	在途物资				2 4 5 0 0 0 0 0

图 5-5　成像材料采购成本凭证

记账凭证

*凭证类别 记账凭证　　　*凭证编号 0005　　　*制单日期 2025-01-17　　　附单据数 1

明细　汇总

序号	*摘要	*科目名称	辅助项	计量单位	借方 亿千百十万千百十元角分	贷方 亿千百十万千百十元角分
1	普通采购/江苏亮彩电…	原材料	屏幕	个	3 4 3 0 0 0 0 0	
2	普通采购/江苏亮彩电…	在途物资				3 4 3 0 0 0 0 0

图 5-6　屏幕采购成本凭证

记账凭证

*凭证类别 记账凭证		*凭证编号 0006		*制单日期 2025-01-26		附单据数 1	
明细 汇总							

序号	*摘要	*科目名称	辅助项	计量单位	借方	贷方
					亿千百十万千百十元角分	亿千百十万千百十元角分
1	采购退货/上海东方晶...	原材料	zn晶圆	片	1 4 8 5 0 0 0	
2	采购退货/上海东方晶...	在途物资				1 4 8 5 0 0 0

图 5-7　晶圆退货成凭证

需注意的是：对于采购入库单来说，影响其单价和金额的原因有以下几个方面：

（1）特殊原因，发票单价和采购入库单的单位实际成本不一致，入库单会根据采购核算单作相应调整。

（2）由费用分摊造成的原因，对本期未生成凭证的单据进行费用分摊时，会直接将费用分摊到入库单金额中，同时单价也发生了变化。

（3）跨期或已记账等特殊原因，需对原入库单进行手工调整，则直接修改原入库单的单价和金额。

巩固提升

采购入库成本业务处理

1. 2025年1月9日，采购部张涛请购zn半导体材料250套，单价96.00元，要求当日到货。请购获得批准后与上海电子半导体材料加工有限公司签订采购合同，当日原材料到货，仓库部门办理验收并入原材料库，同时收到增值税专用发票一张，通过网银支付全部货款，请核算zn半导体材料的入库成本。

2. 2025年1月14日，采购部与上海东方晶圆制造有限公司签订采购合同，采购xsq晶圆100个，单价为5 000.00元；zn晶圆200个，单价为510.00元。当日xsq晶圆、zn晶圆到货，仓库部门办理验收并入原材料库，15日，收到原材料增值税专用发票和运输费增值税专用发票发票，运输费用价税合计1 308.00元，微信支付运输费用，运输费按照数量分摊，请核算xsq晶圆、zn晶圆的入库成本。

模块5.2　产品生产成本核算

生产成本是指生产活动的成本，即企业为生产产品而发生的成本。生产成本是生产过程中各种资源利用情况的货币表示，是衡量企业技术和管理水平的重要指标，包括直接材料费、直接人工费、制造费用（其他直接费用以及分配转入的间接费用）。直接材料费通过库存核算中的材料出库单核算可以较容易核算出材料成本，进而生成凭证，不需要再通过查原始单据、查费用明细、做Excel等方式进行手工核算；直接人工费可以通过薪资核算单计算；制造费用通过设置自定义结转公式自动计算。

生产成本核算
业务录屏

任务发放

1月20日，zn芯片完工入库200件；1月25日，手表配件完工入库200件；1月27日，xsq芯片完工入库80件；1月30日，智能手表完工入库200件。财务部核算本月入库产成品入库成本。相关数据如表5-1至表5-6所示。

表 5-1　制造费用分配表　　　　　　　　金额单位：元

产品	制造费用	分配标准（生产工时）	分配率	分配金额
zn 芯片	36 296.51	600	18.148255	10 888.95
手表配件		300		5 444.48
智能手表		600		10 888.95
xsq 芯片		500		9 074.13
合计	—	2 000	—	—

表 5-2　薪资费用分配表　　　　　　　　金额单位：元

产品	薪资金额	分配标准（生产工时）	分配率	分配金额
zn 芯片	71 480.35	600	35.7402	21 444.12
手表配件		300		10 722.06
智能手表		600		21 444.07
xsq 芯片		500		17 870.10
合计	—	2 000	—	—

表 5-3　产品成本核算　　　　　　　　　金额单位：元

zn 芯片		产量	直接材料	直接人工	制造费用	合计
月初生产费用			—	—	—	—
本月生产费用			145 536.92	21 444.12	10 888.95	177 869.07
月初费用 + 本月费用			145 536.92	21 444.12	10 888.95	177 869.07
产品产量（片）	期初在产品					
	本月投产	200				
	本期完工	200				
	期末在产品约当比例60%					
	总约当产量					
分配率						
完工产品成本			145 536.92	21 444.12	10 888.95	177 869.99
月末在产品成本			—	—	—	—

表 5-4　手机配件成本核算　　　　　　　金额单位：元

手机配件		产量	直接材料	直接人工	制造费用	合计
月初生产费用			—	—	—	—
本月生产费用			15 062.44	10 722.06	5 444.48	31 186.54
月初费用＋本月费用			15 062.44	10 722.06	5 444.48	31 186.54
产品产量（件）	期初在产品					
	本月投产	200				
	本期完工	200				
	期末在产品约当比例60%					
	总约当产量					
分配率						
完工产品成本			15 062.44	10 722.06	5 444.48	31 228.98
月末在产品成本			—	—	—	—

表 5-5　智能手表成本核算　　　　　　　金额单位：元

智能手表		产量	直接材料	直接人工	制造费用	合计
月初生产费用			—	—	—	—
本月生产费用			213 524.98	21 444.07	10 888.95	245 815.02
月初费用＋本月费用			213 524.98	21 444.07	10 888.95	245 815.02
产品产量（块）	期初在产品					
	本月投产	200				
	本期完工	200				
	期末在产品约当比例60%					
	总约当产量					
分配率						
完工产品成本			213 524.98	21 444.07	10 888.95	245 858.0
月末在产品成本			—	—	—	—

表 5-6　xsq 芯片成本核算　　　　　　　金额单位：元

xsq 芯片		产量	直接材料	直接人工	制造费用	合计
月初生产费用			—	—	—	—
本月生产费用			539 867.00	17 870.10	9 074.13	566 811.23
月初费用＋本月费用			539 867.00	17 870.10	9 074.13	566 811.23
产品产量（片）	期初在产品	0				
	本月投产	100				
	本期完工	80				

（续表）

xsq 芯片		产量	直接材料	直接人工	制造费用	合计
产品产量（片）	期末在产品约当比例 60%	12				
	总约当产量	92				
分配率			5 398.67	194.240217	98.631848	
完工产品成本			431 893.34	15 539.22	7 890.55	455 323.11
月末在产品成本			107 973.66	2 330.88	1 183.58	111 487.86

操作指引

【财务部会计宗章进行产品成本分配】

步骤一：在“库存核算-成本核算”子系统中，单击“库存核算”|“产品成本分配”，编辑单据日期为 2025-01-20，其他字段为系统自动生成，单击“选单—选产成品入库单”按钮，在“选单”窗口选中 zn 芯片的产成品入库单，返回产品成本分配窗口，单击“取直接材料—按定额分（完工取全部）”，“直接材料”为 145 536.00，根据产品成本核算表录入“制造费用”为 10 888.98，“直接人工”为 21 444.12，录入完成，单击保存，系统弹出提示窗口，单击“是”，审核该单据，结果如图 5-8 所示。

已审

·单据日期 2025-01-30　·单据编号 PC-2025-01-0002　·归集对象 加工单+产品　·分摊依据 主数量　间接材料　制造费用 10,888.95

人工费用 21,444.12　其他费用

序号	加工单号	*产品名称	规格型号	参考总成本	*单位	*入库数量	直接材料	间接材料	制造费用	人工费用	其他费用	总成本	单位成本
1	MO-2025-01-0002	zn芯片			件	200.00	145,536.92	0.00	10,888.95	21,444.12	0.00	177,869.99	889.3500

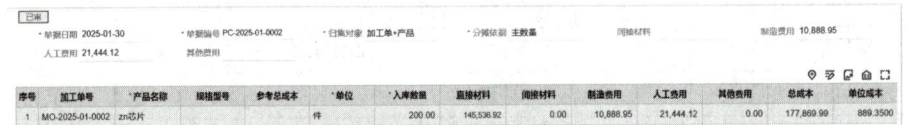

图 5-8　zn 芯片成本分配

步骤二：根据步骤一完成手表配件、xsq 芯片、智能手表成本分配。结果如图 5-9 至图 5-11 所示。

已审

·单据日期 2025-01-30　·单据编号 PC-2025-01-0003　·归集对象 加工单+产品　·分摊依据 主数量　间接材料　制造费用 5,444.48

人工费用 10,722.06　其他费用

序号	加工单号	*产品名称	规格型号	参考总成本	*单位	*入库数量	直接材料	间接材料	制造费用	人工费用	其他费用	总成本	单位成本
1	MO-2025-01-0002	手表配件			套	200.00	15,062.44	0.00	5,444.48	10,722.06	0.00	31,228.98	156.1449

图 5-9　手表配件成本分配

已审

·单据日期 2025-01-30　·单据编号 PC-2025-01-0001　·归集对象 加工单+产品　·分摊依据 主数量　间接材料　制造费用 7,890.55

人工费用 15,539.22　其他费用

序号	加工单号	*产品名称	规格型号	参考总成本	*单位	*入库数量	直接材料	间接材料	制造费用	人工费用	其他费用	总成本	单位成本
1	MO-2025-01-0001	xsq芯片			件	80.00	431,893.34	0.00	7,890.55	15,539.22	0.00	455,323.11	5,691.5389

图 5-10　xsq 芯片成本分配

已审

·单据日期 2025-01-30　·单据编号 PC-2025-01-0004　·归集对象 加工单+产品　·分摊依据 主数量　间接材料　制造费用 10,888.95

人工费用 21,444.07　其他费用

序号	加工单号	*产品名称	规格型号	参考总成本	*单位	*入库数量	直接材料	间接材料	制造费用	人工费用	其他费用	总成本	单位成本
1	MO-2025-01-0002	智能手表			块	200.00	213,524.98	0.00	10,888.95	21,444.07	0.00	245,858.00	1,229.2900

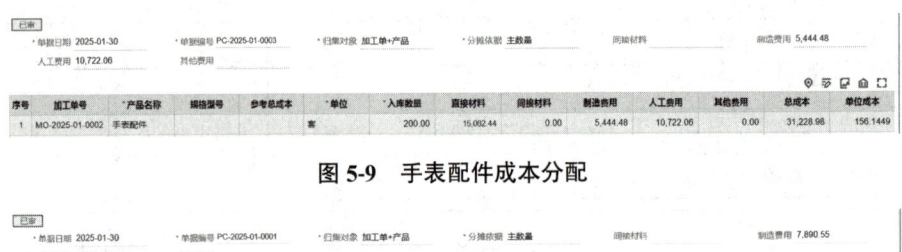

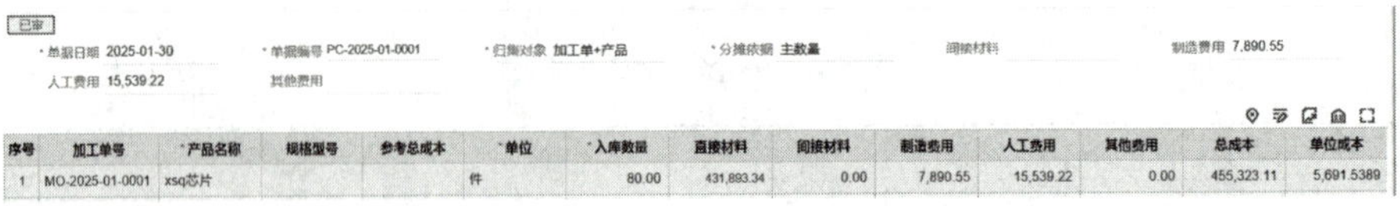

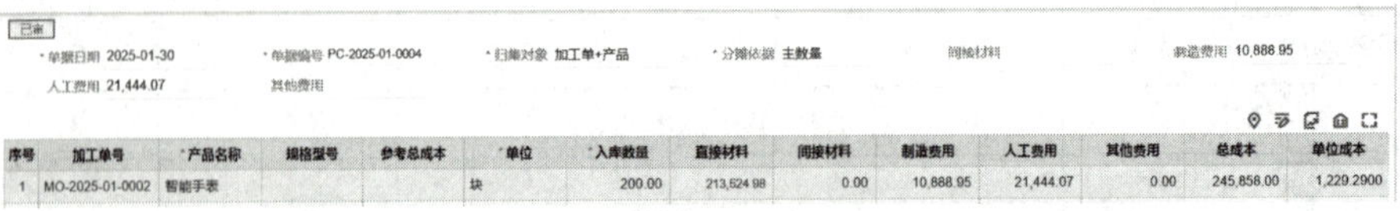

图 5-11　智能手表成本分配

记账凭证如图5-12至图5-15所示。

记账凭证

*凭证类别 记账凭证　　*凭证编号 0008　　*制单日期 2025-01-25　　附单据数 1

明细　汇总

序号	*摘要	*科目名称	辅助项	计量单位	借方	贷方
1	自制加工	原材料	手表配件	套	3122898	
2	自制加工	生产成本-直接材料	手表配件	套		1506244
3	自制加工	生产成本-直接人工	手表配件	套		1072206
4	自制加工	生产成本-制造费用	手表配件	套		544448

图 5-12　手表配件成本分配凭证

记账凭证

*凭证类别 记账凭证　　*凭证编号 0007　　*制单日期 2025-01-20　　附单据数 1

明细　汇总

序号	*摘要	*科目名称	辅助项	计量单位	借方	贷方
1	自制加工	原材料	zn芯片	件	17786999	
2	自制加工	生产成本-直接材料	zn芯片	件		14553692
3	自制加工	生产成本-直接人工	zn芯片	件		2144412
4	自制加工	生产成本-制造费用	zn芯片	件		1088895

图 5-13　zn 芯片成本分配凭证

记账凭证

*凭证类别 记账凭证　　*凭证编号 0009　　*制单日期 2025-01-27　　附单据数 1

明细　汇总

序号	*摘要	*科目名称	辅助项	计量单位	借方	贷方
1	自制加工	原材料	xsq芯片	件	45532311	
2	自制加工	生产成本-直接材料	xsq芯片	件		43189334
3	自制加工	生产成本-直接人工	xsq芯片	件		1553922
4	自制加工	生产成本-制造费用	xsq芯片	件		789055

图 5-14　xsq 芯片成本分配凭证

记账凭证

*凭证类别 记账凭证　　*凭证编号 0010　　*制单日期 2025-01-30　　附单据数 1

明细　汇总

序号	*摘要	*科目名称	辅助项	计量单位	借方	贷方
1	自制加工	库存商品	智能手表	块	24585800	
2	自制加工	生产成本-直接材料	智能手表	块		21352498
3	自制加工	生产成本-直接人工	智能手表	块		2144407
4	自制加工	生产成本-制造费用	智能手表	块		1088895

图 5-15　智能手表成本分配凭证

需注意的是：对于产品入库单来说，有两个方面会影响其单价：

（1）由产品成本录入工具或产成品成本分配造成的修改，产成品分配会根据用户确定的最终实际成本，批量更新产成品的入库金额及单价。

（2）由手工做的入库调整单造成的修改，针对原单进行入库调整的入库调整单，会直接修改原单的单价和金额。

> **巩固提升**

产品生产成本业务

1. 2025年1月10日,生产部需要生产100件zn芯片,预计开工日期:2025-01-10,预计完工日期:2025-01-25,直接材料为75 000.00元,制造费用为3 508.80元;直接人工为5 282.40元,月末分配zn芯片成本。

2. 2025年1月8日,根据预测单进行生产智能手表100块。手表配件预计开工日期:2025-01-08,完工日期:2025-01-12;zn芯片预计开工日期:2025-01-12,完工日期:2025-01-16;智能手表预计开工日期:2025-01-16,完工日期:2025-01-28。zn芯片直接材料为68 900.00元,制造费用为3 908.25元,直接人工为5 480.40元;手表配件直接材料为13 860.00元,制造费用为2 522.00元,直接人工为4 002.60元;智能手表直接材料为82 760.00元,制造费用为3 500.00元,直接人工为4 402.60元。月末分配产品成本。

模块5.3 销售出库成本核算

销售出库成本是指企业销售货物出库时,结转对应产品的成本,并减少企业的库存商品的金额,以产品的销售数量和销售成本单价为基础进行确认。目前有多种方法来计算产品出库成本,不同的计价方法会计算出不同的出库成本,企业一经选定某一种方法后,不得随意变动。产品出库计价方法有先进先出法、全月一次加权平均法、移动加权平均法和个别计价法。

(1)先进先出法是以先购入的存货先发出这样一种存货实物流转假设为前提,对先发出存货按先入库的存货单位成本进行计价的一种方法。采用这种方法,先购入的存货成本在后购入的存货成本之前转出,据此确定发出存货和期末存货的成本。先进先出法适合管理有保质期限的商品、有大量库存的企业,包括零售业、食品和饮料行业等。

(2)全月一次加权平均法是指根据期初存货结存和本期收入存货的数量和进价成本,于月末一次计算存货的全月加权平均单价,以求得本期发出存货成本和结存存货成本的一种方法。全月一次加权平均法作为一种平均价格法,在一定程度上修正了价格波动趋势的影响,使得本期销货成本介于早期购货成本与当期购货成本之间。该种方法主要适用于生产企业的产成品、半成品的成本核算,原材料的成本核算等。

(3)移动加权平均法是指企业按实际成本进行材料明细分类核算时,以各批材料收入数量和上批结余材料数量为权数,计算材料平均单位成本的一种方法。采用这种计价方法，每购进一批材料需重新计算一次加权平均单价，据以作为领用材料的单位成本。该种方法主要适用于经营品种不多，或者前后购进商品的单价相差幅度较大的商品流通类企业。

（4）个别计价法是指对出货成本进行个别计价的一种方法，适用于对成本较敏感的企业，如大型医院。存货部门购入存货后，要由各部门领用，在成本核算较严格的情况下，各部门的领入成本直接和效益奖金挂钩，这时候必须对成本进行个别计价，即必须按照部门所需产品的市场价格进行计价。

本书中存货的计价方法均为全月一次加权平均法，需在月末结转销售成本。

任务发放

1月30日，财务部结转本月销售出库的产品成本。相关原始单据如图5-16所示。

图 5-16　销售出库单明细

操作指引

【财务部会计宗章进行结转销售成本】

步骤一： 在"总账"子系统中，进入"日常业务—单据生凭证"界面，选择单据来源。在"过滤分组"中选择"销售出库单"，单击工具栏的"下一步"按钮，在系统弹出的"查询条件"对话框中，单据日期为"2025-01-01"—"2025-01-30"，直接单击"下一步"按钮，打开"查询结果"窗口。

步骤二： 生成凭证。选中所有单据，单击工具栏的"生成凭证"按钮，打开"生成凭证"窗口。

步骤三： 修改业务单据日期是"2025-01-26"、客户为"北京电子制品开发有限公司"的凭证。修改"主营业务成本"科目金额为 600 000.00，单击序号点击"插行"按钮，插入一行空白行，摘要为默认，赠送的智能手表记入"销售费用——业务宣传费"科目，借方金额为"1 717.23"，单击序号点击"增行"，新增一行空白行，摘要为默认，科目为"应交税费—应交增值税（销项税额）"，贷方金额为"197.56"，单击工具栏中的"保存"按钮，然后单击工具栏中的"下张"按钮图标，继续保存凭证。结果如图5-17至图5-23所示。

记账凭证

*凭证类别 记账凭证   *凭证编号 0017   *制单日期 2025-01-26   附单据数 1

序号	*摘要	*科目名称	辅助项	计量单位	借方	贷方
1	普通销售/北京电子制…	主营业务成本			60151981	
2	普通销售/北京电子制…	库存商品	高精度智能显示器	件		60000000
3	普通销售/北京电子制…	库存商品	智能手表	块		151981

图 5-17　销售成本凭证 1

记账凭证

[已生成]

*凭证类别 记账凭证   *凭证编号 0057   *制单日期 2025-01-01   附单据数 1

序号	*摘要	*科目名称	辅助项	计量单位	借方	贷方
1	普通销售/上海中芯科…	主营业务成本			67500000	
2	普通销售/上海中芯科…	库存商品	高精度智能显示器	件		67500000

图 5-18　销售成本凭证 2

记账凭证

[已生成]

*凭证类别 记账凭证   *凭证编号 0058   *制单日期 2025-01-10   附单据数 1

序号	*摘要	*科目名称	辅助项	计量单位	借方	贷方
1	普通销售/浙江未来光…	主营业务成本			26425584	
2	普通销售/浙江未来光…	原材料	xsq芯片	件		26425584

图 5-19　销售成本凭证 3

记账凭证

[已生成]

*凭证类别 记账凭证   *凭证编号 0059   *制单日期 2025-01-12   附单据数 1

序号	*摘要	*科目名称	辅助项	计量单位	借方	贷方
1	普通销售/北京电子制…	主营业务成本			18236040	
2	普通销售/北京电子制…	库存商品	智能手表	块		18236040

图 5-20　销售成本凭证 4

记账凭证

[已生成]

*凭证类别 记账凭证   *凭证编号 0060   *制单日期 2025-01-07   附单据数 1

序号	*摘要	*科目名称	辅助项	计量单位	借方	贷方
1	普通销售/昆山合生光…	主营业务成本			24000000	
2	普通销售/昆山合生光…	原材料	显示屏	个		24000000

图 5-21　销售成本凭证 6

已生成							
*凭证类别 记账凭证		*凭证编号 0061	*制单日期 2025-01-18		附单据数 1		
明细 汇总							
序号	*摘要	*科目名称	辅助项	计量单位		借方 亿千百十万千百十元角分	贷方 亿千百十万千百十元角分
1	销售退货/昆山合生光…	主营业务成本				9 0 0 0 0 0	
2	销售退货/昆山合生光…	原材料	显示屏	个			9 0 0 0 0 0

图 5-22　销售成本凭证 7

已生成							
*凭证类别 记账凭证		*凭证编号 0062	*制单日期 2025-01-26		附单据数 1		
明细 汇总							
序号	*摘要	*科目名称	辅助项	计量单位		借方 亿千百十万千百十元角分	贷方 亿千百十万千百十元角分
1	普通销售/浙江未来光…	主营业务成本				4 1 2 5 9 5 0 0	
2	普通销售/浙江未来光…	原材料	xsq芯片	件			3 6 7 0 2 2 0 0
3	普通销售/浙江未来光…	原材料	zn芯片	件			4 5 5 7 3 0 0

图 5-23　销售成本凭证 8

需注意的是：对于销售出库单来说，其单价发生变化都是由于相关出入库单成本发生变化后，经过重新计价而引起变化。

巩固提升

销售出库成本业务

1. 2025 年 1 月 4 日，浙江未来光电仪器有限公司向销售部订购高精度智能显示器 20 件，单价为 12 800.00 元，智能手表 30 块，单价为 2 975.00 元，约定合同签订当日浙江未来光电仪器有限公司通过网银转账支付 10 000.00 元订金，仓储部从产成品库发出其订购货物。1 月 5 日，在对方确认收货无误后，业务部开具了此笔交易的专用销售发票一张，发票号码为 56270211，尚未收到剩余货款，请帮财务核算销售成本。

2. 2025 年 1 月 16 日，销售部向北京电子制品开发有限公司进行报价，销售 zn 芯片 200 个，报价为 1 500.00 元，经协商给予价税合计 1%的商业折扣。销售部于当日开出增值税专用发票，发票号码为 66270225，当日财务部收到全部货款。2025 年 1 月 18 日，仓储部从半成品库发出货物，请帮财务核算销售成本。

项目小结

智能成本管理系统应用所涉及的工作任务与"1＋X"职业技能证书对应关系如表 5-7 所示。

表 5-7　智能成本管理系统应用与 "1+X" 职业技能证书对应关系表

项目名称	工作任务	对接 1+X 职业技能证书					
		智能财税		财务共享服务		业财一体 信息化应用	
		初级	中级	初级	中级	初级	中级
智能成本 管理系统 应用	采购入库成本业务处理	✓	✓	✓		✓	✓
	产品生产成本业务处理	✓	✓	✓		✓	✓
	销售出库成本业务处理	✓	✓	✓		✓	✓

▶ 对比分析 ◀

畅捷通 T+、金蝶云·星空在智能成本管理系统应用操作对比分析如表 5-8 所示。

表 5-8　智能生产管理系统应用操作对比分析表

项目名称	工作任务	会计信息系统操作差异对比	
		畅捷通 T+	金蝶云·星空
智能成本 管理系统 应用	5.1.1 采购入库成本业务处理	总账-单据生凭证-生成凭证	选择对应单据-生成凭证
	5.2.1 产品生产成本业务处理	总账-单据生凭证-生成凭证	选择对应单据-生成凭证
	5.3.1 销售出库成本业务处理	总账-单据生凭证-生成凭证	选择对应单据-生成凭证

通关测试

一、选择题

1. 采购人员的采购费用直接计入（　　）。
   A. 材料物资采购成本　　　　　B. 销售费用
   C. 制造费用　　　　　　　　　D. 管理费用

2. 下列各项中，属于产品生产成本项目的是（　　）。
   A. 外购动力　　B. 直接材料　　C. 材料费用　　D. 折旧费用

3. 下列各项中，不计入产品成本的费用是（　　）。
   A. 直接材料费用　　　　　　　B. 辅助车间管理人员工资
   C. 车间用厂房折旧　　　　　　D. 企业总部办公楼折旧

4. 下列各项中，属于工业企业期间费用的是（　　）。
   A. 直接材料费用　B. 制造费用　C. 直接人工费用　D. 销售费用

5. （　　）是根据期初存货结存和本期收入存货的数量和进价成本，于月末一次计算存货的全月加权平均单价，以求得本期发出存货成本和结存存货成本。
   A. 先进先出法　　　　　　　　B. 全月一次加权平均法
   C. 移动加权平均法　　　　　　D. 个别计价法

二、判断题

1. 约当产量比例法下，在完工产品和在产品之间分配直接材料时，应区分开始时一次性投料和陆续投料的情况。（　　）
2. 材料采购成本不包括运输费。（　　）
3. 销售成本与存货计价方式无关。（　　）
4. "制造费用"账户月末没有余额。（　　）
5. 企业管理人员工资不能计入产品成本费用。（　　）

三、业务实训题

请根据相关角色权限在智能生产管理系统完成 2025 年 1 月发生的以下各项业务内容完成对应产品的成本核算。

1. 2025 年 1 月 2 日，北京电子制品开发有限公司与销售部签订销售合同，订购显示器 20 个，单价为 4 200.00 元，银行收到订金 10 000.00 元。仓库于 1 月 2 日开出销售出库单发出上述订购商品。销售部于 1 月 3 日在对方确认收货无误后开出此次订购商品的增值税专用发票，发票号码为：86270110，同时收到客户用网银方式支付的剩余货款，进行现结处理。

2. 2025 年 1 月 15 日，采购部与浙江金鹏电子科技集团公司签订采购合同，采购 zn 线路板 300 个，单价为 90.00 元，约定到货日期为 1 月 16 日。1 月 16 日，采购部收到采购zn线路板的增值税专用发票一张，当日通过网银支付全部货款。同日，仓库收到全部原材料，并已验收入原材料库。

3. 2025年1月2日，根据销售订单生产智能手表200块。手表配件预计开工日期：2025-01-02，完工日期：2025-01-10；zn芯片预计开工日期：2025-01-10，完工日期：2025-01-16；智能手表预计开工日期：2025-01-16，完工日期：2025-01-28。zn芯片直接材料为164 900.00元，制造费用为5 908.25元，直接人工为8 980.00元；手表配件直接材料为30 860.00元，制造费用为4 622.00元，直接人工为7 802.00元；智能手表直接材料为182 760.00元，制造费用为6 940.00元，直接人工为6 402.80元。月末分配产品成本。

4. 2025年1月10日，根据预测单生产高精度智能显示器100块。显示器预计开工日期：2025-01-10，完工日期：2025-01-14；xsq芯片预计开工日期：2025-01-14，完工日期：2025-01-19；高精度智能显示器预计开工日期：2025-01-19，完工日期：2025-01-25。xsq芯片直接材料为128 900.00元，制造费用为4 608.25元，直接人工为6 280.00元；显示器直接材料为58 960.00元，制造费用为6 862.00元，直接人工为5 862.00元；高精度智能显示器直接材料为187 860.00元，制造费用为6 940.00元，直接人工为5 402.80元。月末分配产品成本。

学习评价

完成项目 5 的学习后,请填写项目 5 学习评价表(表 5-9),并将发现的知识漏洞填写在查漏补缺项,学而时习之,为后续深入应用知识奠定坚实基础。

表 5-9 项目 5 学习评价表

项目名称	评价指标	权重	评价方式				得分
			自评	互评	师评	系统评	
智能成本管理系统应用	会采购入库成本核算	20	√		√		
	会产品生产成本核算	25	√		√		
	会销售出库成本核算	20	√		√		
	能熟练进行库存核算业务操作	35				√	
查漏补缺								

项目 6　智能财税管理系统应用

项目简介

随着人工智能、云计算、大数据、区块链、移动互联、物联网等新一代数字技术在各行各业的广泛应用，产业数字化转型升级的速度大大加快，形成了业务处理、财税控制、财经分析等业务模块与新技术、新业态、新场景的深度融合，企业也对财经专业从业者的数字化思维与能力提出了更高的要求。智能财税管理系统是顺应行业变革的产物，包括往来现金业务处理、职工薪酬业务处理、资产业务处理、期末处理、财务报表编制等。该系统通过强化新技术的应用，形成准确、有效的会计数据要素，提升数据治理水平。

项目导航

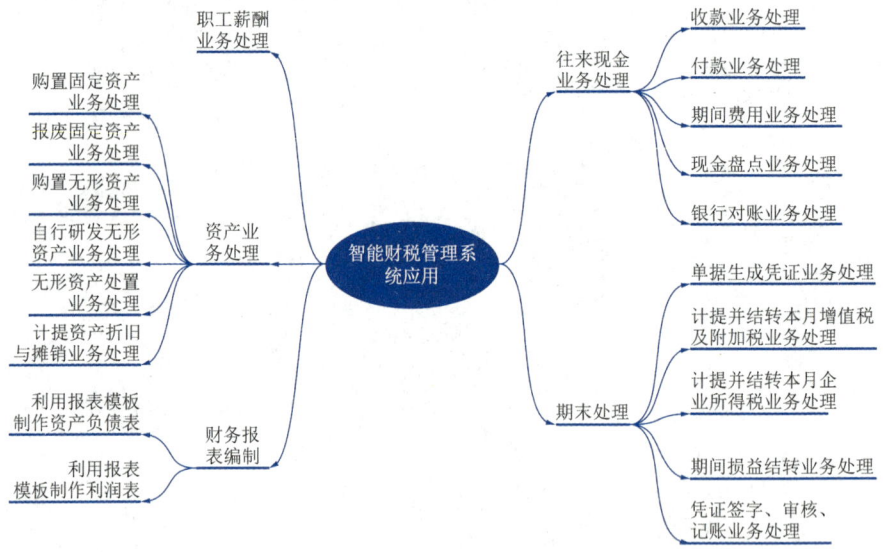

学习目标

○ 知识目标

- 能说出智能财税管理系统包含的模块内容。

- 能列举智能财税管理系统每个模块包含的具体功能。

○ **技能目标**
- 能完成往来现金模块的业务操作。
- 能完成薪资管理模块的业务操作。
- 能完成资产管理模块的业务操作。
- 能完成总账模块期末业务的操作。
- 能完成报表模块的业务操作。

○ **素养目标**
- 通过往来现金模块的学习，培养学生在处理日常现金收支和应收应付账款的业务时，具有确保往来现金管理合法合规的意识。
- 通过薪资管理模块的学习，培养学生在准确录入、处理和分析薪资数据的业务时，具有遵守税收法律法规、劳动法等相关法律法规的意识。
- 通过资产管理模块的学习，培养学生在处理资产业务时具有确保资产准确登记、提高资产使用率、识别和控制资产的意识。
- 通过总账模块和报表模块的学习，培养学生遵守会计职业道德规范，坚持诚实守信，规避财务造假和欺诈行为，确保财务数据的准确性、完整性、合法性。

项目导入

智能财税，助力企业财税管理现代化

中国财税数字化市场规模持续增长，预计 2025 年将达到 702 亿元。智能财税对当前中国经济的作用主要体现在以下几个方面：

（1）推动财税管理现代化。智能财税利用大数据、云计算、人工智能等先进技术，实现了财税数据的自动化处理、智能分析和决策支持，提高了财税管理的效率和精度，推动了企业财税管理的现代化进程。

（2）增强企业竞争力。智能财税帮助企业实现财税管理的智能化、精细化，降低了运营成本，提高了决策效率，使企业能够更加灵活地应对市场变化，从而增强企业的市场竞争力。

（3）推动财税行业创新发展。智能财税的发展催生了财税服务的新业态、新模式，促进了财税行业的转型升级和创新发展，为经济增长注入了新的活力。

以武汉江之都财税集团为例，该集团通过与金蝶国际软件集团有限公司建立合作，使用智能化、数字化的财税工具，实现一键导入银行流水、自动生成凭证等功能，整体效率提高 2～3 倍，数据准确率提升 85.7%。同时，智能财税系统帮助武汉江之都财税集团完成了人员分岗、业务切割，提升了服务承接能力。该案例展示了智能财税在不同场景下的成功应用，通过自动化、智能化手段，显著提升了企业的财税管理效率和准确性。

模块6.1 往来现金业务处理

往来现金业务包括收付款业务、费用业务、借款及押金等业务,涉及的单据主要有:收款单、收入单、付款单、费用单、其他应收单、其他应付单等。

6.1.1 收款业务处理

收款业务录屏

收款是企业出现风险频率比较高的流程节点之一,不同的收款方式和收款业务类型,其风险程度、管理方式和防范重点都不一样。企业在实际收款管理过程中应针对不同的业务类型以及收款方式制定相应的管理政策,确保收款业务的安全。企业需要及时确认客户的付款情况,并将收款信息录入财务系统。如果客户未按时付款,企业需要及时与客户沟通,催促客户付款。

> 任务发放

1. 1月3日,财务部收到上海中芯科技有限公司上月货款287 000.00元。相关原始单据如图6-1所示。

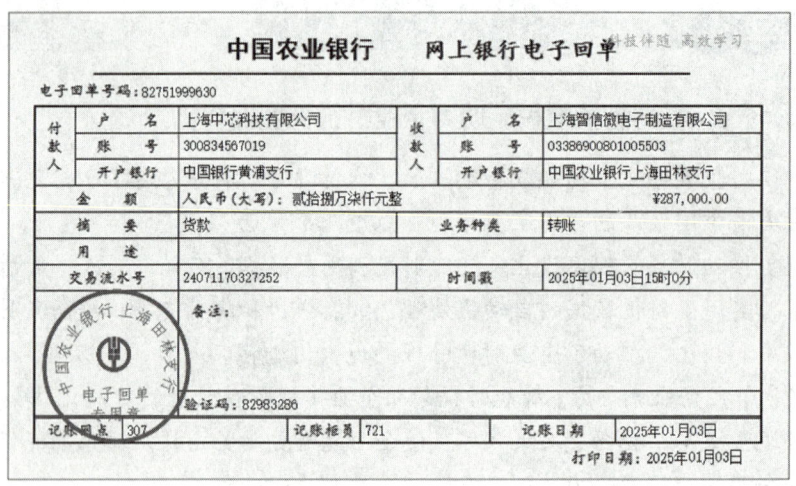

图6-1 网银回单

2. 1月5日,李媛媛归还上月暂支差旅费剩余款项,财务部收到现金802.00元。相关原始单据如图6-2所示。

3. 1月16日,财务部收到北京电子制品开发有限公司货款398 664.00元。相关原始单据如图6-3所示。(承接项目3中3.1.2.2现金折扣业务处理)

4. 1月30日,财务部收到浙江未来光电仪器有限公司货款723 200.00元和代垫运费1 090.00元。相关原始单据如图6-4、图6-5所示。(承接项目3中3.1.3代垫运费业务处理)

收款收据

No.6042971
2025 年 01 月 05 日

今 收 到　李嫒嫒
交　来　退还差旅费多余款
金额(大写)　零 拾 零 万 零 仟 捌 佰 零 拾 贰
￥802.00　现金收讫
收款单位(公章)：上海智信微电子制造有限公司 财务专用章

核准 宗章　会计 汪莱　记账 汪莱　出纳 储娜　经办人 李嫒嫒

图 6-2　收款收据

中国农业银行　网上银行电子回单

电子回单号码：47807293436

付款人	户名	北京电子制品开发有限公司	收款人	户名	上海智信微电子制造有限公司
	账号	861580122210008		账号	03386900801005503
	开户银行	招商银行北京双榆树支行		开户银行	中国农业银行上海田林支行

金额	人民币(大写)：叁拾玖万捌仟陆佰陆拾肆元整		￥398,664.00
摘要	货款	业务种类	转账
用途			

交易流水号　05709208262102　　时间戳　2025年01月16日15时4分

备注：

验证码：47029480

记账网点 958　　记账柜员 527　　记账日期 2025年01月16日

打印日期：2025年01月16日

图 6-3　网银回单

中国农业银行　网上银行电子回单

电子回单号码：75976732620

付款人	户名	浙江未来光电仪器有限公司	收款人	户名	上海智信微电子制造有限公司
	账号	1204080019814010789		账号	03386900801005503
	开户银行	中国工商银行平湖支行		开户银行	中国农业银行上海田林支行

金额	人民币(大写)：柒拾贰万叁仟贰佰元整		￥723,200.00
摘要	货款	业务种类	转账
用途			

交易流水号　23878737466500　　时间戳　2025年01月30日15时29分

备注：

验证码：81681843

记账网点 395　　记账柜员 718　　记账日期 2025年01月30日

打印日期：2025年01月30日

图 6-4　网银回单

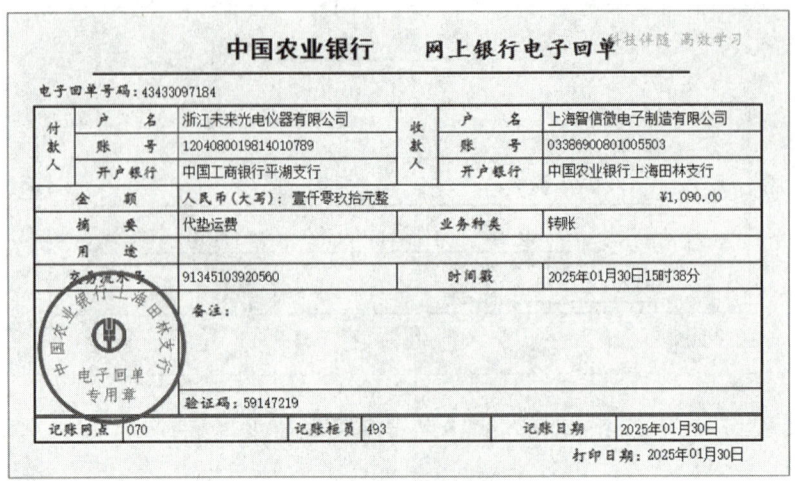

图 6-5　网银回单

【出纳储娜填制收款单】

步骤一：在"往来现金—单据"子系统处，单击"收款单"按钮；录入"单据日期"为 2025-01-03，"结算客户"为上海中芯科技有限公司，业务类型选择"普通收款"，结算方式选择"转账"，账号名称选择"农行 5503"，收款金额录入"287 000.00"，页面单击"选单"并选择"期初应收"，对该单据分别进行分摊、保存新增。结果如图 6-6 所示。

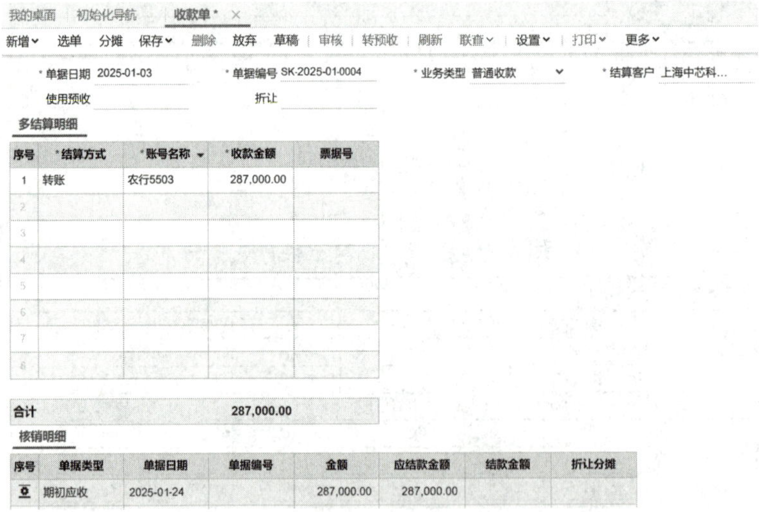

图 6-6　收款单

步骤二：在新增空白收款单页面，录入"单据日期"为 2025-01-05，"结算客户"为李媛媛，业务类型选择"普通收款"，结算方式选择"现金"，账号名称选择"现金"，收款金额录入"802.00"，单击"选单"并选择"期初其他应收"和"费用单"，对该单据分别进行分摊、保存新增。结果如图 6-7 所示。

我的桌面　初始化导航　收款单 ×

新增　选单　分摊　保存　删除　放弃　草稿　审核　转预收　刷新　联查　设置　打印　更多

* 单据日期 2025-01-05　* 单据编号 SK-2025-01-0007　* 业务类型 普通收款　* 结算客户 李媛媛

使用预收 0.00　折让 0.00

多结算明细

序号	* 结算方式	* 账号名称	* 收款金额	票据号
1	现金	现金	802.00	
2				
3				
4				
5				
6				
7				
8				
9				
合计			802.00	

核销明细

序号	单据类型	单据日期	单据编号	金额	应结款金额	结款金额	折让分摊
1	期初其他应收	2025-01-26		2,500.00	2,500.00	2,500.00	0.00
2	费用单	2025-01-05	BE-2025-01-...	-1,698.00	-1,698.00	-1,698.00	0.00

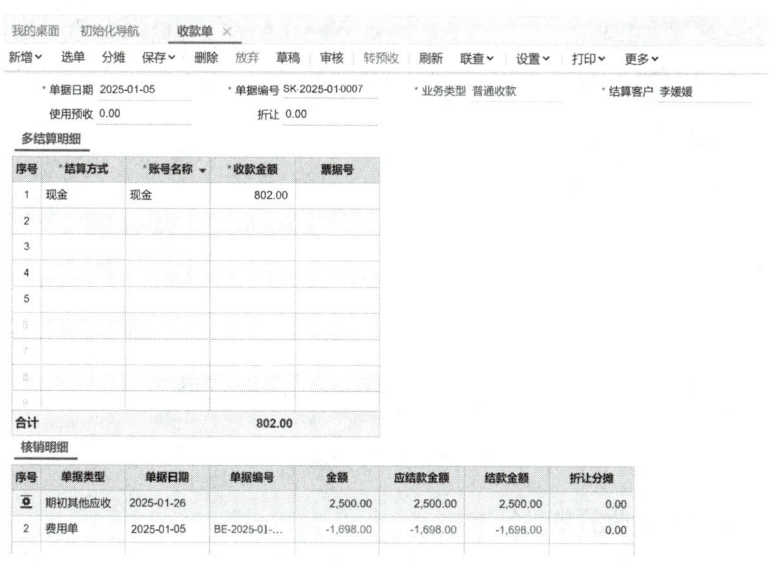

图 6-7　归还剩余借款收款单

步骤三： 在新增空白收款单页面，录入“单据日期”为 2025-01-16，“结算客户”为北京电子制品开发有限公司，“折让”为 8 136.00，业务类型选择“普通收款”，结算方式选择“转账”，账号名称选择“农行 5503”，收款金额录入“398 664.00”，单击“选单”并选择 1 月 13 日的“销售发票”，对该单据进行保存新增。结果如图 6-8 所示。

我的桌面　初始化导航　收款单 ×

新增　选单　分摊　保存　删除　放弃　草稿　审核　转预收　刷新　联查　设置　打印　更多

* 单据日期 2025-01-16　* 单据编号 SK-2025-01-0003　* 业务类型 普通收款　* 结算客户 北京电子制...

使用预收 0.00　折让 8,136.00

多结算明细

序号	* 结算方式	* 账号名称	* 收款金额	票据号
1	转账	农行5503	398,664.00	
2				
3				
4				
5				
6				
7				
8				
合计			398,664.00	

核销明细

序号	单据类型	单据日期	单据编号	金额	应结款金额	结款金额	折让分摊
1	销售发票	2025-01-13	SB-2025-01-...	406,800.00	406,800.00	406,800.00	8,136.00

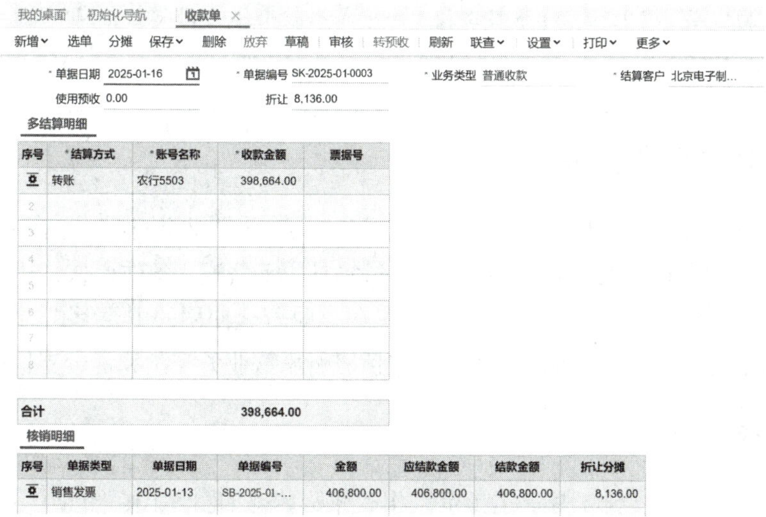

图 6-8　收款单

步骤四： 在新增空白收款单页面，录入“单据日期”为 2025-01-30，“结算客户”为浙江未来光电仪器有限公司货款，业务类型选择“普通收款”，结算方式选择“转账”，账号名称选择“农行 5503”，收款金额录入“723 200.00”，对该单据进行保存新增。结果如图 6-9 所示。

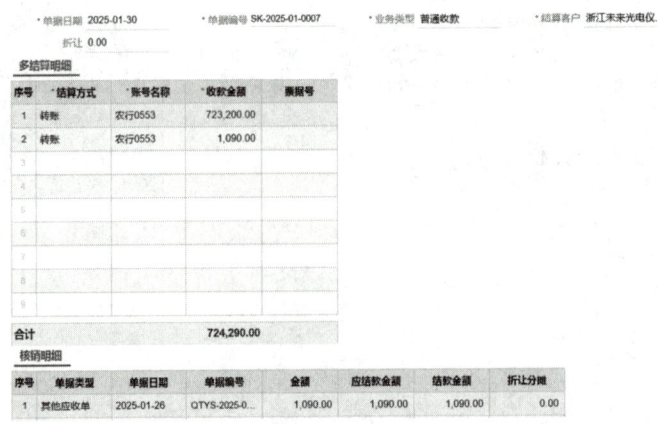

图 6-9　收款单

【财务部会计宗章对收款单进行审核】

在"往来现金—单据"处，单击"收款单"按钮，通过单击"<"图标的方法找出已完成的收款单，各项内容检查无误后，在收款单页面进行审核。

需注意的是：凡现结的销售发票或销售订单中的订金及现结的往来收入单，审核后，自动生成收款单，自动生成的收款单须审核后，才能自动生成对应的日记账记录。

巩固提升

收款业务处理

1. 2025 年 1 月 12 日，财务部收到上海中芯科技有限公司货款 1 105 987.50 元。
2. 2025 年 1 月 24 日，财务部收到昆山合生光学电子有限公司货款 352 560.00 元。

6.1.2　付款业务处理

付款业务录屏

付款业务是采购业务不可分割的组成部分，即在采购业务基础上，将企业资金支付给采购商品的供应商。同时，还需要支付每月职工薪酬、各项税款、社会保险费、住房公积金以及接受各类服务产生的费用。付款是资金使用的主要形式，因此是企业会计控制的重点，付款业务的控制主要包括应付账款业务控制和资金支付控制。

任务发放

1. 1 月 5 日，支付 1 月员工工资。相关原始单据如图 6-10、图 6-11 所示。

1月工资汇总表

部门	应发工资	养老保险	医疗保险	失业保险	住房公积金	个人所得税	实发工资	社会保险费（企业）	住房公积金（企业）
财务部	37000	3145.6	786.4	196.6	2730	0	30141.4	10482.71	2730
采购部	21400	1777.6	444.4	111.1	1519	0	17547.9	5923.85	1519
仓储部	29600	2307.2	576.8	144.2	1925	134.19	24512.61	7688.74	1925
行政人事部	19500	1585.6	396.4	99.1	1351	0	16067.9	5284.01	1351
监事会	15400	1440	360	90	1260	0	12250	4798.8	1260
生产部	74000	5857.6	1464.4	366.1	5117	0	61194.9	19520.44	5117
销售部	70000	5276.8	1319.2	329.8	4578	17.8	58478.4	17584.93	4578
研发部	40200	3360	840	210	2940	0	32850	11197.2	2940
总经理办公室	41800	4064	1016	254	3556	26.3	32883.7	13543.28	3556
总计	348900	28814.4	7203.6	1800.9	24976	178.29	285926.81	96023.96	24976

图 6-10　工资汇总

中国农业银行　　网上银行电子回单

电子回单号码：26039262499

付款人	户　名	上海智信微电子制造有限公司		
	账　号	03386900801005503		
	开户银行	中国农业银行上海田林支行		
金　额		人民币（大写）：贰拾捌万伍仟玖佰贰拾陆元捌角壹分　¥285,926.81		
摘　要		1月薪资代发	业务种类	自助代发付款
用　途				
交易流水号		84931378235344	时间戳	2025年01月05日22时52分
		备注：		
		验证码：32734374		
记账网点	906	记账柜员 329	记账日期	2025年01月05日

中国农业银行上海田林支行 电子回单专用章

打印日期：2025年01月05日

图 6-11　银行薪资代发回单

2. 1 月 8 日，支付上月社会保险费。相关原始单据如图 6-12 所示。

中国农业银行　　凭证

电子缴税付款凭证

缴税日期：2025 年 01 月 08 日　　凭证字号：20230010

纳税人全称及纳税人识别号：上海智信微电子制造有限公司　913101167989785688

付款人全称：上海智信微电子制造有限公司

付款人账号：03386900801005503　　征收机关名称：国家税务总局上海市徐汇区税务局

付款人开户行：中国农业银行上海田林支行　　收款国库（银行）名称：中华人民共和国国家金库上海市分库

小写（合计）金额：¥133,842.86　　缴款书交易流水号：08997099

大写（合计）金额：人民币壹拾叁万叁仟捌佰肆拾贰元捌角陆分　　税票号码：667991053354378405

税（费）种名称	所属日期	实缴金额（单位：元）
基本医疗保险	2025.01.01 - 2025.01.31	7,203.60
养老保险	2025.01.01 - 2025.01.31	28,814.40
失业保险	2025.01.01 - 2025.01.31	1,800.90
企业职工基本养老保险	2025.01.01 - 2025.01.31	96,023.96
	-	

中国农业银行上海田林支行 电子回单专用章

第　次打印　　打印时间：2025 年 01 月 08 日

客户回单联　　验证码：569213　　复核：　　记账：

图 6-12　缴纳社会保险费

3. 1 月 9 日，支付 1 月住房公积金。相关原始单据如图 6-13 所示。

中国农业银行　　网上银行电子回单

电子回单号码：07612522091

付款人	户　名	上海智信微电子制造有限公司	收款人	户　名	上海市住房公积金中心
	账　号	03386900801005503		账　号	310015025880500004520005
	开户银行	中国农业银行上海田林支行		开户银行	中国建设银行股份有限公司上海市分行
金　额		人民币（大写）：肆万玖仟玖佰伍拾贰元整　¥49,952.00			
摘　要		1月份住房公积金	业务种类		转账
用　途					
交易流水号		92666646801471	时间戳		2025年01月09日10时45分
		备注：			
		验证码：34986827			
记账网点	828	记账柜员 613	记账日期		2025年01月09日

中国农业银行上海田林支行 电子回单专用章

打印日期：2025年01月09日

图 6-13　缴纳住房公积金

4. 1月12日，支付1月增值税36 000.00元、城市维护建设税2 520.00元、教育费附加1 080.00元、地方教育附加720.00元、个人所得税178.29元和印花税3 515.00元。相关原始单据如图6-14、图6-15所示。

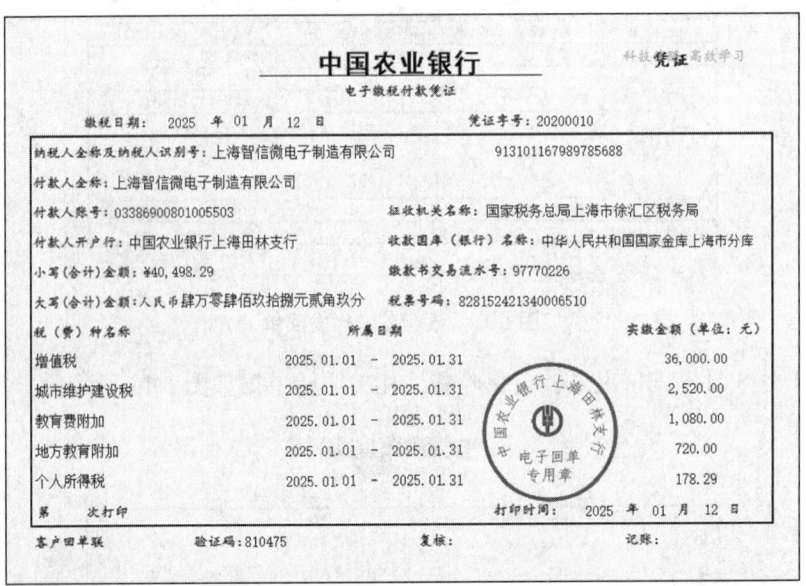

图6-14　缴纳税费回单

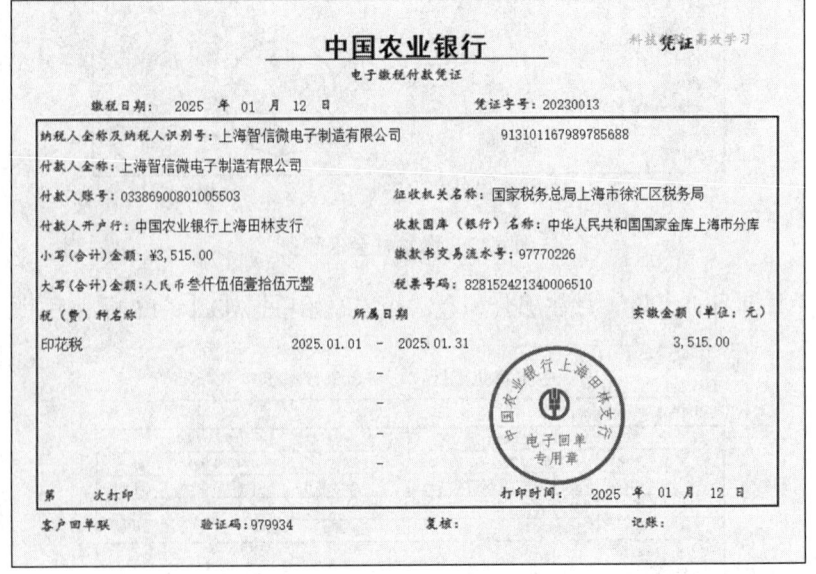

图6-15　缴纳印花税

5. 1月14日，财务部支付江苏亮彩电器有限公司上月货款18 560.00元。相关原始单据如图6-16所示。

6. 1月27日，财务部支付上海东方晶圆制造有限公司货款151 024.50元。相关原始单据如图6-17所示。（承接项目3中3.1.3代垫运费销售业务处理）

中国农业银行　　网上银行电子回单

电子回单号码：05589031212

付款人	户名	上海智信微电子制造有限公司	收款人	户名	江苏亮彩电器有限公司
	账号	03386900801005503		账号	10615101050883707
	开户银行	中国农业银行上海田林支行		开户银行	中国农业银行常州新北支行
金额		人民币（大写）：壹万捌仟伍佰陆拾元整			¥18,560.00
摘要		货款	业务种类		转账
用途					
交易流水号		47909212909430	时间戳		2025年01月14日12时6分
		备注：			
		验证码：15471403			
记账网点	004	记账柜员	683	记账日期	2025年01月14日

打印日期：2025年01月14日

图 6-16　银行付款回单

中国农业银行　　网上银行电子回单

电子回单号码：08534882084

付款人	户名	上海智信微电子制造有限公司	收款人	户名	上海东方晶圆制造有限公司
	账号	03386900801005503		账号	03386900801001099
	开户银行	中国农业银行上海田林支行		开户银行	中国农业银行上海田林支行
金额		人民币（大写）：壹拾伍万壹仟零贰拾肆元伍角整			¥151,024.50
摘要		货款	业务种类		转账
用途					
交易流水号		93588908808386	时间戳		2025年01月27日11时48分
		备注：			
		验证码：41381914			
记账网点	837	记账柜员	887	记账日期	2025年01月27日

打印日期：2025年01月27日

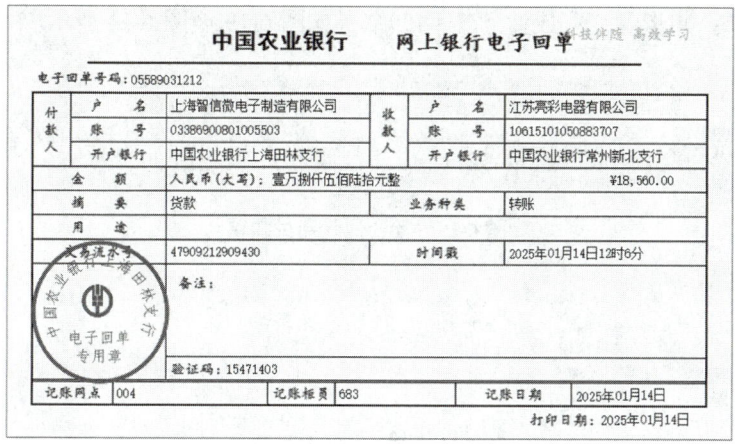

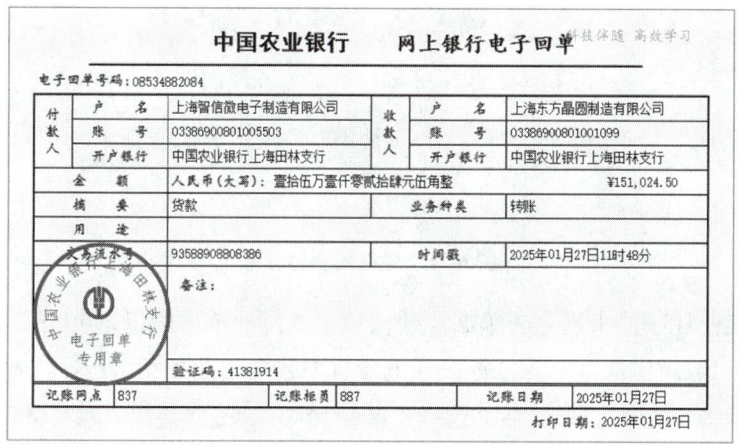

图 6-17　银行付款回单

操作指引

【出纳储娜填制付款单】

步骤一：在"往来现金—单据"处，单击"付款单"按钮，录入"单据日期"为 2025-01-05，"供应商"为银行代发薪资，业务类型选择"直接付款"，结算方式选择"转账"，账号名称选择"农行 5503"，付款金额录入"285 926.81"，对该单据分别进行分摊、保存新增。结果如图 6-18 所示。

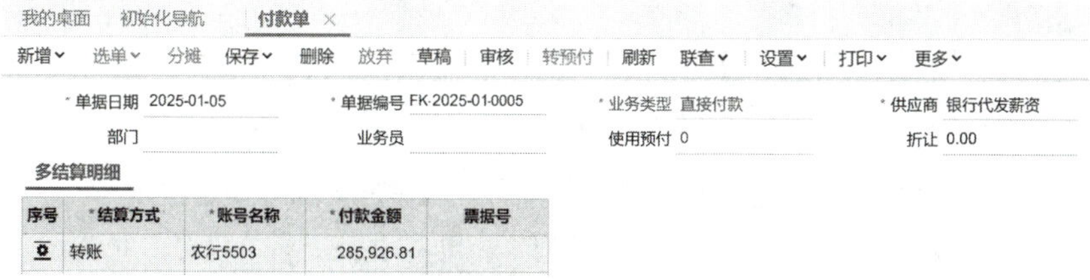

图 6-18　薪资代付

步骤二：同步骤一完成业务2～4，结果如图6-19至图6-21所示。

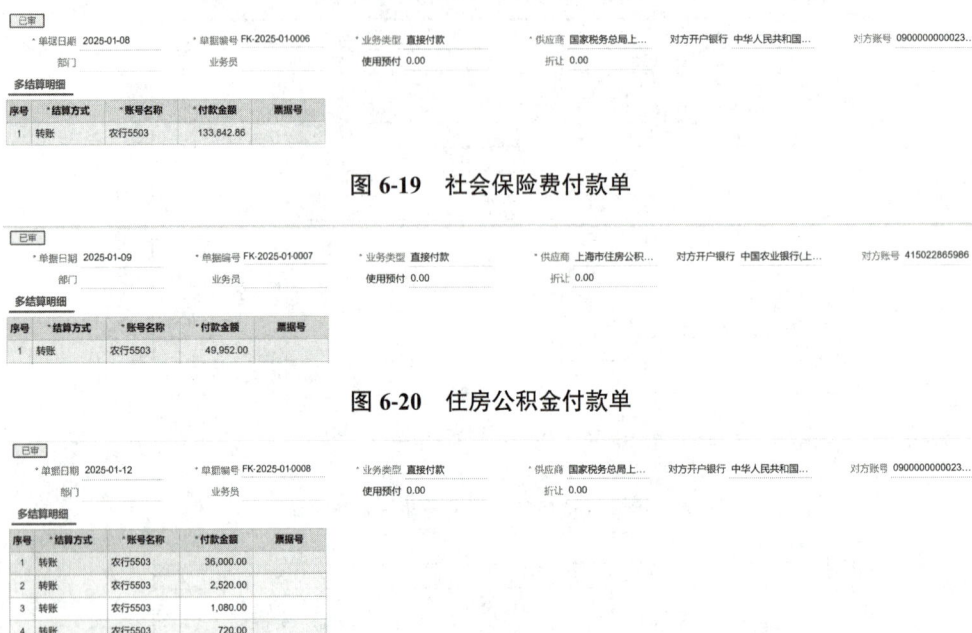

图6-19　社会保险费付款单

图6-20　住房公积金付款单

图6-21　缴纳税费付款单

步骤三：在"往来现金—单据"处，单击"付款单"按钮，录入"单据日期"为2025-01-14，"供应商"为江苏亮彩电器有限公司，业务类型选择"普通付款"，结算方式选择"转账"，账号名称选择"农行5503"，付款金额录入"18 560.00"，单击"选单"按钮并选择1月28日的"期初应付"记录，对该单据分别进行分摊、保存新增。结果如图6-22所示。

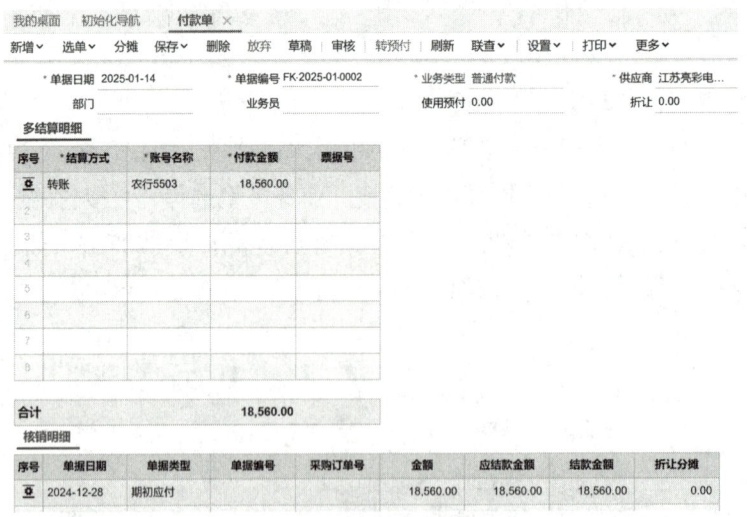

图6-22　付款单

步骤四：在"往来现金—单据"处，单击"其他应收单"按钮，录入"单据日期"为 2025-01-26，"业务类型"为其他应收，"往来单位"为浙江未来光电仪器有限公司，其他项默认。"摘要"为代垫运费，"金额"为 1 090.00，选项均默认。保存该其他应收单。结果如图 6-23 所示。

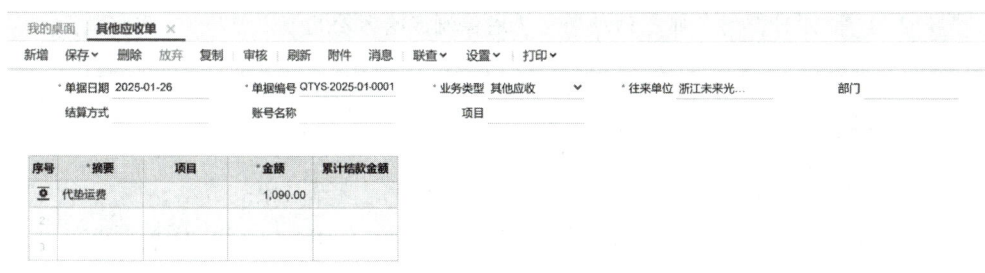

图 6-23　其他应收单

步骤五：在新增空白收款单页面，录入"单据日期"为 2025-01-27，"供应商"为上海东方晶圆制造有限公司，业务类型选择"普通付款"，结算方式选择"转账"，账号名称选择"农行5503"，付款金额录入"151 024.50"，页面单击"选单"并选择对应的两张"采购发票"，该单据分别进行保存新增。结果如图 6-24 所示。

图 6-24　付款单

【财务部会计宗章对付款单进行审核】

在"往来现金—单据"处，单击"付款单"按钮，通过单击"<"图标的方法找出已完成的付款单，各项内容检查无误，付款单页面进行审核。

巩固提升

付款业务处理

1. 1月4日，财务部预付重庆微光电子元件销售有限公司 109 000.00 元。
2. 1月24日，财务部支付湖南光学成像制品有限公司货款 276 850.00 元。

6.1.3 期间费用业务处理

期间费用业务录屏

期间费用是指企业日常活动发生的不能计入特定核算对象的成本，而应计入发生当期损益的费用，包括销售费用、管理费用、财务费用。之所以不计入特定的成本核算对象，主要是因为期间费用是企业为组织和管理整个经营活动所发生的费用，与可以确定特定成本核算对象的材料采购、产成品生产等没有直接关系。

任务发放

1. 1月2日，行政部购买计算器6只，单价为80.00元，以转账方式支付款项，由生产部和财务部各领用3只。相关原始单据如图6-25至图6-27所示。

2. 1月6日，销售部李媛媛出差报销2 280元，以现金方式收回上月暂支剩余款项。相关原始单据如图6-28至图6-31所示。（收款业务承接6.1.1中第2笔业务）

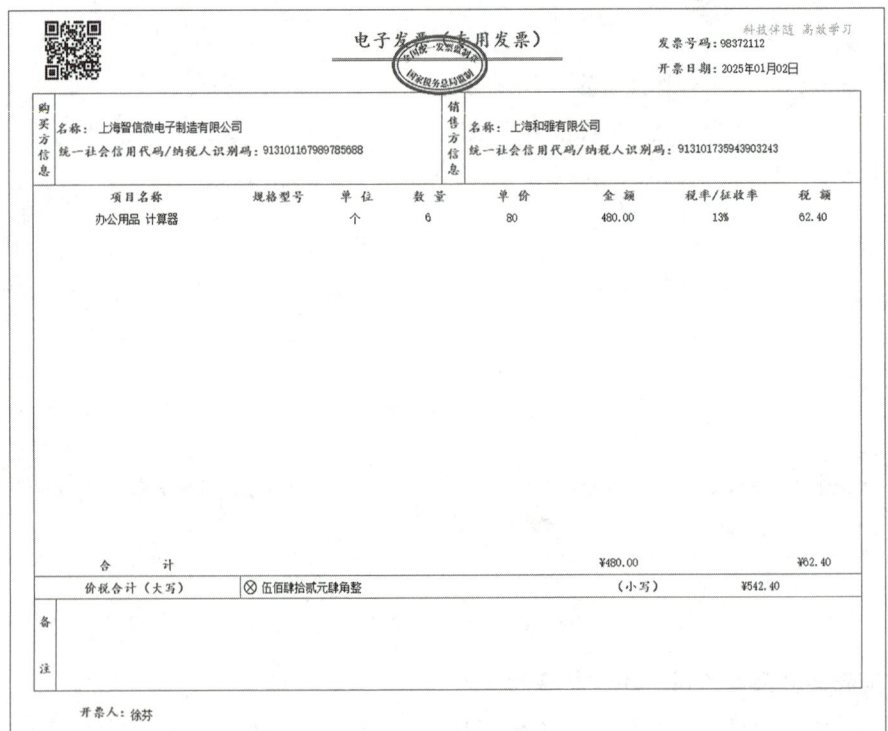

图 6-25　办公用品发票

中国农业银行　网上银行电子回单

电子回单号码：7361050143

付款人	户　名	上海智信徽电子制造有限公司	收款人	户　名	上海和雅有限公司
	账　号	03386900801005503		账　号	6600287576033
	开户银行	中国农业银行上海田林支行		开户银行	中国银行金山支行
金　额		人民币（大写）：伍佰肆拾贰元肆角整			¥542.40
摘　要		办公用品	业务种类		转账
用　途					
交易流水号		15940782830548	时间戳		2025年01月02日12时15分
中国农业银行上海田林支行 电子回单专用章		备注： 验证码：73842887			

记账网点	688	记账柜员	156	记账日期	2025年01月02日

打印日期：2025年01月02日

图 6-26　银行回单

办公用品领用单

领用品名：计算器　　2025 年 01 月 02 日

领用部门	领发数量	金额
生产部	3	240.00
财务部	3	240.00
合　计	6	¥480.00

审核：宗章　　制表：顾瑶

图 6-27　办公用品领用

差旅费报销单

报销部门：销售部　　报销日期：2025 年 01 月 06 日

出差人：李媛媛　　出差事由：市场拓展

出差日期：2024 年 12 月 30 日 至 2025 年 01 月 02 日 共计：4 天							
车船费					其他费用		
出发地	到达地	交通工具	附件张数	金额	项目	附件张数	金额
上海虹桥	合肥	高铁	1	260.00	住宿	1	778.00
合肥	上海虹桥	高铁	1	260.00	餐饮		
					市内交通		
					通讯费		
					其他		400.00
合 计			2	¥520.00	合计	1	¥1,178.00
费用合计：¥1,698.00 元		大写（人民币）：壹仟陆佰玖拾捌元整				现金收讫	
预借差旅：¥2,500.00 元		补领金额： 元			退还金额：¥802.00 元		
核实后报销金额：¥1,698.00 元		大写（人民币）：壹仟陆佰玖拾捌元整					

审批：李信　　财务主管：宗章　　会计：汪莱　　部门主管：　　领款人：李媛媛

图 6-28　差旅费报销单

图 6-29　火车票 1　　　　　图 6-30　火车票 2

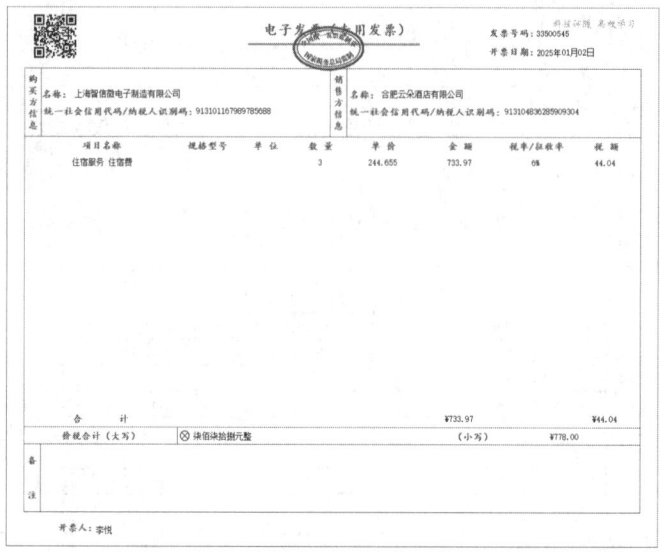

图 6-31　住宿发票

3. 1 月 10 日，收到银行开具的手续费发票价税合计 47.70 元，款项直接从企业银行账户扣除。相关原始单据如图 6-32、图 6-33 所示。

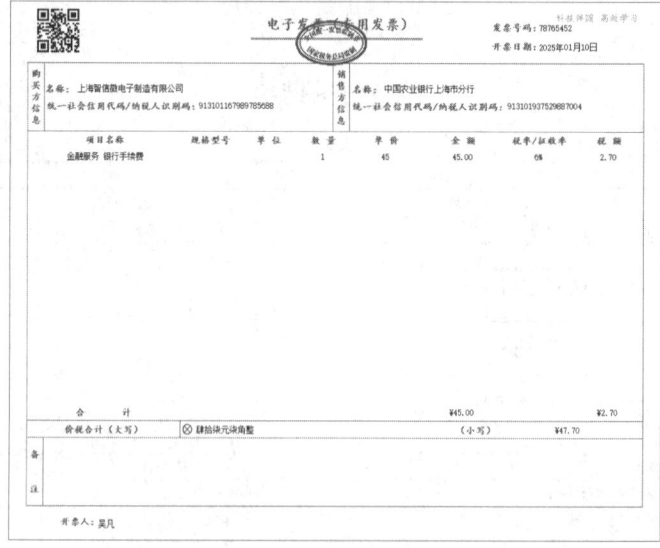

图 6-32　银行手续费

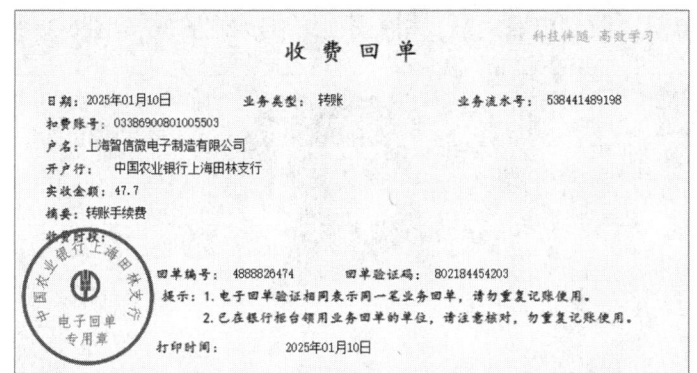

图 6-33 银行扣费回单

4. 1月30日，收到水费发票。相关原始单据如图 6-34、图 6-35 所示。

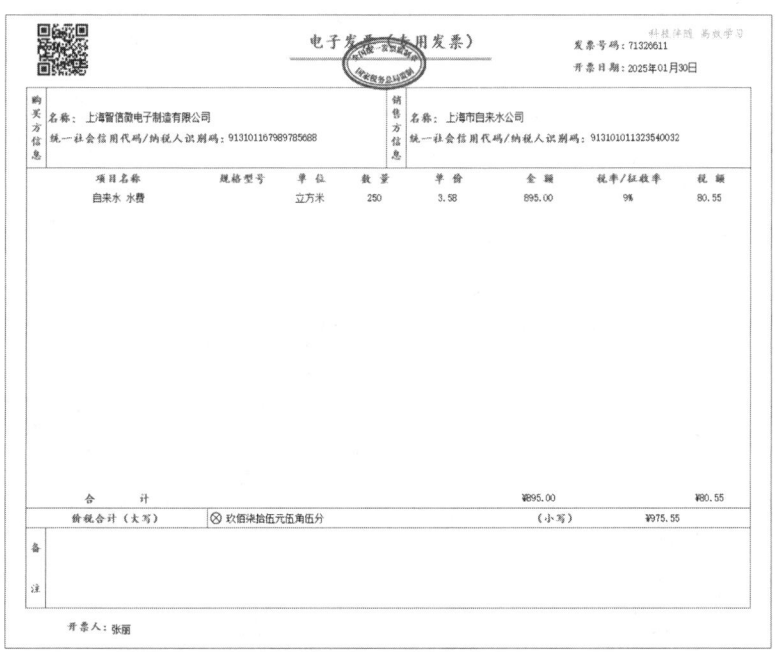

图 6-34 水费发票

图 6-35 水费分配表

5. 1月30日，收到电费发票。相关原始单据如图6-36至图6-38所示。

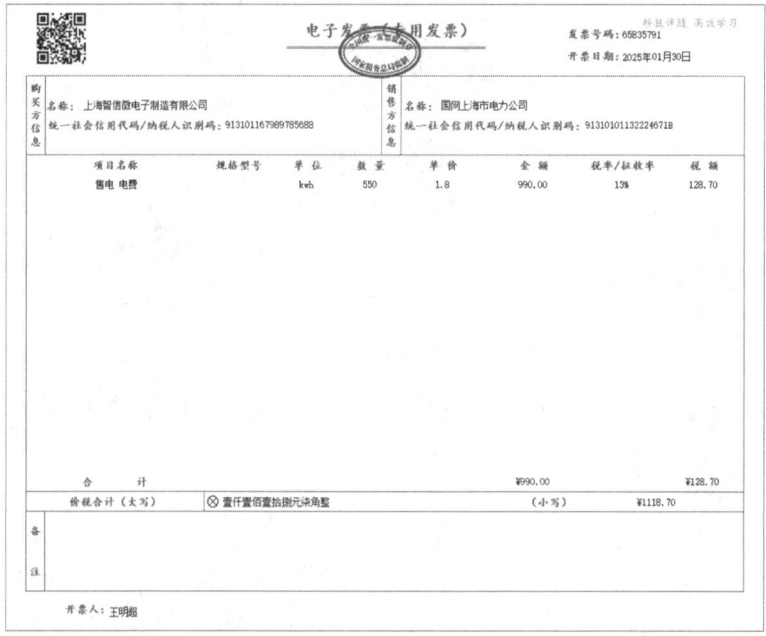

图6-36 电费发票

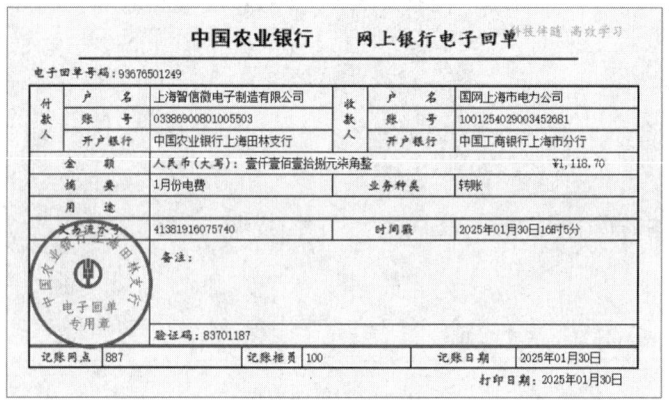

图6-37 电费回单

图6-38 电费分配单

操作指引

【出纳储娜填制费用单】

步骤一：在“往来现金—单据”处，单击“费用单”按钮，编辑“单据日期”为 2025-01-02，业务类型选择“现金费用”，票据类型选择“专用发票”，现结金额录入“542.40”，现结金额中账号名称选择“转账”，费用名称分别选择管理费用下“办公费”和生产费用下“办公费”，金额分别录入“240.00”，对该单据进行保存新增。结果如图 6-39 所示。

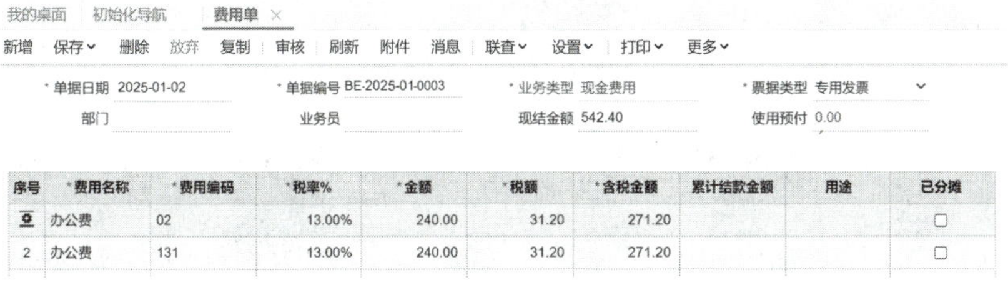
我的桌面　初始化导航　费用单
新增　保存　删除　放弃　复制　审核　刷新　附件　消息　联查　设置　打印　更多
* 单据日期 2025-01-02　* 单据编号 BE-2025-01-0003　* 业务类型 现金费用　* 票据类型 专用发票
部门　业务员　现结金额 542.40　使用预付 0.00

序号	*费用名称	*费用编码	*税率%	*金额	*税额	*含税金额	累计结款金额	用途	已分摊
1	办公费	02	13.00%	240.00	31.20	271.20			☐
2	办公费	131	13.00%	240.00	31.20	271.20			☐

图 6-39　办公用品费用单

步骤二：在新增的空白“费用单”中，编辑“单据日期”为 2025-01-05，业务类型选择“往来费用”，票据类型选择“专用发票”，往来单位选择“李媛媛”，记账方向选择“应收”，部门选择“销售部”，明细第 1 行费用名称选择销售费用下“飞机票\火车票”，增值税税率为“9%”，含税金额录入“520.00”，明细第 2 行费用名称选择销售费用下“住宿费”，增值税税率为“6%”，含税金额录入“778.00”，第 3 行费用名称选择销售费用下“出差补贴”，增值税税率为“0”，含税金额录入“400.00”，对该单据进行保存新增。结果如图 6-40 所示。

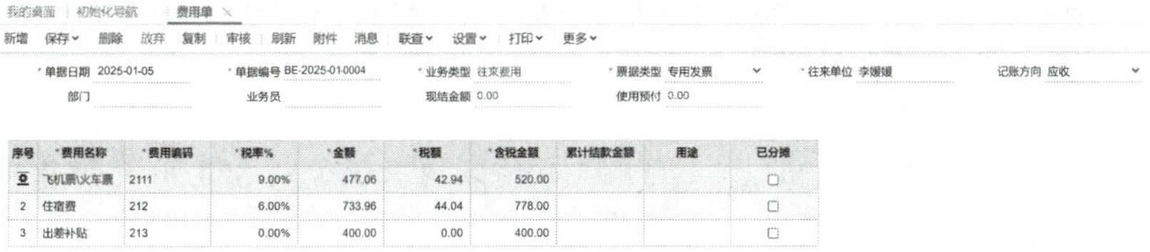
我的桌面　初始化导航　费用单
新增　保存　删除　放弃　复制　审核　刷新　附件　消息　联查　设置　打印　更多
* 单据日期 2025-01-05　* 单据编号 BE-2025-01-0004　* 业务类型 往来费用　* 票据类型 专用发票　* 往来单位 李媛媛　记账方向 应收
部门　业务员　现结金额 0.00　使用预付 0.00

序号	*费用名称	*费用编码	*税率%	*金额	*税额	*含税金额	累计结款金额	用途	已分摊
1	飞机票\火车票	2111	9.00%	477.06	42.94	520.00			☐
2	住宿费	212	6.00%	733.96	44.04	778.00			☐
3	出差补贴	213	0.00%	400.00	0.00	400.00			☐

图 6-40　差旅费费用单

步骤三：在新增的空白“费用单”中，录入“单据日期”为 2025-01-10，业务类型选择“现金费用”，票据类型选择“专用发票”，现结金额录入“47.70”，结算方式选择“转账”，明细费用名称选择财务费用下“银行手续费”，增值税税率为“6%”，含税金额录入“47.70”，对该单据进行保存新增。结果如图 6-41 所示。

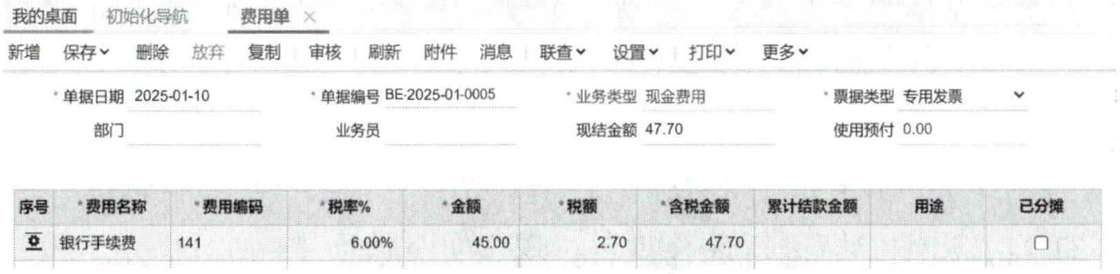
我的桌面　初始化导航　费用单
新增　保存　删除　放弃　复制　审核　刷新　附件　消息　联查　设置　打印　更多
* 单据日期 2025-01-10　* 单据编号 BE-2025-01-0005　* 业务类型 现金费用　* 票据类型 专用发票
部门　业务员　现结金额 47.70　使用预付 0.00

序号	*费用名称	*费用编码	*税率%	*金额	*税额	*含税金额	累计结款金额	用途	已分摊
1	银行手续费	141	6.00%	45.00	2.70	47.70			☐

图 6-41　银行手续费费用单

步骤四：同以上步骤完成业务 4、业务 5，结果如图 6-42、图 6-43 所示。

图 6-42　水费费用单

图 6-43　电费费用单

【财务部会计宗章对费用单进行审核】

在"往来现金—单据"处，单击"费用单"按钮，通过单击"＜"图标的方法找出已完成的费用单，各项内容检查无误，费用单页面进行审核。

巩固提升

期间费用业务处理

1. 2025 年 1 月 15 日，收到 1 月份房租含税金额 22 000.00 元增值税专用发票，以转账方式支付。

2. 2025 年 1 月 21 日，收到 1 月顺丰快递运费含税金额 860.00 元增值税专用发票，以微信转账方式支付款项。

6.1.4　现金盘点业务处理

现金盘点业务录屏

现金盘点是审查人员核对库存现金账目的基本方法，一般是由出纳人员自行盘点或者是上级监督、出纳自行盘点，并与现金日记账进行核对，以确保账实相符。现金盘点可能会出现账实不符，对出现的盘盈或盘亏问题，财务人员应分析其原因，并根据有关规定经批准后进行相关处理。

任务发放

1 月 31 日，出纳储娜进行现金盘点，现金实盘数为 18 462.00 元。相关原始单据如图 6-44 所示。

科技伴随 高效学习

库存现金盘点表

2025 年 01 月 31 日　　　　单位:元

票面额	张数	金额	票面额	张数	金额
壹佰元	177	17,700.00	伍　角		
伍拾元	6	300.00	贰　角		
贰拾元	12	240.00	壹　角		
拾　元	20	200.00	伍　分		
伍　元	4	20.00	贰　分		
贰　元			壹　分		
壹　元	2	2.00	合　计	221	¥18,462.00
现金日记账账面余额:¥18,464.00					
差额:¥-2.00					
处理意见: 经调查，李媛媛少归还上月暂支款2.00元					

审批人(签章):宗章　　监盘人(签章):汪莱　　盘点人(签章):储鄉

图 6-44　库存现金盘点单

操作指引

步骤一：打开“现金盘点单”窗口。在“出纳管理”|“业务单据”|“现金盘点单”界面，单击现金盘点单，编辑表头，单据日期为 2025-01-31，“账号名称”为现金，其他项为默认。编辑表体明细，编辑券别是 100 元的数量为 177、券别是 50 元的数量为 6、券别是 20 元的数量为 12、券别是 10 元的数量为 20、券别是 5 元的数量为 4、券别是 1 元的数量为 2。结果如图 6-45 所示。

我的桌面 | 初始化导航 | 现金盘点单 ×

新增 保存 删除 放弃 审核 刷新 消息 联查 设置 打印

* 账号名称 现金　* 单据编号 CI-2025-01-0001　* 单据日期 2025-01-31　* 实盘金额 18,462.00　账面金额 18,464.00　盘点结果 盘亏

盈亏金额 2.00　盘点人

序号	券别	数量	金额
1	100元	177	17,700.00
2	50元	6	300.00
3	20元	12	240.00
4	10元	20	200.00
5	5元	4	20.00
6	2元	0	0.00
7	1元	2	2.00
8	5角	0	0.00
9	2角	0	0.00
10	1角	0	0.00
11	5分	0	0.00
12	2分	0	0.00
13	1分	0	0.00
14			
15			
16			
17			
18			
19			
20			
合计		221	18,462.00

图 6-45　现金盘点单

步骤二：保存。单击工具栏上的"保存"按钮。

步骤三：退出。单击"现金盘点单"右上角的"关闭"按钮，关闭现金盘点单。

【财务部会计宗章对现金盘点单进行审核】

在"出纳管理—业务单据"处，单击"现金盘点单"按钮，通过单击"<"图标的方法找出已完成的现金盘点单，各项内容检查无误，现金盘点单页面进行审核。

6.1.5 银行对账业务处理

银行对账业务录屏

银行对账即银行存款清查，即将企业"银行存款日记账"的账面余额与开户银行转来的"银行对账单"余额进行核对，以查明账实是否相符。通过将企业"银行存款日记账"的记录与开户银行提供的"银行对账单"记录进行逐笔核对，企业能够找出可能存在的记账错误和未达账项，更正记账错误并编制"银行存款余额调节表"。

任务发放

1月31日，出纳根据银行对账单进行银行对账。相关原始单据如图6-46所示。

账务明细清单

开户银行：	中国农业银行上海田林支行		账单所属期间：	20250101	20250131
账号：	03386900801005503			货币：	人民币
账户名称：	上海智信微电子有限公司			上月余额：	2,569,048.80
日期	对方单位	摘要	借方	贷方	余额
2025-01-01	上海中芯科技有限公司	收款预收款	20,000.00		2,589,048.80
2025-01-02	上海和雅有限公司	付款现金费用		542.40	2,588,506.40
2025-01-03	上海中芯科技有限公司	收款普通收款	287,000.00		2,875,506.40
2025-01-05	浙江金鹏电子科技集团公司	付款普通付款		29,380.00	2,846,126.40
2025-01-05	银行代发薪资	银行代发薪资		285,926.81	2,560,199.59
2025-01-06	昆山合生光学电子有限公司	收款普通收款	352,560.00		2,912,759.59
2025-01-08	国家税务总局上海市徐汇区税务局	5月社会保险费		133,842.86	2,778,916.73
2025-01-09	上海市住房公积金中心	5月住房公积金		49,952.00	2,728,964.73
2025-01-10		网上企业银行-网上银行服务费		47.70	2,728,917.03
2025-01-12	国家税务总局上海市徐汇区税务局	批量缴税 税单号:4310102305000565465		178.29	2,728,738.74
2025-01-12	国家税务总局上海市徐汇区税务局	批量缴税 税单号:4310102305000565465		720.00	2,728,018.74
2025-01-12	国家税务总局上海市徐汇区税务局	批量缴税 税单号:4310102305000565465		1,080.00	2,726,938.74
2025-01-12	国家税务总局上海市徐汇区税务局	批量缴税 税单号:4310102305000565465		2,520.00	2,724,418.74
2025-01-12	国家税务总局上海市徐汇区税务局	批量缴税 税单号:4310102305000565465		3,515.00	2,720,903.74
2025-01-12	国家税务总局上海市徐汇区税务局	批量缴税 税单号:4310102305000565465		36,000.00	2,684,903.74
2025-01-14	江苏亮彩电器有限公司	货款		18,560.00	2,666,343.74
2025-01-16	北京电子制品开发有限公司	货款	398,664.00		3,065,007.74
2025-01-27	上海东方晶圆制造有限公司	货款		151,024.50	2,913,983.24
2025-01-30	国网上海市电力公司	6月份电费		1,118.70	2,912,864.54
2025-01-30	浙江未来光电仪器有限公司	货款	723,200.00		3,636,064.54
2025-01-30	浙江未来光电仪器有限公司	货款	1,090.00		3,637,154.54

第1页/共1页 打印时间：2025年1月30日　　　　　　　　中国农业

图 6-46　银行对账单

操作指引

【财务部出纳储娜导入银行对账单】

步骤一："出纳管理"子系统中，依次单击"出纳—银行对账单"菜单项，弹出"查询条件"对话框，账号名称选择"农行5503"，"日期"为2025.01.01—2025.01.31，然后单击"确定"按钮,打开"银行对账单"窗口。

步骤二: 单击"导入"按钮,根据银行提供的对账单导入系统中,保存后退出。

需注意的是:银行对账单导入文件是以.xlsx 或.xls 形式的表格文件导入。

【财务部出纳储娜进行银行对账】

步骤一:

(1)单击"出纳管理"|"银行对账"菜单项,弹出"查询条件"对话框,账号名称选择"农行5503",设置日期为"2025.01.01—2025.01.31",然后单击"确定"按钮,打开"银行对账"窗口。

(2)自动对账。单击工具栏中的"对账"按钮,打开"自动对账"对话框,系统弹出"查询条件"对话框,选择"行金额相同",设置"日期相差天数"为 30 天,默认系统提供的其他对账条件,单击"确定"按钮,系统显示自动对账结果,保存对账结果。

步骤二: 单击"出纳管理"|"银行余额调节表"菜单项,打开"余额调节表"窗口,平衡情况选择"平衡",双击明细第 1 行,系统打开"银行对账余额调节表",查看企业或银行未达账项,结果如图 6-47 所示。

图 6-47　银行对账余额调节表

需注意的是:当系统自动对账完后,仍有数据未对账,可以根据情况选择手动对账,对账完成,系统自动生成余额调节表。

模块6.2　职工薪酬业务处理

职工薪酬是指企业为获得职工提供的服务或解除劳动关系而给予各种形式的报酬或补偿,具体包括:短期薪酬、离职后福利、辞退福利和其他长期职工福利。企业提供给职工配偶、子女受赡养人、已故员工遗属及其他受益人等的福利等,也属于职工薪酬。

任务发放

1月31日，汪莱事假3天，夏雨病假3天，录入财务部每人奖金为600元，计提分配本月工资、单位承担社会保险费和住房公积金。

计提薪资项目业务录屏

操作指引

【财务部会计宗章填制薪资核算单】

步骤一： 在"薪资管理—单据"，处单击"薪资核算单"，通过单击"＜"图标的方法找出单据日期为"2025-01-31"的1月薪资核算单。

步骤二： 在奖金列下录入财务部全部人员奖金为"600.00"，明细行中找到汪莱，在事假列录入"3"，明细行中找到夏雨，在病假列录入"3"，将该薪资核算单保存，对其进行薪资核算并审核，结果如图6-48所示。

图 6-48　薪资核算单

模块6.3　资产业务处理

资产业务模块主要包括固定资产业务和无形资产业务。固定资产是企业为生产产品、提供服务、出租或者经营管理而持有的、使用时间超过12个月，价值达到一定标准的非货币性资产，包括房屋建筑物、机器器械，运输工具以及其他与生产经营活动有关的设备、器具、工具等。无形资产是指没有实物形态的可辨认非货币性资产。无形资产包括金融资产、长期股权投资、专利权、商标权等，它们没有物质实体，表现为某种法定权利或技术。

6.3.1 购置固定资产业务处理

任务发放

购入固定资产业务录屏

1月5日,采购部购入华为笔记本电脑1台用于办公使用,价税合计5 650.00元,财务部开出转账支付电脑款项。相关原始单据如图6-49至图6-51所示。

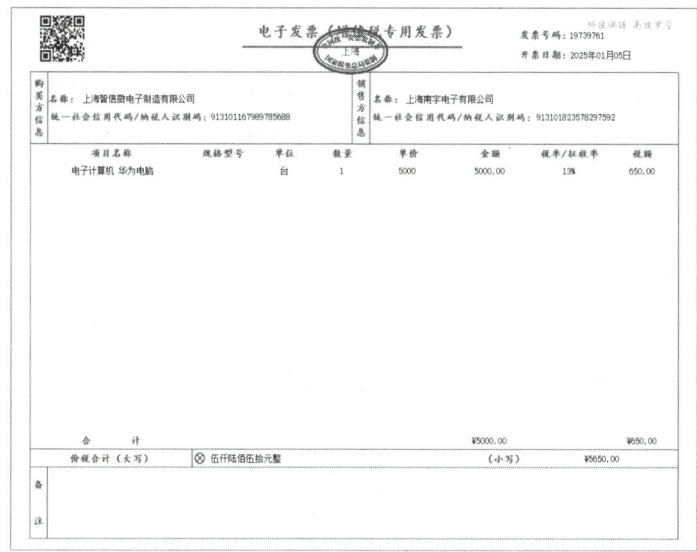

图 6-49　电脑发票

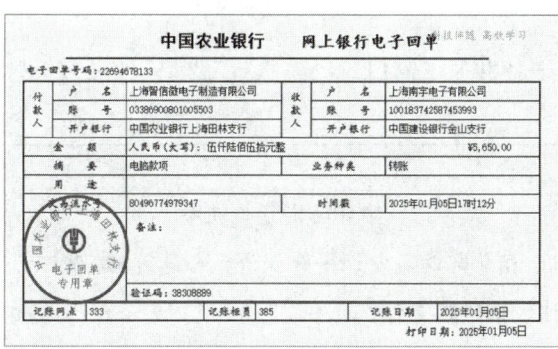

图 6-50　银行回单

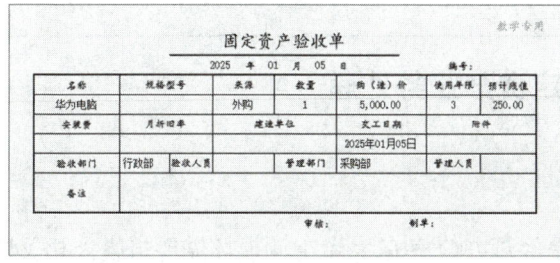

图 6-51　固定资产验收单

操作指引

【财务部会计宗章填制资产卡片】

步骤一: 单击"资产管理"|"新增资产"菜单项,打开"新增资产"窗口,单击"电子设备"选项,打开"录入卡片"窗口,然后做如下操作:

(1) 编辑表头。单据日期为"2025-01-05",资产名称录入"华为电脑",其他项为默认。

(2) 编辑表体。编辑"数量"为 1,"使用状况"为在用,"使用部门"为采购部,"增加方式"为购入;"原值"为 5 000.00,"抵扣进项税额"为 650.00,"税率%"为 13,其他项为默认。结果如图 6-52 所示。

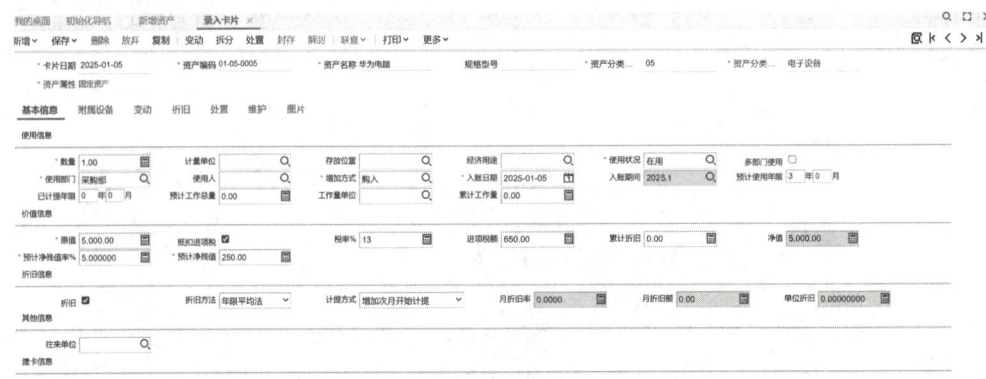

图 6-52 资产卡片

步骤二: 保存卡片并退出窗口。

巩固提升

购置固定资产业务

1. 1 月 15 日,销售部购买空调一台,价税合计 6 780.00 元,已取得增值税专用发票,货款通过网银转账支付。

2. 1 月 25 日,总经办购买小轿车一辆,未税金额 286 000.00 元,车辆购置税 28 600.00 元,款项已通过网银转账支付。

6.3.2 报废固定资产业务处理

报废固定资产业务录屏

任务发放

1 月 30 日,总经理办公室有 1 台空调损坏需要报废。相关原始单据如图 6-53 所示。

图 6-53　固定资产报废申请书

操作指引

【财务部会计宗章填制资产处置单】

步骤一：在"资产管理—业务单据"处，单击"资产处置",单据日期为"2025-01-30",处置方式为"报废",资产编码选择"01-05-0001",结果如图 6-54 所示。

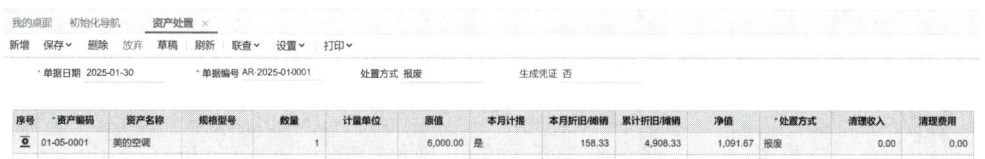

图 6-54　资产处置

步骤二：保存单据并退出。

巩固提升

报废固定资产业务

1. 2025 年 1 月 31 日，财务部一台打印机损坏需报废处理。
2. 2025 年 1 月 15 日，销售部的惠普电脑出售处理。

6.3.3　购置无形资产业务处理

任务发放

1 月 12 日，公司购入一项无形资产专利技术 Q，价税合计 212 000.00 元，摊销期限为 10 年，使用部门为生产部，款项未付。相关原始单据如图 6-55、图 6-56 所示。

购置固定资产
业务录屏

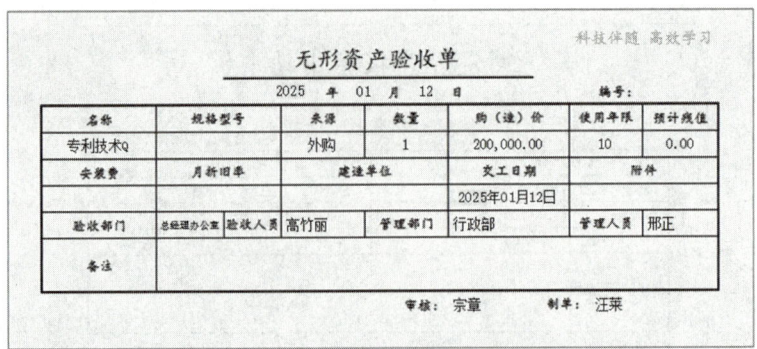

图 6-55　无形资产验收单

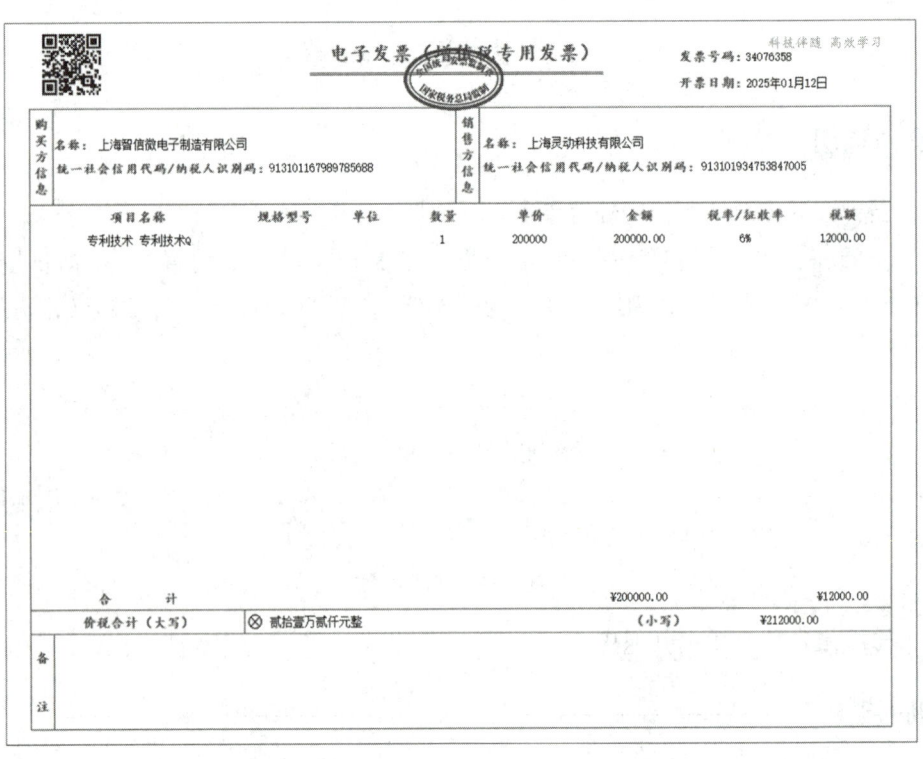

图 6-56　专利发票

> 操作指引

【财务部会计宗章填制资产卡片】

步骤一：单击"资产管理"|"新增资产"菜单项，打开"新增资产"窗口，单击"专利权"，打开"录入卡片"窗口，然后做如下操作：

（1）编辑表头。单据日期为"2025-01-12"，资产名称录入"专利技术 Q"，其他项为默认。

（2）编辑表体。编辑"数量"为 1，"使用状况"为在用，"使用部门"为生产部，“增加方式”为购入；“原值”为 200 000.00，“税率%”为 6，其他项为默认。结果如图 6-57 所示。

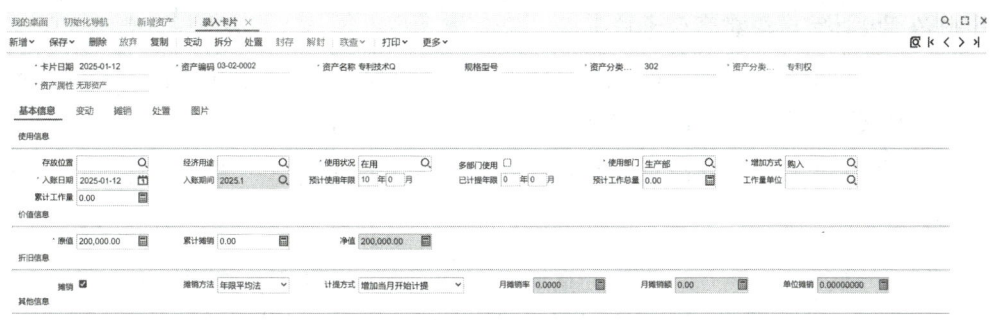

图 6-57　资产卡片

步骤二：保存卡片并退出窗口。

巩固提升

购置无形资产业务处理

1. 1 月 15 日，购入一项无形资产商标权，价税合计 106 000.00 元，摊销期限为 10 年，使用部门为生产部，款项未付。

2. 1 月 12 日，购入一项无形资产专利技术 Q，价税合计 106 000.00 元，摊销期限为 10 年，使用部门为生产部，款项未付。

6.3.4　自行研发无形资产业务处理

自行研发无形资产业务录屏

任务发放

1 月 26 日，研发部门完成一项专利技术 L，该技术经国家相关专业部门测试后确认该研发成功，并已达预定可使用状态，符合资本化条件的支出为 80 000.00 元，使用部门为销售部。相关原始单据如图 6-58 所示。

科技伴随　高效学习

无形资产验收单

2025 年 01 月 26 日　　　　编号：2023002

名称	规格型号	来源	数量	购（造）价	使用年限	预计残值
专利技术L		自主研发	1	80,000.00	10	0.00
安装费	月折旧率	建造单位		交工日期	附件	
				2025年01月26日		
验收部门	总经理办公室	验收人员	高竹丽	管理部门	行政部	管理人员 邢正
备注						

审核：宗章　　制单：汪莱

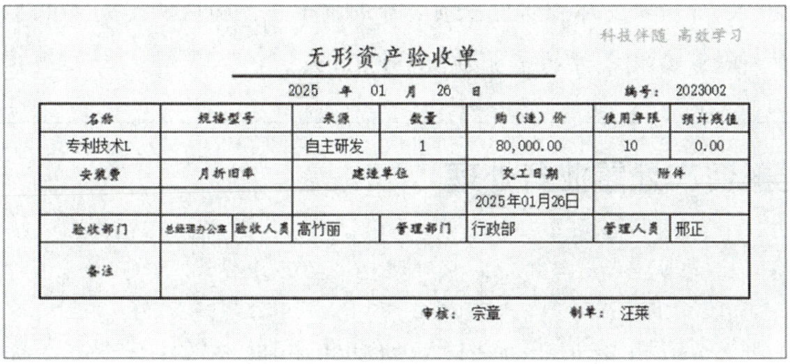

图 6-58　无形资产验收单

操作指引

【财务部会计宗章填制资产卡片】

步骤一： 单击"资产管理"|"新增资产"菜单项，打开"新增资产"窗口，单击"专利权"，打开"录入卡片"窗口，然后做如下操作：

（1）编辑表头。单据日期为"2025-01-26"，资产名称录入"专利技术 L"，其他项为默认。

（2）编辑表体。编辑"数量"为 1，"使用状况"为在用，"使用部门"为销售部，"增加方式"为研发转入；"原值"为 80 000.00，"税率%"为 0，其他项为默认。结果如图 6-59 所示。

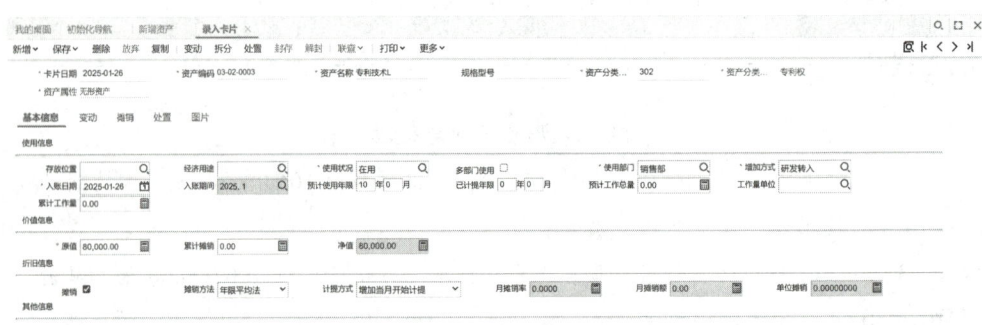

图 6-59 资产卡片

步骤二： 保存卡片并退出窗口。

巩固提升

自行研发无形资产业务处理

1. 1 月 15 日，研发部门研发一项专利技术 M，确认研发成功并达到预定可使用状态，符合资本化条件的支出为 100 000.00 元。

2. 1 月 26 日，研发部门研发一项非专利技术 F，确认研发成功并达到预定可使用状态，符合资本化条件的支出为 50 000.00 元。

6.3.5 无形资产处置业务处理

任务发放

无形资产处置
业务录屏

1 月 30 日，将 2019 年购买的专利权 M 对外转让，取得转让款含税金额 159 000.00 元。相关原始单据如图 6-60 至图 6-62 所示。

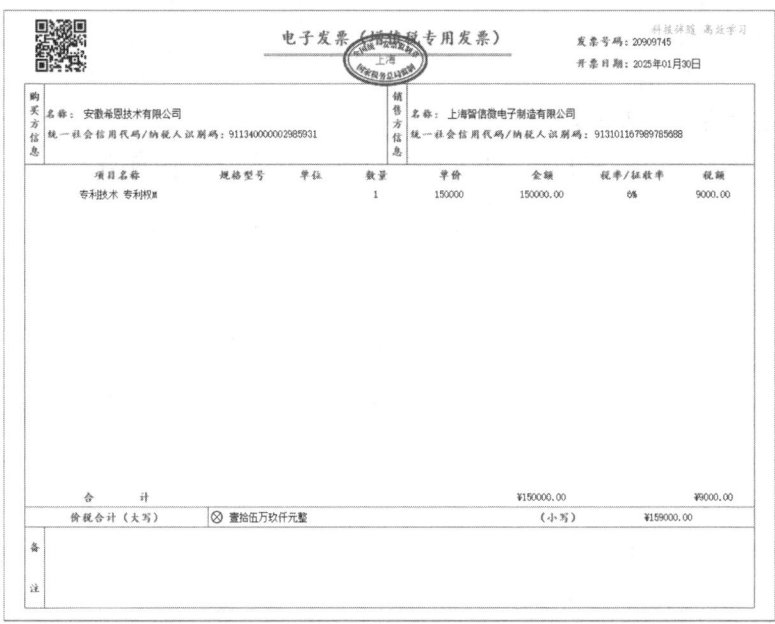

图 6-60 增值税发票

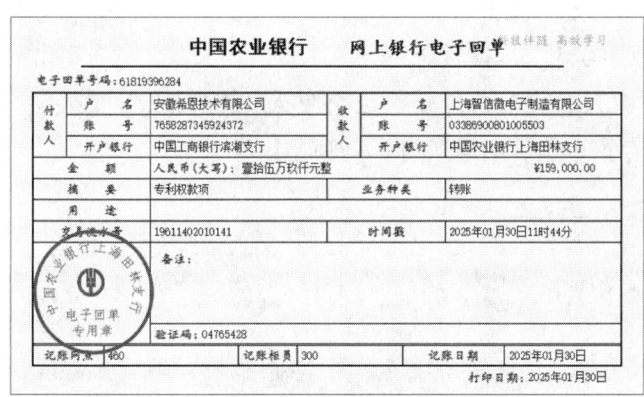

图 6-61 银行回单

图 6-62 无形资产转出单

操作指引

【财务部会计宗章填制资产处置单】

步骤一：在"资产管理—业务单据"处，单击"资产处置"，单据日期为"2025-01-30"，处置方式为"出售"，资产编码选择"03-02-0001"，结果如图 6-63 所示。

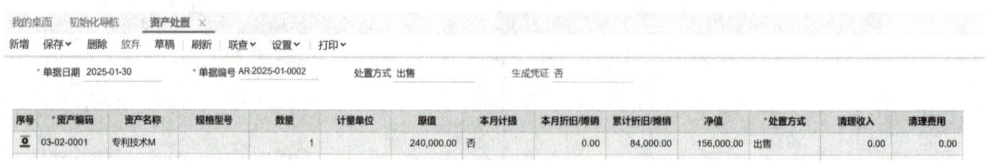

图 6-63 资产处置

步骤二：保存单据并退出。

【财务部出纳储娜填制收入单】

步骤一：在"往来现金—单据"处，单击"收入单"，单据日期、单据编号自动生成，"业务类型"选择现金收入，"票据类型"选择专用发票，"现结金额"录入 159 000.00，"结算方式"选择转账。

步骤二："收入名称"选择资产出售收入，"税率%"录入 6，"金额"录入 150 000.00，保存该单据，结果如图 6-64 所示。

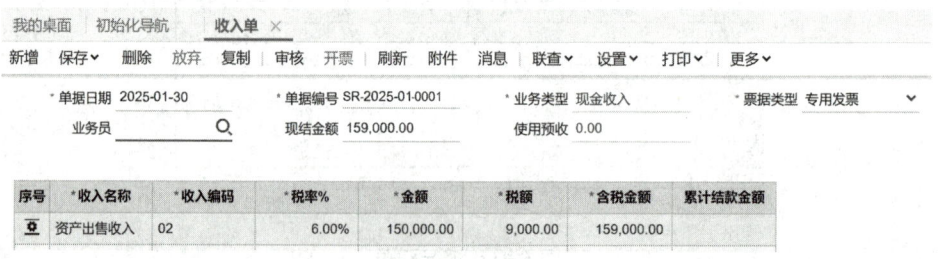

图 6-64 收入单

巩固提升

无形资产处置业务处理

1. 2025 年 1 月 15 日，公司出售专利权 Y，原值为 500 000.00 元，累计摊销额为 280 000.00 元，双方协商确定的交易价格为 250 000.00 元，增值税税率为 6%（假设不考虑其他税费）。

2. 2025 年 1 月 26 日，公司出售商标权，原值为 1 000 000.00 元，累计摊销额为 600 000.00 元，出售该商标权取得收入为 500 000.00 元，增值税税率为 6%（假设不考虑其他税费）。

6.3.6 计提资产折旧与摊销业务处理

计提资产折旧与摊销业务录屏

任务发放

1月31日，计提固定资产折旧和无形资产摊销。相关原始单据如图6-65所示。

图6-65 折旧摊销清单

操作指引

步骤一： 在"资产管理—业务单据"处，单击"计提折旧与摊销"，打开"计提折旧与摊销"窗口。

步骤二： 打开折旧/摊销清单。单击"计提折旧与摊销"窗口中的"新增"按钮，打开"折旧/摊销清单"窗口，保存后退出。结果如图6-66所示。

图6-66 折旧/摊销清单

巩固提升

折旧摊销业务处理

1月31日，计提固定资产折旧和无形资产摊销。

模块6.4　期末处理

企业在每个会计期结束时，需要进行各种费用的分摊、成本的结转、税费的计提以及损益的结转等，结转完毕后进行月末结账，此过程即为期末处理，标志着该会计期间业务的结束。

6.4.1　单据生成凭证业务处理

单据生成凭证业务录屏

通常一笔完整的购销业务包含采购入库单、进货单、销售出库单、销货单、采购发票、销售发票、付款单、收款单8张业务单据，如果财务人员手工填制凭证，需要查询业务系统或原始单据至少8次，并手动填制8张凭证，而会计信息系统则可以通过业务单据自动生成凭证。

机器人流程自动化（robotic process automation，RPA）是以软件机器人及人工智能（artificial intelligence，AI）为基础的业务过程自动化科技。它通过模仿最终用户在电脑的手动操作方式，提供了另一种方式来使最终用户手动操作流程自动化。只需点一下生成凭证，或者设置一个自动生成凭证时间，就可以自动生成凭证。该业务功能主要针对业务量比较大的企业，比会计信息化系统更便捷、更高效。

任务发放

1. 请根据销售管理、采购管理模块单据生成凭证。
2. 请根据往来现金、出纳管理模块单据生成凭证。
3. 请根据薪资管理模块单据生成凭证，薪资管理模块相关单据如图6-67所示。

薪资费用分配表			
产品	薪资金额	分配标准 （生产工时）	分配率	分配金额
zn芯片		600		
手表配件		300		
智能手表		600		
xsq芯片		500		
合计		2000		
审核人：			制单：

图6-67　薪资费用分配表示例

4. 请根据资产管理模块单据生成凭证。（需手动结转一张固定资产报废凭证）

操作指引

【财务部会计宗章根据供应链业务单据生成凭证】

步骤一：在"总账"子系统中，在"日常业务—日常业务"界面单击"单据生凭证"菜单项，打开"单据生凭证"窗口。

步骤二：选择单据来源。在"过滤分组"中选择供应链所有单据类，单击工具栏的"下一步"按钮，在系统弹出的"查询条件"对话框中，单据日期为"2025-01-01"-"2025-01-31"，直接单击"下一步"按钮，打开"查询结果"窗口。

步骤三：生成凭证。选中所有单据，单击工具栏的"生成凭证"按钮，打开"生成凭证"窗口。

步骤四：保存凭证。根据相应业务及生成的凭证修改对应的凭证科目，修改完成后单击工具栏中的"保存"按钮，然后单击工具栏中的"下张"按钮图标，继续保存凭证，结果如图 6-68 至图 6-80 所示。

图 6-68　销售凭证 1

图 6-69　销售凭证 2

图 6-70　销售凭证 3

图 6-71　销售凭证 4

记账凭证

已分配

*凭证类别 记账凭证　　*凭证编号 0020　　*制单日期 2025-01-18　　附单据数 1

序号	*摘要	*科目名称	辅助项	借方 亿千百十万千百十元角分	贷方 亿千百十万千百十元角分
1	销售退货/昆山合生光…	银行存款-农行5503	转账	1 3 2 2 1 0 0	
2	销售退货/昆山合生光…	应交税费-应交增值税-销项…			1 5 2 1 0 0
3	销售退货/昆山合生光…	主营业务收入			1 1 7 0 0 0 0

图 6-72　销售凭证 5

记账凭证

*凭证类别 记账凭证　　*凭证编号 0021　　*制单日期 2025-01-26　　附单据数 1

序号	*摘要	*科目名称	辅助项	借方 亿千百十万千百十元角分	贷方 亿千百十万千百十元角分
1	普通销售/北京电子制…	应收账款	北京电子制品开发有…	1 0 3 0 5 6 0 0 0	
2	普通销售/北京电子制…	应交税费-应交增值税-销项…			1 1 8 5 6 0 0 0
3	普通销售/北京电子制…	主营业务收入			9 1 2 0 0 0 0 0

图 6-73　销售凭证 6

记账凭证

*凭证类别 记账凭证　　*凭证编号 0012　　*制单日期 2025-01-04　　附单据数 1

序号	*摘要	*科目名称	辅助项	借方 亿千百十万千百十元角分	贷方 亿千百十万千百十元角分
1	普通采购/上海东方晶…	在途物资		1 4 8 5 0 0 0 0	
2	普通采购/上海东方晶…	应交税费-应交增值税-进项…		1 9 3 0 5 0 0	
3	普通采购/上海东方晶…	应付账款-一般货款	上海东方晶圆制造有…		1 6 7 8 0 5 0 0

图 6-74　采购凭证 1

记账凭证

*凭证类别 记账凭证　　*凭证编号 0013　　*制单日期 2025-01-05　　附单据数 1

序号	*摘要	*科目名称	辅助项	借方 亿千百十万千百十元角分	贷方 亿千百十万千百十元角分
1	普通采购/浙江金鹏电…	在途物资		2 6 0 0 0 0 0	
2	普通采购/浙江金鹏电…	应交税费-应交增值税-进项…		3 3 8 0 0 0	
3	普通采购/浙江金鹏电…	银行存款-农行5503	转账		2 9 3 8 0 0 0

图 6-75　采购凭证 2

记账凭证

*凭证类别 记账凭证　　*凭证编号 0014　　*制单日期 2025-01-11　　附单据数 1

序号	*摘要	*科目名称	辅助项	借方 亿千百十万千百十元角分	贷方 亿千百十万千百十元角分
1	普通采购/上海新世纪…	在途物资		2 2 5 0 0 0 0	
2	普通采购/上海新世纪…	应交税费-应交增值税-进项…		2 9 2 5 0 0	
3	普通采购/上海新世纪…	应付账款-一般货款	上海新世纪表业有限…		2 5 4 2 5 0 0

图 6-76　采购凭证 3

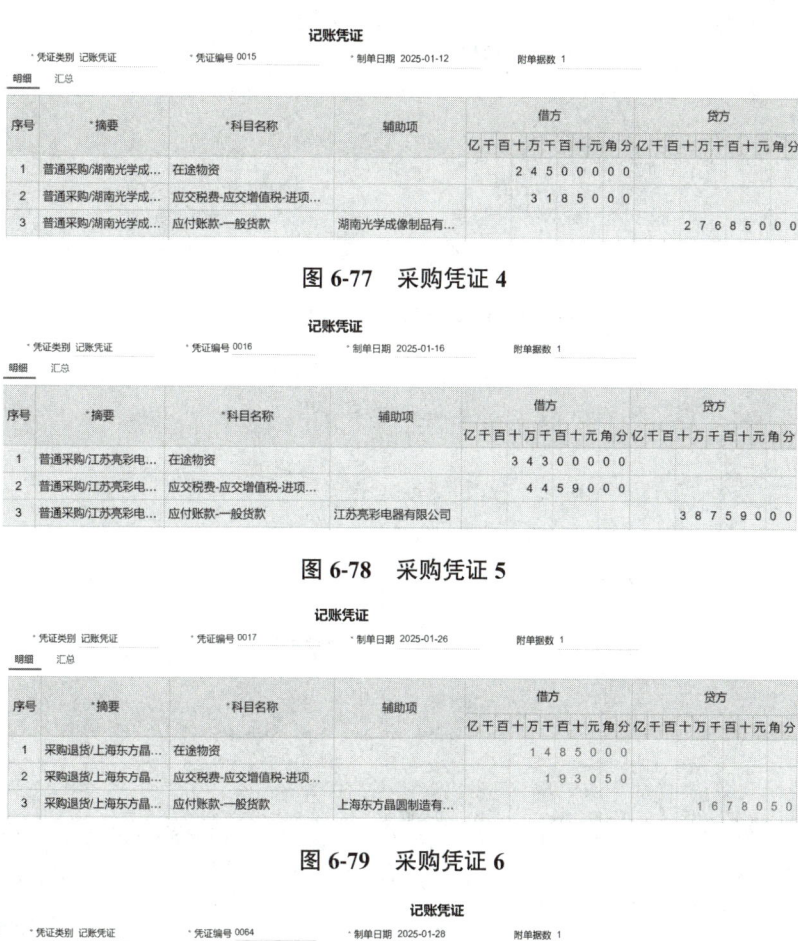

图 6-77 采购凭证 4

图 6-78 采购凭证 5

图 6-79 采购凭证 6

图 6-80 采购凭证 7

步骤五：参考销售管理、采购管理模块单据生成凭证的操作（步骤一至步骤四），完成"任务发放"中的操作：根据往来现金、出纳管理模块单据生成凭证；根据薪资管理模块单据生成凭证；根据资产管理模块单据生成凭证。

根据往来现金、出纳管理模块单据生成凭证，如图 6-81 至图 6-99 所示。

图 6-81 往来现金凭证 1

记账凭证

[已分配]

*凭证类别 记账凭证　　　*凭证编号 0023　　　*制单日期 2025-01-03　　　附单据数 1

明细　汇总

序号	*摘要	*科目名称	辅助项	借方	贷方
				亿千百十万千百十元角分	亿千百十万千百十元角分
1	普通收款	银行存款-农行5503	转账	2 8 7 0 0 0 0 0	
2	普通收款	应收账款	上海中芯科技有限公司		2 8 7 0 0 0 0 0

图 6-82　往来现金凭证 2

记账凭证

[已分配]

*凭证类别 记账凭证　　　*凭证编号 0024　　　*制单日期 2025-01-05　　　附单据数 1

明细　汇总

序号	*摘要	*科目名称	辅助项	借方	贷方
				亿千百十万千百十元角分	亿千百十万千百十元角分
1	普通收款	库存现金		8 0 2 0 0	
2	普通收款	其他应收款-个人	李媛媛		8 0 2 0 0

图 6-83　往来现金凭证 3

记账凭证

[已分配]

*凭证类别 记账凭证　　　*凭证编号 0025　　　*制单日期 2025-01-16　　　附单据数 1

明细　汇总

序号	*摘要	*科目名称	辅助项	借方	贷方
				亿千百十万千百十元角分	亿千百十万千百十元角分
1	普通收款	银行存款-农行5503	转账	3 9 8 6 6 4 0 0	
2	普通收款	财务费用-现金折扣		8 1 3 6 0 0	
3	普通收款	应收账款	北京电子制品开发有…		4 0 6 8 0 0 0 0

图 6-84　往来现金凭证 4

记账凭证

[已分配]

*凭证类别 记账凭证　　　*凭证编号 0026　　　*制单日期 2025-01-30　　　附单据数 1

明细　汇总

序号	*摘要	*科目名称	辅助项	借方	贷方
				亿千百十万千百十元角分	亿千百十万千百十元角分
1	预收款	银行存款-农行5503	转账	7 2 3 2 0 0 0 0	
2	预收款	预收账款	浙江未来光电仪器有…		7 2 3 2 0 0 0 0

图 6-85　往来现金凭证 5

记账凭证

[已分配]

*凭证类别 记账凭证　　　*凭证编号 0027　　　*制单日期 2025-01-30　　　附单据数 1

明细　汇总

序号	*摘要	*科目名称	辅助项	借方	贷方
				亿千百十万千百十元角分	亿千百十万千百十元角分
1	普通收款	银行存款-农行5503	转账	1 0 9 0 0 0	
2	普通收款	应收账款	浙江未来光电仪器有…		1 0 9 0 0 0

图 6-86　往来现金凭证 6

[已分配]

记账凭证

*凭证类别 记账凭证　*凭证编号 0028　*制单日期 2025-01-05　附单据数 1

明细　汇总

序号	*摘要	*科目名称	辅助项	借方	贷方
				亿千百十万千百十元角分	亿千百十万千百十元角分
1	直接付款	应付账款-一般货款	银行代发薪资	2 8 5 9 2 6 8 1	
2	直接付款	银行存款-农行5503	转账		2 8 5 9 2 6 8 1

图 6-87　往来现金凭证 7

[已分配]

记账凭证

*凭证类别 记账凭证　*凭证编号 0029　*制单日期 2025-01-08　附单据数 1

明细　汇总

序号	*摘要	*科目名称	辅助项	借方	贷方
				亿千百十万千百十元角分	亿千百十万千百十元角分
1	直接付款	应付职工薪酬-社会保险费		9 6 0 2 3 9 6	
2	直接付款	其他应付款-个人代扣代缴	社会保险费	3 7 8 1 8 9 0	
3	直接付款	银行存款-农行5503	转账		1 3 3 8 4 2 8 6

图 6-88　往来现金凭证 8

[已分配]

记账凭证

*凭证类别 记账凭证　*凭证编号 0030　*制单日期 2025-01-09　附单据数 1

明细　汇总

序号	*摘要	*科目名称	辅助项	借方	贷方
				亿千百十万千百十元角分	亿千百十万千百十元角分
1	直接付款	应付职工薪酬-住房公积金		2 4 9 7 6 0 0	
2	直接付款	其他应付款-个人代扣代缴	住房公积金	2 4 9 7 6 0 0	
3	直接付款	银行存款-农行5503	转账		4 9 9 5 2 0 0

图 6-89　往来现金凭证 9

记账凭证

*凭证类别 记账凭证　*凭证编号 0031　*制单日期 2025-01-12　附单据数 1

明细　汇总

序号	*摘要	*科目名称	辅助项	借方	贷方
				亿千百十万千百十元角分	亿千百十万千百十元角分
1	直接付款	应交税费-未交增值税		3 6 0 0 0 0 0	
2	直接付款	应交税费-应交城市维护建…		2 5 2 0 0 0	
3	直接付款	应交税费-应交教育费附加		1 0 8 0 0 0	
4	直接付款	应交税费-应交地方教育费…		7 2 0 0 0	
5	直接付款	应交税费-应交印花税		3 5 1 5 0 0	
6	直接付款	应交税费-应交个人所得税		1 7 8 2 9	
7	直接付款	银行存款-农行5503	转账		4 4 0 1 3 2 9

图 6-90　往来现金凭证 10

[已分配]

记账凭证

*凭证类别 记账凭证　*凭证编号 0032　*制单日期 2025-01-14　附单据数 1

明细　汇总

序号	*摘要	*科目名称	辅助项	借方	贷方
				亿千百十万千百十元角分	亿千百十万千百十元角分
1	普通付款	应付账款-一般货款	江苏亮彩电器有限公司	1 8 5 6 0 0 0	
2	普通付款	银行存款-农行5503	转账		1 8 5 6 0 0 0

图 6-91　往来现金凭证 11

记账凭证

凭证类别 记账凭证　凭证编号 0033　制单日期 2025-01-26　附单据数 1

序号	摘要	科目名称	辅助项	借方	贷方
1	直接付款	应付账款-一般货款	浙江未来光电仪器有…	109000	
2	直接付款	库存现金			109000

图 6-92　往来现金凭证 12

记账凭证

凭证类别 记账凭证　凭证编号 0034　制单日期 2025-01-27　附单据数 1

序号	摘要	科目名称	辅助项	借方	贷方
1	普通付款	应付账款-一般货款	上海东方晶圆制造有…	15102450	
2	普通付款	银行存款-农行5503	转账		15102450

图 6-93　往来现金凭证 13

记账凭证

凭证类别 记账凭证　凭证编号 0035　制单日期 2025-01-02　附单据数 1

序号	摘要	科目名称	辅助项	借方	贷方
1	现金费用	应交税费-应交增值税-进项…		6240	
2	现金费用	制造费用-办公费		24000	
3	现金费用	管理费用-办公费		24000	
4	现金费用	银行存款-农行5503	转账		54240

图 6-94　往来现金凭证 14

记账凭证

凭证类别 记账凭证　凭证编号 0036　制单日期 2025-01-05　附单据数 1

序号	摘要	科目名称	辅助项	借方	贷方
1	往来费用	应交税费-应交增值税-进项…		8698	
2	往来费用	销售费用-差旅费		161102	
3	往来费用	其他应收款-个人	李嫒嫒		169800

图 6-95　往来现金凭证 15

记账凭证

凭证类别 记账凭证　凭证编号 0037　制单日期 2025-01-10　附单据数 1

序号	摘要	科目名称	辅助项	借方	贷方
1	现金费用	应交税费-应交增值税-进项…		270	
2	现金费用	财务费用-银行手续费		4500	
3	现金费用	银行存款-农行5503	转账		4770

图 6-96　往来现金凭证 16

记账凭证

*凭证类别 记账凭证　　*凭证编号 0039　　*制单日期 2025-01-30　　附单据数 1

序号	*摘要	*科目名称	辅助项	借方 亿千百十万千百十元角分	贷方 亿千百十万千百十元角分
1	往来费用	应交税费-应交增值税-进项...		9 7 7 4	
2	往来费用	制造费用-水电费		4 2 9 6 0	
3	往来费用	销售费用-水电费		1 0 7 4 0	
4	往来费用	管理费用-水电费		3 5 8 0 0	
5	往来费用	其他应付款-往来单位	上海市自来水公司		9 9 2 7 4

图 6-97　往来现金凭证 17

记账凭证

*凭证类别 记账凭证　　*凭证编号 0040　　*制单日期 2025-01-30　　附单据数 1

序号	*摘要	*科目名称	辅助项	借方 亿千百十万千百十元角分	贷方 亿千百十万千百十元角分
1	现金费用	应交税费-应交增值税-进项...		1 2 8 7 0	
2	现金费用	制造费用-水电费		5 4 0 0 0	
3	现金费用	销售费用-水电费		1 0 8 0 0	
4	现金费用	管理费用-水电费		3 4 2 0 0	
5	现金费用	银行存款-农行5503	转账		1 1 1 8 7 0

图 6-98　往来现金凭证 18

记账凭证

*凭证类别 记账凭证　　*凭证编号 0041　　*制单日期 2025-01-26　　附单据数 1

序号	*摘要	*科目名称	辅助项	借方 亿千百十万千百十元角分	贷方 亿千百十万千百十元角分
1	其他应收单/其他应收	应收账款	浙江未来光电仪器有...	1 0 9 0 0 0	
2	其他应收单/其他应收	银行存款-农行5503			1 0 9 0 0 0

图 6-99　往来现金凭证 19

根据薪资管理模块单据生成凭证，如图 6-100 所示。

记账凭证

*凭证类别 记账凭证　　*凭证编号 0042　　*制单日期 2025-01-31　　附单据数 1

序号	*摘要	*科目名称	辅助项	借方 亿千百十万千百十元角分	贷方 亿千百十万千百十元角分
1	计提工资/薪资核算单...	生产成本-直接人工	智能手表	2 1 4 4 4 0 7	
2	计提工资/薪资核算单...	生产成本-直接人工	xsq芯片	1 7 8 7 0 1 0	
3	计提工资/薪资核算单...	生产成本-直接人工	zn芯片	2 1 4 4 4 1 2	
4	计提工资/薪资核算单...	生产成本-直接人工	手表配件	1 0 7 2 2 0 6	
5	计提工资/薪资核算单...	制造费用-职工薪酬		2 6 6 6 4 6 8	
6	计提工资/薪资核算单...	研发支出		5 4 3 3 7 2 0	
7	计提工资/薪资核算单...	销售费用-销售人员职工薪酬		9 2 1 6 2 9 3	
8	计提工资/薪资核算单...	管理费用-管理人员职工薪酬		2 2 8 4 6 2 3 9	
9	计提工资/薪资核算单...	应付职工薪酬-工资			3 5 2 1 0 7 5 9
10	计提工资/薪资核算单...	应付职工薪酬-社会保险费			9 6 0 2 3 9 6
11	计提工资/薪资核算单...	应付职工薪酬-住房公积金			2 4 9 7 6 0 0

图 6-100　薪资凭证

根据资产管理模块单据生成凭证，如图 6-101 至图 6-106 所示。

记账凭证

*凭证类别 记账凭证　　*凭证编号 0045　　*制单日期 2025-01-05　　附单据数 1

明细　汇总

序号	*摘要	*科目名称	辅助项	借方	贷方
				亿千百十万千百十元角分	亿千百十万千百十元角分
1	购入	固定资产		5 0 0 0 0 0	
2	购入	应交税费-应交增值税-进项…		6 5 0 0 0	
3	购入	银行存款-农行5503			5 6 5 0 0 0

图 6-101　资产管理凭证 1

记账凭证

*凭证类别 记账凭证　　*凭证编号 0044　　*制单日期 2025-01-31　　附单据数 1

明细　汇总

序号	*摘要	*科目名称	借方	贷方
			亿千百十万千百十元角分	亿千百十万千百十元角分
1	报废	累计折旧	4 9 0 8 3 3	
2	报废	固定资产清理	1 0 9 1 6 7	
3	报废	固定资产		6 0 0 0 0 0

图 6-102　资产管理凭证 2

记账凭证

*凭证类别 记账凭证　　*凭证编号 0047　　*制单日期 2025-01-31　　附单据数 1

明细　汇总

序号	*摘要	*科目名称	借方	贷方
			亿千百十万千百十元角分	亿千百十万千百十元角分
1	结转固定资产清理	营业外支出	1 0 9 1 6 7	
2	结转固定资产清理	固定资产清理		1 0 9 1 6 7

图 6-103　资产管理凭证 3

记账凭证

*凭证类别 记账凭证　　*凭证编号 0046　　*制单日期 2025-01-12　　附单据数 1

明细　汇总

序号	*摘要	*科目名称	辅助项	借方	贷方
				亿千百十万千百十元角分	亿千百十万千百十元角分
1	购入	无形资产		2 0 0 0 0 0 0 0	
2	购入	应交税费-应交增值税-进项…		1 2 0 0 0 0 0	
3	购入	应付账款-一般货款	上海灵动科技有限公司		2 1 2 0 0 0 0 0

图 6-104　资产管理凭证 4

记账凭证

*凭证类别 记账凭证　　*凭证编号 0047　　*制单日期 2025-01-26　　附单据数 1

明细　汇总

序号	*摘要	*科目名称	借方	贷方
			亿千百十万千百十元角分	亿千百十万千百十元角分
1	研发转入	无形资产	8 0 0 0 0 0 0	
2	研发转入	研发支出		8 0 0 0 0 0 0

图 6-105　资产管理凭证 5

记账凭证

*凭证类别 记账凭证　　*凭证编号 0048　　*制单日期 2025-01-30　　附单据数 1

明细　汇总

序号	*摘要	*科目名称	辅助项	借方 亿千百十万千百十元角分	贷方 亿千百十万千百十元角分
1	出售	银行存款-农行5503	转账 2023-06-30	1 5 9 0 0 0 0 0	
2	出售	累计摊销		8 4 0 0 0 0 0	
3	出售	营业外支出		6 0 0 0 0 0	
4	出售	无形资产			2 4 0 0 0 0 0 0
5	出售	应交税费-应交增值税-销项…			9 0 0 0 0 0

图 6-106　资产管理凭证 6

需注意的是：单据生凭证前需要在"总账—科目设置"里提前对相关类别的单据进行科目设置，个别业务中可能存在需要修改科目，则在凭证保存时进行修改相应科目即可。

6.4.2　计提并结转本月增值税及附加税业务处理

增值税是以商品（含应税劳务）在流转过程中产生的增值额作为计税依据而征收的一种流转税。从计税原理上说，增值税是对商品生产、流通、服务等多个环节的新增价值或商品的附加值征收的一种流转税。一般纳税人的应纳增值税计算公式为：应纳税额 = 当期销项税额 − 当期可以抵扣的进项税额 − 上期留抵的进项税额，由于增值税结转及计提附加税费业务所涉及的科目相对固定，企业可以通过自定义转账模板完成自动转账功能。会计信息系统提供模板设置功能，月末可以根据设置的模板内容批量生成相应的会计凭证。

任务发放

1月30日，计算本月应交的增值税、城市维护建设税、教育费附加和地方教育附加。相关原始单据如图6-107、图6-108所示。

转账编号：01	转账说明：结转增值税		转账类别：公式结转	凭证类别：记账凭证
摘要	科目编码	方向	金额公式	
结转增值税	22210104	借方	FS("22210106","RMB","年","月","贷")− FS("22210101","RMB","年","月","借") +FS("22210108","RMB","年","月","贷")	
结转增值税	222102	贷方	CE()	

图 6-107　自定义结转增值税

转账编号：02	转账说明：计提增值税附加税		转账类别：公式结转	凭证类别：记账凭证
摘要	科目编码	方向	金额公式	
计提增值税附加税	6403	借方	FS("222102","RMB","年","月","贷")*0.12	
计提增值税附加税	222115	贷方	FS("222102","RMB","年","月","贷")*0.07	
计提增值税附加税	222120	贷方	FS("222102","RMB","年","月","贷")*0.03	
计提增值税附加税	222124	贷方	FS("222102","RMB","年","月","贷")*0.02	

图 6-108　自定义附加税

操作指引

【财务部会计宗章"结转增值税"的自定义结转设置】

步骤一： 在"总账"子系统中，依次单击"期末处理"|"自定义结转"菜单项，增加计提未交增值税转账公式。单击工具栏中的"转账设置"按钮，在打开的对话框中编辑"转账序号"为 01，"转账说明"为"结转增值税"，"转账类别"为公式结转。

步骤二： 编辑转账公式。编辑 2 行，具体如下：

（1）编辑第 1 行。在"科目编码"栏中输入 22210104（转出未交增值税），"方向"为"借方"，单击"金额公式"参照按钮，弹出"公式向导"对话框。在该对话框中，选择"公式名称"为 FS()，单击"参照输入"，"科目编码"为 22210106（应交税费/应交增值税/销项税额），"会计年度"为"年"，"会计期间"为"月"，"方向"为"贷"，单击"确定"按钮，返回"公式向导"窗口；选择运算符号，选择"公式名称"为 FS()（期末余额），单击"参照输入"，"科目编码"为 22210101（应交税费/应交增值税/进项税额），"会计年度"为"年"，"会计期间"为"月"，"方向"为"借"，单击"确定"按钮，返回"公式向导"窗口；选择运算符号，选择"公式名称"为 FS()，单击"参照输入"，"科目编码"为 22210108（应交税费/应交增值税/进项税额转出），"会计年度"为"年"，"会计期间"为"月"，"方向"为"贷"，单击"确定"按钮，其结果公式为"FS（"22210106"，"RMB"，"年"，"月"，"贷"）－FS("22210101"，"RMB"，"年"，"月"，"借"）＋FS（"22210108"，"RMB"，"年"，"月"，"贷"）"。

（2）编辑第 2 行。在"科目编码"栏输入 222102（应交税费/未交增值税），"方向"为"贷方"，输入"金额公式"的参照按钮，在弹出的"公式向导"。选择"公式名称"为 JG()（结果含税），单击"参照输入"，"科目编码"为 22220104（应交税费/应交增值税/转出未交增值税），"会计年度"为"年"，"会计期间"为"月"，"方向"为"贷"，单击"确定"按钮，返回"公式向导"对话框，再单击"确定"按钮，返回"自定义转账设置"窗口，其公式结果为"CE()"。

步骤三： 保存。单击工具栏中的"保存"按钮，保存"计提未交增值税"的公式定义，结果如图 6-109 所示。

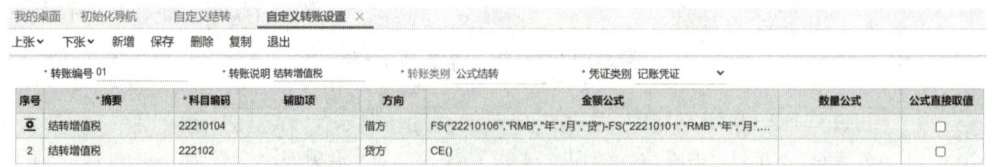

图 6-109　自定义未交增值税

步骤四： 重复步骤同步骤二，依据 7%、3%、2%计提比例，完成计提城市维护建设税、教育费附加和地方教育附加的自定义转账设置。结果如图 6-110 所示。

图 6-110　自定义增值税附加税

步骤五：退出。单击"自定义转账"窗口的"关闭"按钮，关闭并退出该窗口。

【财务部会计宗章进行自定义结转凭证生成】

步骤一：依次单击"期末处理"|"自定义结转"菜单项，打开"自定义结转"窗口。

步骤二：生成未交增值税凭证并保存。选中转账编码为 01 的记录行，选中"包含未记账凭证"为勾选状态，然后单击工具栏中"生成凭证"按钮，打开"生成凭证"窗口，单击"保存"按钮，保存该凭证。

步骤三：生成城市维护建设税及附加税凭证并保存。选中转账编码为 02 的记录行，选中"包含未记账凭证"为勾选状态，然后单击工具栏中"生成凭证"按钮，打开"生成凭证"窗口，单击"批量保存"按钮，凭证批量保存。结果如图 6-111、图 6-112 所示。

序号	*摘要	*科目名称	借方 亿千百十万千百十元角分	贷方 亿千百十万千百十元角分
1	结转增值税	应交税费-应交增值税…	2 0 2 8 9 9 8 1	
2	结转增值税	应交税费-未交增值税		2 0 2 8 9 9 8 1

图 6-111　自定义增值税凭证

序号	*摘要	*科目名称	借方 亿千百十万千百十元角分	贷方 亿千百十万千百十元角分
1	计提增值税附加税	税金及附加	2 4 3 4 7 9 8	
2	计提增值税附加税	应交税费-应交城市维…		1 4 2 0 2 9 9
3	计提增值税附加税	应交税费-应交教育费…		6 0 8 6 9 9
4	计提增值税附加税	应交税费-应交地方教…		4 0 5 8 0 0

图 6-112　自定义增值税附加税凭证

6.4.3　计提并结转本月企业所得税业务处理

企业所得税是对我国境内的企业和其他取得收入的组织的生产经营所得和其他所得征收的一种税种。企业应纳所得税额＝当期应纳税所得额×适用税率，企业所得税的一般税率为 25%，非居民企业为 20%，高新技术技术企业为 15%。

计提企业所得税费用业务录屏

任务发放

1月30日，计提并结转本月企业所得税。相关原始单据如图6-113所示。

所得税费用计算表 教学专用

所属日期：自 2025 年 01 月 01 日至 2025 年 01 月 31 日   单位：元

项目	行次	本期累计金额
营业收入	1	3,037,917.26
营业成本	2	2,366,748.45
利润总额	3	169,333.93
加：特定业务计算的应纳税所得额	4	
减：不征税收入和税基减免应纳税所得额	5	
实际利润	6	169,333.93
税率	7	15%
应纳税所得额	8	25,400.09
减：减免所得额	9	
应补退所得税额	10	25,400.09
减：以前年度多缴在本期抵缴所得税额	11	
本月实际补(退)所得税额	12	25,400.09

会计主管：   制单：

图 6-113 企业所得税计算表

本笔业务是计提并结转本月企业所得税业务，可通过自定义转账方式设置生成凭证也可以在总账中填制凭证，本笔业务采用的是在总账中填制凭证。

操作指引

【财务部会计宗章填制企业所得税凭证】

步骤一： 单击进入"总账-日常业务-填制凭证"界面，在空白凭证窗口编辑如下：

（1）"凭证日期"为2025-01-31，"附件张数"为1，其他为默认。

（2）第一行"摘要"录入结转企业所得税，"科目名称"为所得税费用（6801），"借方"金额录入 42 333.48，按 Enter 回车键录入第二行，摘要默认，"科目名称"为应交税费-应交企业所得税（222113），"贷方"金额录入 42 333.48。

步骤二： 录入完成单击"保存"按钮，保存该凭证，结果如图6-114所示。

序号	*摘要	*科目名称	借方 亿千百十万千百十元角分	贷方 亿千百十万千百十元角分
1	计提企业所得税费用	所得税费用	2 5 4 0 0 0 9	
2	计提企业所得税费用	应交税费-应交企业所…		2 5 4 0 0 0 9

图 6-114 企业所得税凭证

6.4.4 期间损益结转业务处理

期间损益结转是指期末将各损益类科目的余额转入"本年利润"科目,可以反映企业在一个会计期间内实现的利润或亏损总额。本系统提供的结转损益功能,就是将所有损益类科目的本期余额全部自动转入本年利润科目,并生成一张结转损益记账凭证。

期间损益结转业务录屏

任务发放

1 月 31 日,利用期间损益结转方式进行期间损益结转,要求收入和支出分别制单。已知本笔业务是月末期间损益结转业务,需要先设置期间损益结转的科目。

操作指引

【财务部总账宗章进行期间损益转账设置】

步骤一:期间损益结转定义。在"总账—期末处理"处,单击期间损益结转,结转期间、凭证类别、设置方式自动生成,"本年利润"科目为本年利润,"包含未记账凭证"和"收入支出分别结转"均勾选其复选框,结果如图 6-115 所示。

序号	☑	损益科目编码	损益科目名称	*利润科目编码	*利润科目名称
1	☑	6001	主营业务收入	4103	本年利润
2	☑	6011	利息收入	4103	本年利润
3	☑	6021	手续费及佣金收入	4103	本年利润
4	☑	6031	保费收入	4103	本年利润
5	☑	6041	租赁收入	4103	本年利润
6	☑	6051	其他业务收入	4103	本年利润
7	☑	6061	汇兑损益	4103	本年利润
8	☑	6101	公允价值变动损益	4103	本年利润
9	☑	6102	净敞口套期收益	4103	本年利润
10	☑	6103	信用减值损失	4103	本年利润
11	☑	6111	投资收益	4103	本年利润
12	☑	6115	资产处置收益	4103	本年利润
13	☑	6117	其他收益	4103	本年利润
14	☑	6201	摊回保险责任准备金	4103	本年利润
15	☑	6202	摊回赔付支出	4103	本年利润
16	☑	6203	摊回分保费用	4103	本年利润
17	☑	6301	营业外收入	4103	本年利润
18	☑	6401	主营业务成本	4103	本年利润
19	☑	6402	其他业务成本	4103	本年利润
20	☑	6403	税金及附加	4103	本年利润
21	☑	6411	利息支出	4103	本年利润
22	☑	6421	手续费及佣金支出	4103	本年利润
23	☑	6501	提取未到期责任准备金	4103	本年利润

图 6-115 期间损益结转设置

步骤二： 期间损益结转凭证生成。单击"期间损益结转"窗口中的"生成凭证"按钮，打开"生成凭证"，记账凭证页面默认生成两张凭证，结转收入凭证和支出凭证，凭证保存并退出，结果如图 6-116、图 6-117 所示。

序号	*摘要	*科目名称	借方 亿千百十万千百十元角分	贷方 亿千百十万千百十元角分
1	结转期间损益	主营业务收入	3 0 3 7 9 1 7 2 6	
2	结转期间损益	本年利润		3 0 3 7 9 1 7 2 6

图 6-116　收入凭证

序号	*摘要	*科目名称	借方 亿千百十万千百十元角分	贷方 亿千百十万千百十元角分
1	结转期间损益	本年利润	2 8 2 0 2 9 0 5 1	
2	结转期间损益	主营业务成本		2 3 6 6 7 4 8 4 5
3	结转期间损益	税金及附加		2 4 3 4 7 9 8
4	结转期间损益	销售费用-销售人员职…		9 2 1 6 2 9 3
5	结转期间损益	销售费用-差旅费		1 6 1 1 0 2
6	结转期间损益	销售费用-水电费		2 1 5 4 0
7	结转期间损益	销售费用-固定资产折…		8 0 8 3
8	结转期间损益	销售费用-无形资产摊销		6 6 6 6 7
9	结转期间损益	管理费用-管理人员职…		2 2 9 2 6 2 3 9
10	结转期间损益	管理费用-办公费		2 4 0 0 0
11	结转期间损益	管理费用-水电费		7 0 0 0 0
12	结转期间损益	管理费用-固定资产折…		3 5 7 8 2 2
13	结转期间损益	管理费用-研究费用		5 9 1 3 7 2 0
14	结转期间损益	财务费用-银行手续费		4 5 0 0
15	结转期间损益	财务费用-现金折扣		8 1 3 6 0 0
16	结转期间损益	营业外支出		7 9 5 8 3 3
17	结转期间损益	所得税费用		2 5 4 0 0 0 9
合计	大写合计	贰佰捌拾贰万零贰佰…	2 8 2 0 2 9 0 5 1	2 8 2 0 2 9 0 5 1

图 6-117　支出凭证

6.4.5　凭证签字、审核、记账业务处理

出纳签字、审核、
记账业务录屏

在现金和银行存款相关业务中，需要出纳签字确认的凭证有现金收款凭证、现金付款凭证、银行收款凭证以及银行付款凭证。这些凭证都是关于单位货币资金收支状况的报告。凭证的审核和记账是两个必不可少的环节，凭证审核是会计人员对凭证中信息的核对、审查和确认，旨在确保凭证的真实性、合法性和准确性。凭证审核的主要目的在于保障会计信息的真实可靠，避免错误和舞弊行为的发生。同时，记账是将凭证中的各项内容按照一定的规则和方法记录在账簿上，形成会计账目的过程。记账的目的则在于记录和反映企业经济活动的各项事实，为财务报表编制提供准确的数据基础。

任务发放

财务部出纳储娜对凭证进行签字、总账张金凯对凭证进行审核、会计于建飞对凭证进行记账。

操作指引

【财务部出纳储娜对凭证进行出纳签字】

步骤一： 在"总账—日常业务"处，单击"凭证管理"选项，查询条件页面默认并单击"确定"按钮，凭证管理页面的凭证根据制单日期和凭证号顺序排列。

步骤二： 凭证管理页面单击"待出纳签字"，序号右侧勾选其复选框，该页面凭证全部选中，在"操作"菜单单击"出纳签字"选项，上述操作重复进行，出现"数据不存在"的提示时，出纳签字工作全部完成。出纳签字如需取消，凭证管理页面查询签字后凭证，应取消出纳签字的凭证全部勾选其复选框，在"操作"菜单单击"取消出纳签字"按钮。

【财务部经理锦里对凭证进行凭证审核】

步骤一： 在"总账—日常业务"处，单击"凭证管理"选项，查询条件页面默认并单击"确定"按钮，凭证管理页面的凭证根据制单日期和凭证号顺序排列。

步骤二： 凭证管理页面单击"待审核"选项，序号右侧勾选其复选框，该页面凭证全部选中，在"操作"菜单单击"审核"按钮，上述操作重复进行，出现"数据不存在"的提示时，凭证审核工作全部完成。

【财务部会计宗章进行凭证记账】

步骤一： 在"总账—日常业务"处，单击"凭证管理"选项，查询条件页面默认并单击"确定"按钮，凭证管理页面的凭证根据制单日期和凭证号顺序排列。

步骤二： 凭证管理页面单击"待记账"选项，序号右侧勾选其复选框，该页面凭证全部选中，在"操作"菜单单击"记账"按钮，上述操作重复进行，出现"数据不存在"的提示时，凭证记账工作全部完成。

需注意的是：如取消出纳签字、取消审核等操作应由专责操作员通过"操作—取消签字/审核"进行处理；已记账凭证进行反记账，在凭证管理中将该记账凭证勾选并使用组合键"Ctrl+Alt+H"，反记账根据提示完成。

【账套主管进行结账】

步骤一： 业务结账。在"系统管理—基本设置"处，单击"业务结账"选项，业务结账对话框页面单击"业务结账"按钮，业务结账对话框页面单击"期末结账"按钮，系统自动进行2025-01的业务结账，出现"期末结账成功"提示时确定并退出。

步骤二： 财务结账。在"系统管理—基本设置"处，单击"业务结账"选项，业务结账对话框页面单击"财务结账"按钮，财务结账对话框页面单击"下一步"按钮，对账页面单击"下一步"按钮，对账成功后，月度工作报告页面单击"下一步"按钮，出现"2025年1月通过工作检查，可以结转"提示页面时单击"结账"按钮，出现"本期财务结转成功"页面单击"退出"按钮，财务结转完成。

模块6.5 财务报表编制

6.5.1 利用报表模板制作资产负债表

生成资产负债表
业务录屏

会计信息化系统一般支持不同的会计准则制度，系统预置最新的资产负债表、利润表、现金流量表等常用标准财务报表，支持灵活丰富的自定义报表模板和公式，如部门表、费用表、多栏表等。

任务发放

编辑"开发支出"科目期末余额期初余额公式，并生成2025年1月31日的资产负债表数据。

操作指引

【财务部锦里填制资产负债表】

步骤一：编辑"开发支出"科目期末余额期初余额公式。"T-UFO-财务报表"单击"资产负债表"，单击"编辑"，进入编辑状态，"开发支出"科目的期末余额和年初余额公式应分别为 QM（"530101"，""，"年"，"月"）、QC（"530101"，""，"年"，"月"）。

步骤二：生成报表数据。在"资产负债表"界面，单击"浏览"，报表数据自动生成，结果如图6-118所示。

	A	B	C	D	E	F
5	流动资产：			流动负债：		
6	货币资金	3,583,156.94	2,587,800.80	短期借款		
7	交易性金融资产			交易性金融负债		
8	应收票据			应付票据		
9	应收账款	2,686,707.50	287,000.00	应付账款	808,515.00	118,560.00
10	预付款项			预收款项	743,200.00	
11	应收利息			应付职工薪酬	542,173.15	469,899.96
12	应收股利			应交税费	326,669.59	43,835.00
13	其他应收款	2.00	2,500.00	应付利息		
14	存货	5,581,524.59	7,067,000.00	应付股利		
15	一年内到期的非流动资产			其他应付款	-61,819.35	
16	其他流动资产	0		一年内到期的非流动负债		
17	流动资产合计	11,851,391.03	9,944,300.80	流动负债合计	2,358,738.39	632,294.96
18	非流动资产：			非流动负债：		
19	可供出售金融资产			长期借款		
20	持有至到期投资			应付债券		
21	长期应收款			长期应付款		
22	长期股权投资			专项应付款		
23	投资性房地产			预计负债		
24	固定资产	703,258.84	705,945.55	递延所得税负债		
25	在建工程			其他非流动负债		
26	工程物资			非流动负债合计		
27	固定资产清理			负债合计	2,375,671.78	632,294.96
28	生产性生物资产			所有者权益（或股东权益）：		
29	油气资产					
30	无形资产	313,666.66	274,000.00	实收资本（或股本）	7,000,000.00	7,000,000.00
31	开发支出			资本公积		
32	商誉			减：库存股		
33	长期待摊费用			盈余公积		
34	递延所得税资产			未分配利润	3,509,578.14	3,291,951.39
35	其他非流动资产			所有者权益（或股东权益）合计	10,492,644.75	10,291,951.39
36	非流动资产合计	1,016,925.50	979,945.55			
37	资产总计	12,868,316.53	10,924,246.35	负债和所有者权益（或股东权益）总计	12,868,316.53	10,924,246.35

图6-118 资产负债表

需注意的是：可根据实际需求在T-UFO财务报表设计中自定义报表。

6.5.2 利用报表模板制作利润表

任务发放

编辑 2025 年 1 月 31 日的利润表数据。

生成利润表
业务录屏

操作指引

【财务部锦里填制利润表】

步骤一：生成利润表数据。在"T-UFO-财务报表"单击利润表，报表数据自动生成，结果如图 6-119 所示。

图 6-119 利润表

▶ 项目小结 ◀

智能财税管理系统应用所涉及的工作任务与"1＋X"职业技能证书对应关系如表 6-1 所示。

表 6-1 智能财税管理系统应用与"1＋X"职业技能证书对应关系表

项目名称	工作任务	对接 1＋X 职业技能证书					
		智能财税		财务共享服务		业财一体信息化应用	
		初级	中级	初级	中级	初级	中级
智能财税管理系统应用	往来现金业务处理	√	√	√		√	√
	职工薪酬业务处理	√	√	√	√	√	√
	资产业务处理	√	√	√		√	√
	期末业务处理		√	√	√		√
	财务报表编制	√	√	√		√	√

▶ 对比分析 ◀

畅捷通 T+、金蝶云·星空在智能财税管理系统应用操作对比分析如表 6-2 所示。

表 6-2 智能财税管理系统应用操作对比分析表

项目名称	工作任务	会计信息系统操作差异对比	
		畅捷通 T+	金蝶云·星空
智能财税管理系统应用	6.1.1 收款业务处理	往来现金-收款单	出纳管理-日常处理-收款单
	6.1.2 付款业务处理	往来现金-付款单	出纳管理-日常处理-付款单
	6.1.3 期间费用业务处理	往来现金-费用单	费用管理-单据列表-费用报销单列表
	6.1.4 现金盘点业务处理	出纳管理-现金盘点单	出纳管理-现金盘点-现金盘点表
	6.1.5 银行对账业务处理	出纳管理-银行对账-余额调节表-银行对账余额调节表	出纳管理-银行对账-银行对账单-业务操作-导入银行对账单 出纳管理-银行对账-银行存款对账
	6.2.1 计提薪资项目业务处理	薪资管理-薪资核算单	工资项目设置-进行工资薪金核算
	6.3.1 购入固定资产业务处理	资产管理-新增资产-固定资产-录入卡片	资产管理-固定资产-日常管理-资产卡片
	6.3.2 报废固定资产业务处理	资产管理-资产处置	资产管理-固定资产-日常管理-资产处置
	6.3.3 购置固定资产业务处理	资产管理-新增资产-无形资产-录入卡片	资产管理-固定资产-日常管理-资产卡片
	6.3.4 自行研发无形资产业务处理	资产管理-新增资产-无形资产-录入卡片	资产管理-固定资产-日常管理-资产卡片
	6.3.5 无形资产处置业务处理	资产管理-资产处置 往来现金-收入单	资产管理-固定资产-日常管理-资产处置 应收款管理-其他应收-其他应收单
	6.3.6 计提资产折旧与摊销业务处理	资产管理-计提折旧与摊销-新增折旧/摊销清单	资产管理-固定资产-折旧管理-计提折旧-折旧调整单
	6.4.1 单据生成凭证业务处理	总账-单据生成凭证-生成凭证	财务会计-选择相应的单据-生成凭证
	6.4.2 计提增值税及附加税业务处理	总账-自定义结转-自定义转账设置-生成凭证	总账-凭证管理-根据科目余额表的数据进行凭证录入
	6.4.3 计提企业所得税费用业务处理	总账-填制凭证	总账-凭证管理-根据科目余额表的数据进行凭证录入
	6.4.4 期间损益结转业务录屏	总账-期间损益结转-生成凭证	财务会计-总账-凭证管理-凭证过账 财务会计-总账-期末处理-结转损益
	6.4.5 凭证签字、审核、记账业务处理	总账-凭证管理-操作-出纳签字-审核-记账	财务会计-总账-凭证管理-凭证查询-选择对应的凭证-审核

（续表）

项目名称	工作任务	会计信息系统操作差异对比	
		畅捷通 T+	金蝶云·星空
智能财税管理系统应用	6.5.1 利用报表模板制作资产负债表	"T-UFO"-资产负债表-重计算	财务会计-报表-报表管理-报表模板-新增报表模板-填写名称-打开模板-关闭模板填充向导弹窗-引入引出-引入FML格式-导入附件模板-保存提交审核 财务会计-报表-报表管理-报表-新增报表-选择上一步骤的模板-更改报表日期-打开报表-数据-全部重算-保存提交 财务会计-报表-报表管理-报表-审核
	6.5.2 利用报表模板制作利润表	"T-UFO"-利润表-重计算	财务会计-报表-报表管理-报表模板-新增报表模板-填写名称-打开模板-关闭模板填充向导弹窗-引入引出-引入 FML 格式-导入附件模板-保存提交审核 财务会计-报表-报表管理-报表-新增报表-选择上一步骤的模板-更改报表日期-打开报表-数据-全部重算-保存提交 财务会计-报表-报表管理-报表-审核

通关测试

一、单项选择题

1. 下列情况发生后，将影响总账正常结账的是（   ）。
   A. 同一个账套中其他模块未结账　　B. 期末不进行对账业务的
   C. 库存未月末处理的　　　　　　　D. 新建年度账未做年度数据结转

2. 下列说法中不正确的是（   ）。
   A. 凭证的删除只能针对作废凭证　　B. 凭证整理的对象是未记账的凭证
   C. 红字冲销凭证可由系统参照生成　D. 系统只能删除本月的凭证

3. 总账可以向（   ）模块提供数据。
   A. 薪资模块　　B. 资产管理模块　　C. 库存核算　　D. 报表模块

4. 利用报表模板制作报表应注意（   ）。
   A. 录入关键字　　　　　　B. 定义审核公式
   C. 定义舍位平衡公式　　　D. 设置可变区

5. 以下不属于总账系统主要任务的是（   ）。
   A. 凭证的处理　　　　　　　　　　B. 完成转账、月末结账业务
   C. 生成各种总账、明细账、辅助账表　D. 生成财务报表-资产负债表等

二、判断题

1. 系统生成的各种转账凭证也需要审核记账操作。（   ）
2. 账簿查询时不能查询作废凭证数据。（   ）
3. 财务选项"现结类单据生效时自动引入现金银行日记账"为"是"时，系统根据生效的收支单据自动登记日记账。（   ）
4. 报表模板除了系统预置的，还可以自定义。（   ）
5. 出纳人员在业务处理的过程中，无法随时查询所有账表。（   ）

三、业务实训题

请根据相关角色权限在智能生产管理系统完成 2025 年 1 月发生的以下各项业务内容：

1. 2025 年 1 月 3 日，财务部收到上海中芯科技有限公司货款 325 000.00 元。
2. 2025 年 1 月 5 日，财务部支付湖南光学成像制品有限公司货款 282 500.00 元。
3. 2025 年 1 月 8 日，中国农业银行收取企业的网上银行年费 480.00 元。
4. 2025 年 1 月 15 日，销售部门发生业务招待费 490.00 元，收到增值税电子普通发票，以现金付讫。
5. 2025 年 1 月 18 日，支付财经大学培训财务部门员工的培训费，金额为 1 200.00 元，以银行转账付讫。

6. 2025年1月21日，收到中国农业银行第四季度银行存款利息，收入为1 736.35元。

7. 2025年1月22日，行政部门购买格力空调一台，合计价款4 520.00元，以银行转账付讫。

8. 2025年1月25日，研发部门完成一项专利技术L技术经国家相关专业部门测试后确认该研发成功并已达预定可使用状态，符合资本化条件的支出为80 000.00元，使用部门为生产部。

9. 2025年1月31日，根据以上业务生成业务凭证。

10. 2025年1月31日，期间损益结转。

学习评价

完成项目 6 的学习后，请填写项目 6 学习评价表（表 6-3），并将发现的知识漏洞填写在查漏补缺项，学而时习之，为后续深入应用知识奠定坚实基础。

表 6-3　项目 6 学习评价表

项目名称	评价指标	权重	评价方式				得分
			自评	互评	师评	系统评	
智能财税管理系统应用	能熟练操作往来现金业务处理	25				√	
	能熟练操作职工薪酬业务处理	25				√	
	能够掌握资产业务处理	20				√	
	能够熟练操作期末业务处理	20				√	
	能够编制财务报表	10				√	
查漏补缺							